东华理工大学学术专著出版基金、东华理工大学博士科研启动基金(DHBK2018087)资助

授权立法范围研究

Study on the Scope
of Delegated Legislation

吕东锋　著

中国社会科学出版社

图书在版编目（CIP）数据

授权立法范围研究/吕东锋著.—北京：中国社会科学出版社，2022.10
ISBN 978-7-5227-0570-5

Ⅰ.①授…　Ⅱ.①吕…　Ⅲ.①立法—研究—中国　Ⅳ.①D920.0

中国版本图书馆 CIP 数据核字（2022）第 220132 号

出 版 人	赵剑英
责任编辑	张　林
责任校对	王　龙
责任印制	戴　宽

出　　版	中国社会科学出版社
社　　址	北京鼓楼西大街甲 158 号
邮　　编	100720
网　　址	http://www.csspw.cn
发 行 部	010-84083685
门 市 部	010-84029450
经　　销	新华书店及其他书店

印　　刷	北京明恒达印务有限公司
装　　订	廊坊市广阳区广增装订厂
版　　次	2022 年 10 月第 1 版
印　　次	2022 年 10 月第 1 次印刷

开　　本	710×1000　1/16
印　　张	17.25
插　　页	2
字　　数	285 千字
定　　价	89.00 元

凡购买中国社会科学出版社图书，如有质量问题请与本社营销中心联系调换
电话：010-84083683
版权所有　侵权必究

献给我的家人

序　言

关于立法权，马克思曾说"立法权是组织普遍事物的权力"，它在国家政治生活中的重要性不言而喻，马克思甚至认为"立法权完成了法国革命"。启蒙时代的思想者们更是关注如何将国家的立法权通过立法将其建立起来，由专门的立法机关行使，并将其与行政权、司法权进行合理配置与相互制衡。英国启蒙思想家洛克认为，立法权是国家最高的权力，因为它有权为社会的一切部分和每个成员制定法律，制定他们的行为准则，社会的任何成员或社会的任何部分所有的其他一切权力，都是从它获得和隶属于它。孟德斯鸠从分权制衡的角度主张立法权不是绝对的，也应该受其他权力的制约，他认为"立法权应该由人民集体享有"，并由人民的代表通过议会来行使。卢梭从其人民主权的理论出发，强调"立法权是属于人民的，而且只能是属于人民的"，它作为一种普遍性的权力，属于主权者。我国宪法规定，中华人民共和国的一切权力属于人民，全国人民代表大会是最高国家权力机关，它的常设机关是全国人民代表大会常务委员会。全国人民代表大会和全国人民代表大会常务委员会行使国家立法权。

国家立法权是由立法机关独享还是可以通过法定形式授权予其他机关？学理上虽有争议，但实践中立法机关因自身难以承受立法任务之重而通过法定权力与法定程序授予其他机关或者组织，一方面尽快为社会提供制度供给，另一方面也通过授权解决立法机关自身在立法效率、立法能力、立法技术等方面存在的不足。

在国家立法权的具体运行过程中，通常情况是，并非所有立法权均由立法机关施行，立法机关可以授权其他机关尤其是行政机关制定相关法律规则。此种立法理念自英国最早践行以来，现已被世界各国广泛采纳。基于现代科技催生与构建的现代经济体系及其运行系统日益复杂，经济危机时有发生，现代社会全面进入风险社会状态。在全球化时代，一旦社会风险发生有时会波及全世界，如华尔街金融危机引发全球金融海啸，近几年新冠肺炎病毒在全球的传播，等等，都会严重时危及人类的生命与财产安全。现实的紧迫需求，为各国政府强力干预经济与社会生活提供了契机，一方面加重了政府规制的责任与负担，另一方面立法机关必须授予政府更多的规制权力，授权政府通过立法快速有效地处理各种棘手问题，以解决立法机关立法效率低下与法律技术欠缺的窘境，规制国家由此兴起，国家行政权力不断扩张与膨胀，政府规制之手无处不在，不仅伸入社会生活的毛细血管之中，而且涉及个人生活的方方面面。政府作为执法者，一旦被授权立法后成为立法者，集立法者与执法者于一身的政府会不会滥用立法权为自身定制各种有利于自己的法律规则，从而损害公民的合法权利，损害宪法与法律保护的社会公共利益，这不仅是授权的立法机关在授权立法时就要考虑的重大问题，更是每位公民在面临行政执法时要关心的重要问题。

我国立法机关自20世纪50年代进行授权立法以来，经历了几个不同时期的变迁，尤其是改革开放后立法机关开始将大量的立法任务授权给了各级有立法权的政府，但除宪法外具体规制授权立法的法律制度长期付诸阙如，直至2000年立法机关制定了《立法法》，才对授权立法问题予以法律规范。在"立法权限"部分，该法第九条、第十条、第十一条三个条款规定了授权立法问题，内容相对简单，但聊胜于无，在一定程度上满足了授权立法的法律依据。经过10多年的实践后，授权立法的实践需求对《立法法》提出了新的要求，2015年立法机关对《立法法》进行了修订，授权立法部分由原来的三个条款增加到五个条款。增加的内容为：增加了授权立法的具体内容及被授权机关决定应当遵循的原则；规定了授权的期限，不得超过五年；授权期限届满后可以继续授权；全国人民代表大会及其常务委员会可以根据改革发展的需要，决定就行政管理等领域的特定事项授权在一定期限内在部分地方暂时调整或者暂时停止适用法律的部分规定。最后增加的这部分内容十分重要，这是进入新时代后落实习近平总书记提出的"重大改革要于法有据"的要求，为改革的"先行先试"提供法律依据。

《立法法》的颁布，结束了我国长期以来对授权立法的法治模糊状态，《立法法》的修改，进一步完善了中国的授权立法体制，开拓了中国授权立法的新境界。

授权立法问题虽然不是一个新的理论与实践问题，但对于进入新时代后全面推进依法治国、建设社会主义法治国家的中国来说，授权立法面临新时代的新问题与新要求，理论内涵与制度需求与以往有很大的不同，尤其是《立法法》修订后，扩张了授权立法的主体、权限、期限，从根本上扩大了授权立法的范围。当然，基础理论的研究仍然是构建本书的理论支点。研究此问题，需要在广阔的人类法律文明史的视角下探讨授权立法的理论根基，阐述法律保留理论对授权立法制度的影响，在授权立法几百年的历史长河里总结经验，探寻可资结合中国国情借鉴的历史智慧。同时也要注意到，授权立法具有鲜明的政体特征与国家特色，与国家的政治体制与法律制度密切相关，民族传统政治文化也会对授权立法有直接或者间接的影响。在我国，在设计中央授予地方立法权的范围时必须遵守由宪法建构的中央与地方的法律关系。在保持国家法治统一的前提下如何通过授予地方立法权，既不损害中央统一立法权的尊严，又要通过授权立法建立起地方的制度激励机制，既要授权，又要控权，防止地方立法权的滥用，建立相关的监督机制，保证授权立法呈现出一个良法善治的效果。

吕东锋的这部著作《授权立法范围研究》，是其在博士学位论文基础上修改而成的。他于2015年考入中国社会科学院研究生院马克思主义学院马克思主义法学理论专业攻读法学博士学位。学院设立的"马克思主义理论骨干人才培养计划"开始招生时主要为高等院校培养马克思主义理论专业的骨干教师，东锋入学时已经是东华理工大学文法学院法学系的一名教师，教授法理学专业课程，具有较好的法理学基础。在进行博士学位论文选题时，他选择授权立法范围研究作为博士学位论文的选题，得到了开题报告答辩专家们的认可，在随后的论文写作过程中，他努力克服了工学矛盾，在完成学校规定的教学科研任务的同时，以争分夺秒、时不我待的精神，在规定的学制期限内完成了论文的写作，论文答辩顺利通过。在毕业后的几年里，他没有停止对论文的修改与完善，直至此次将书稿交由中国社会科学出版社正式出版。本人作为东锋攻读博士学位期间的导师,从选题开始,参与了论文的构思与写作过程中的修改与讨论,对于我来说也是一次很好的学习机会,也正是参与了这一过程,使我对立法学的有关理论与制度有了从初步了解到深入学习的机会,结合自己从事部门法教学与研究的实践,也开始思考中国的立法问题,拓展了自己的研究领域,扩大了自己的学术视野,收获不小,这也许就是教学相长的效果吧。

作者在本书中构建了自己的研究体系,首先对授权立法的法理进行了探讨,界定了研究范围。按照作者的设计,本书主要研究了授权立法的主体范围、权限范围、期限范围以及对授权立法范围的控制与监督,最后对我国的授权立法范围的完善提出了建议。结构完整,逻辑清晰,章节之间有密切关联,且呈逻辑递进关系。作者对新中国成立以来,尤其是改革开放以来中央立法机关授权国务院与地方省级立法机关以及政府的授权立法文件进行了详细的收集与整理,并对不同时期的这些授权立法文件涉及的授权立法范围进行了研究。

本书有以下理论上的创新与特色:一是本书立足中国授权立法制度与实践,详细剖析了中央立法机关在不同时期根据我国经济社会发展需要,适时地授权国务院与地方立法机关、地方政府立法权,这种功能主义的授权立法理念,切实解决了中央政府与地方政府对相关制度供给的需求,可以说这是一种制度供给侧的改革。二是授权立法本身需要受到控制,否则立法权的独立性与严肃性得不到尊重,法治主义的根本理念在立法实践中受到怀疑。在我国一个长期有理论争议的授权立法问题就是中国的税收立法,税收法定主义是现代法治国家普遍接受并奉行的基本理念,我国自20世纪80年代立法机关将税收立法权授权国务院以后,迄今还处于授权的无期限状态,自授权立法时就没有确定授权的期限,导致我国税收法治长期以国务院行政法规乃至国家财政税收行政部门的行政规章为依据,此问题已经引起了国家立法机关的高度重视及民众的普遍关注,因为征税权既涉及国家主权,又涉及公民的基本权利与根本利益。对此,本书有较为详细的论述与探讨。不回避中国现实授权立法过程中存在的问题,既展示了作者的理论探索勇气,也需要作者多年积累的学术研究经验。三是作者在一些与授权立法有关的理论问题上表达了自己的见解，如对法条授权立法权、授权立法范围的明确性、对我国立法法相关条款表述含义、对授权立法的控制等。作者针对我国授权立法范围存在的一系列问题进行了实证分析，提出了自己的完善建议。

本书重点研究了中央层面的授权立法问题，尤其是中央立法机关对国务院授权立法的关注，但广泛存在的省级立法机关、设区的市级立法机关、民族自治地方的立法机关的授权立法问题关注较少，政府授权立法方面，如国务院对所属各部委及直属机构、省级政府、设区的市和自治州政府的授权立法问题也基本上没有涉及。作为一部全面研究中国授权立法问题的专著，这些内容的缺失使本书的完整性与全面性受到影响。其次，授权立法的实际效果如何？本书没有研究，当然也没有研究相应的评价指标体系。对授权立法效果的研究应纳入该课题的范围。再次，我国的一些社会组织与社会团体在获得立法授权之后，这种立法权是如何实际运作的？它又是如何与执法权相结合的？本书也未涉及，等等。作为作者在该专业领域的第一部学术专著，存在这样那样的不足是很正常的，这也为作者今后的研究留下了空间。希望作者能够以此为基础，在今后的学术生涯中在该领域继续探究，对授权立法的基础理论与中国实践作更为深入的研究，不断推出新的更高水平的研究成果。

授权立法的合理性、正当性、可操作性是"科学立法"题中应有之义。在新的发展阶段，新的发展理念指引中国新时代的改革开放，重大改革要于法有据，解决新的社会矛盾与社会问题需要新的制度供给，日益复杂的国内外形势形成的社会矛盾与社会关系需要新的立法予以调整，立法机关在将来会有更多的事项需要以授权立法的形式由相关机构提出解决现实社会需要的制度供给问题，我相信，授权立法问题研究必将是一片有广阔前景的学术蓝海。

2022 年 5 月 12 日 于上海锦秋花园

摘　　要

作为一种特殊的立法行为,授权立法的实施理应限定在特定的范围内。在传统观点中,授权立法范围一般仅指授权立法的权限范围。但从授权立法的理论和实践分析,授权立法范围除授权立法权限范围之外,还应当包括授权立法主体范围和授权立法期限范围。国内外授权立法范围均经历了从宽泛到明确的演变历程。

授权立法主体包括授权主体和受权主体。从各国授权立法实践观察,授权立法主体的范围尚无明确规范的要求。应当为授权立法主体设定范围,按照一定的原则以实际需要和工作职能为依据设定授权立法主体的资格条件。授权立法权限范围也是实施授权立法的权限边界,是立法事项中可授权和不可授权的界限。法律保留理论,特别是重要性理论,为授权立法权限范围提供了理论支撑。我国授权立法权限范围的确定在一定程度上也遵循了法律保留理论,但还存在规定笼统、缺乏逻辑自洽等问题。授权立法期限范围规定了立法授权书的时间范围,对授权立法具有重要意义。实践中,部分国家规定授权必须要明确授权期限,部分国家对此并无明确要求。早前,在我国的授权立法中,无论是专门性授权立法还是一般性授权立法,均无明确的授权期限要求,这造成了实践中的诸多困扰。2015年修正的《立法法》增加了对授权立法期限的明确要求,完善了我国授权立法期限范围制度。

为防止授权立法超越范围,建立有效的监督机制十分必要。西方国家对授权立法的监督主要有立法监督和司法监督。在立法监督中,立法机关以程序原则和越权原则为依据,监督授权立法在范围内规范运行;在司法监督中,司法机关按照相应的标准实施司法审查监督,以监督授权立法行为不得超越范围。我国主要通过批准、备案和审查等立法监督机制监督超越授权立法范围的行为。在监督效果上，我国的监督机制还有进一步完善的空间。

为进一步明确授权立法范围，规范授权立法的实施，建议从统一授权立法的概念范畴、限定授权立法的主体范围、厘定授权立法的权限范围、规范授权立法的期限范围、健全授权立法的监督机制五个方面完善相关制度。

在内容构成上，本书共分导论、本论和结语三部分。本论是本书的主体部分，共由六章组成。

第一章阐述授权立法范围的一般理论。以授权立法范围的界定为切入点，对授权立法范围的理论依据和法律依据进行探讨，从横向和纵向两个角度分析授权立法范围的作用，对授权立法范围的发展演变进行回顾。

第二章研究授权立法主体范围。本章对授权立法主体的种类和特征进行归纳，并通过考察中西方国家授权立法的实践，对确定授权立法主体范围的原则和依据以及授权立法主体的资格条件进行思考，指出我国授权立法主体范围存在的问题。

第三章研究授权立法权限范围。授权立法权限范围是授权立法范围的核心。通过对立法权限划分的回顾，考察中西方国家授权立法权限的实践，对授权立法权限范围中的有关理论和实践问题进行讨论，并以《立法法》第 8 条、第 9 条为分析对象，对我国授权立法权限范围进行反思。

第四章研究授权立法期限范围。授权立法期限范围对授权立法具有重要的意义。本章对中西方国家授权立法期限范围的具体做法进行考察，并就授权期限届满后的处理方式进行讨论。

第五章研究控制超越授权立法范围的有关问题。有效的监督机制是防控超越授权立法范围的重要途径。本章从超越授权立法范围行为的类型和控制理据入手，对西方国家的立法和司法监督机制进行考察，分析我国的立法监督方式及具体标准，指出我国在授权立法监督方面存在的问题和不足。

第六章提出完善我国授权立法范围的建议。针对我国在授权立法范围方面存在的问题,建议从五个方面完善我国授权立法范围的相关规定。

关键词:授权立法;授权立法范围;授权立法主体范围;授权立法权限范围;授权立法期限范围;法律监督

Abstract

As a special legislative action, it should be restricted in specific scope for the implementation of delegated legislation. In traditional view, the scope of delegated legislation only generally refers to the scope of delegated legislative power. Analyzed on the theory and practice of delegated legislation, besides the scope of delegated legislative power, the scope of delegated legislation should include the scope of authority and the term of delegated legislation. The scope of delegated legislation has went through the evolution from broad to explicit at home and abroad.

Theauthority of delegated legislation include the delegating authority and delegated authority. Based on the observation of the practice of delegated legislation of countries, it has not been asked for explicit normative requirements for the authority of delegated legislation. The authority of delegated legislation should be set scope and the qualification of authority of delegated legislation by a certain principles and the actual demand and responsibility. The scope of delegated legislative power also is the confine of competence of delegated legislation and the authorized and unauthorized matters in legislation. The theory of law reservation, especial the materiality theory, is the theoretical support for the scope of delegated legislative power. In China, the determination of the scope of delegated legislative power has obeyed the law reservation in a certain extent, but it still had flaws such as regulation ambiguity and without Logic self – consistent. The scope of term of delegated legislation stimulate the extent of empowered term, which is very important for delegated legislation. In practice, some countries claimed that delegated legislation must be specified the term of empowerment explicitly. But another countries who had not specified the term of empowerment explicitly. In earlier time, in our delegated legislation, not only specialized delegated legislation but also generalized delegated legislation had not regulated the demand of delegated term which made numerous puzzles in practice. In 2015, When the *Legislation Law of P. R. C.* was amended, it was added to the provision of term which improved the rule of scope of term of delegated legislation in China.

In order to control the legislative activitieswhich transcend the scope of delegated legislation, it is necessary for delegated legislation to be established effective supervisory mechanism. There are mainly legislative supervision and judicial supervision in The Western. In legislative supervision, based on legislative process and principle of ultra vires, the legislative authority supervised the implementation of empowered legislation in the scope of empowerment. In judicial supervision, for supervising the delegated legislation without transcending the scope of empowerment, the judicial authority carried out judicial examination and supervision by a certain standards. In China, it mainly includes approval, recordation and examination to control the behavior which would transcend the scope of delegated legislation. In the effect of supervision, the supervisory mechanism still has roomage to improve in China.

For specifying the scope of delegated legislation further and normalizing the implementation of authorized legislation, the paper suggested that we should unify the scope of conception of delegated legislation, prescribe a limit to the scope of theauthority of delegated legislation, determine the scope of delegated legislative power, normalize the scope of the term of delegated legislation, complete the scope of the supervisory mechanism of delegated legislation to improve the interrelated institution.

In the composition of contents, the paper includes three parts which are introduction, principal argument and conclusion. Principal argument is the body of the paper which includes six chapters:

Chapter I stated a general theory of delegated legislation. It was started from the definition of delegated legislation, discussed the scope of theoretical and legal ground of delegated legislation, analyzed the function of scope of delegated legislation from longitudinal and lateral angle and retrospect the evolution of the scope of delegated legislation.

Chapter II studied the scope of the authority of delegated legislation. In the chapter, the paper concluded the types and character of the authority of delegated legislation. By viewing the practice of delegated legislation in China and The Western, the thesis reflected the principle and gist which were used to ascertain the scope of authority of delegated legislation, and qualification of authority of delegated legislation. Then, the paper pointed out the deficiency of the authority of delegated legislation in our country.

Chapter III researched the scope of delegated legislative power. The scope of the delegated legislative power is the core of the scope of empowered legislation. Through reviewing the division of the delegated legislative power, the paper viewed the practice of delegated legislation in China and The Western, discussed the theoretical and practical issues, and reflected the scope of Chinese delegated legislative power based on the *Legislation Law of P. R. C.* article 8 and 9.

Chapter IV studied the scope of term of delegated legislation. The scope of term of delegated legislation is very important for empowered legislation. In this chapter, the paper researched the concrete action for the scope of term of delegated legislation in China and The Western and discussed the processing mode after the expiration of the scope of term of delegated legislation.

Chapter V studied the issues of restrict to transcend the scope of delegated legislation. It was important approach for efficient supervisory mechanism to control to transcend the scope of delegated legislation. The chapter began from the classification of transcending the scope of delegated legislation, viewed legislative monitor mode and concrete standards in China and pointed out the issues and drawback of legislative supervision in China.

Chapter VI proposed some suggestions to improve our scope of delegated legislation. In this chapter, facing the questions in the scope of delegated legislation, it was suggested that our scope of delegated legislation should be improved from five aspects.

Key words: Delegated Legislation; Scope of Delegated Legislation; Scope of Authority of Delegated Legislation; Scope of Delegated Legislative Power; Scope of Term of Delegated Legislation; Legal Supervision

目 录

导 论 ……………………………………………………………（1）
  一　研究背景与目的 …………………………………………（1）
  二　理论及现实意义 …………………………………………（4）
  三　研究现状与评述 …………………………………………（9）
  四　研究文本与方法 …………………………………………（18）
  五　本书的结构安排 …………………………………………（19）

第一章　授权立法范围之法理阐释 …………………………（22）
  第一节　授权立法范围的界定 ………………………………（22）
    一　授权立法范围之"授权立法" ……………………（22）
    二　授权立法范围之"范围" …………………………（26）
    三　授权立法范围之特征 ………………………………（28）
  第二节　授权立法范围的形成依据 …………………………（31）
    一　授权立法存在的正当及合理性 ……………………（31）
    二　授权立法范围的理论形成依据 ……………………（35）
    三　授权立法范围的法律形成依据 ……………………（39）
  第三节　授权立法范围的作用 ………………………………（42）
    一　纵向维度的作用 ……………………………………（42）
    二　横向维度的作用 ……………………………………（45）
  第四节　授权立法范围的演变 ………………………………（48）
    一　西方国家授权立法范围的演变：空泛授权——
        范围逐步明确 …………………………………………（48）
    二　中国授权立法范围的演变：空白授权——部分
        明确——日臻完善 ……………………………………（54）

第二章　授权立法主体范围：授权立法的主体限定 (57)
第一节　授权立法主体范围概述 (57)
一　授权立法主体的特征 (57)
二　授权立法主体的种类 (60)
第二节　确定授权立法主体范围的实践 (64)
一　域外授权立法主体范围的实践 (64)
二　授权立法主体范围的中国实践 (69)
三　中外授权立法主体范围的比较 (74)
第三节　对授权立法主体范围有关问题的思考 (77)
一　确定授权立法主体范围的原则和依据 (77)
二　授权立法主体的资格 (86)
三　我国授权立法主体范围存在的问题 (89)

第三章　授权立法权限范围：授权立法的权限边界 (93)
第一节　立法权限的划分 (93)
一　立法权限与授权立法权限范围 (93)
二　影响立法权限划分的主要因素 (95)
三　立法权限的纵向划分 (98)
四　立法权限的横向划分 (100)
第二节　中西方国家授权立法权限范围的实践考察 (102)
一　部分西方国家授权立法权限范围的实践 (102)
二　中国授权立法权限范围的实践 (105)
第三节　对授权立法权限范围有关问题的讨论 (106)
一　法律保留理论 (106)
二　重要性理论 (107)
三　授权立法权限范围明确性的标准 (109)
四　可授权事项与不可授权事项 (113)
第四节　对我国授权立法权限范围的反思——以《立法法》第8条、第9条为分析对象 (117)

第四章　授权立法期限范围：授权立法的期限要求 (123)

第一节　授权立法期限的意义 (123)
第二节　中西方国家授权立法期限的实践 (128)
　　一　部分西方国家授权立法期限范围的实践考察 (128)
　　二　中国授权立法期限范围的具体实践 (135)
第三节　授权立法期限届满后的处理方式 (152)

第五章　超越授权立法范围的控制：法律监督 (156)

第一节　超越授权立法范围的类型及控制理据 (156)
　　一　超越授权立法范围的几种类型 (156)
　　二　超越授权立法范围的控制理据 (159)
第二节　西方国家对超越授权立法范围的监督机制 (164)
　　一　立法监督 (164)
　　二　司法监督 (176)
第三节　中国对超越授权立法范围的监督 (183)
　　一　监督方式及适用标准 (183)
　　二　立法监督存在的问题 (184)

第六章　我国授权立法范围的完善建议 (188)

第一节　统一授权立法的概念范畴 (188)
第二节　限定授权立法的主体范围 (190)
　　一　明确授权立法主体资格条件 (190)
　　二　完善现有立法规定的不足 (194)
第三节　厘定授权立法的权限范围 (202)
　　一　完善专门性授权立法权限范围 (202)
　　二　规范法条授权立法的权限范围 (206)
第四节　规范授权立法的期限范围 (209)
　　一　规范专门授权立法中授权期限之规定 (209)
　　二　完善法条授权中的授权期限范围制度 (214)
　　三　健全超越授权立法期限范围责任追究 (217)
第五节　健全授权立法的监督机制 (219)

一　健全批准监督机制 …………………………………（219）
　　二　完善备案审查制度 …………………………………（224）
　　三　建构合宪性审查机制 ………………………………（229）

结　语 ………………………………………………………（234）

参考文献 ……………………………………………………（240）

后　记 ………………………………………………………（253）

导　　论

一　研究背景与目的

（一）研究背景

2015年，我国对实施了十五年之久的《立法法》进行了首次大修。本次修改一方面契合了党和国家对立法工作的新要求，另一方面也对之前社会上比较关切的一些问题进行了积极的回应，呈现了诸多亮点，如地方立法权扩大至设区的市、税收法定原则明确化、规范司法解释、规范授权立法等，对于全面推进依法治国具有重要的意义。① 本书关注的授权立法行为也是立法机关本次修法的重点内容。

所谓授权立法，又称之委任立法（delegated legislation），一般是指具有立法权限的国家机关依据法定程序将一定范围内的立法权在一定时期内授予不具有该立法权限的其他国家机关并由其制定法律规范的一种立法方式。作为一种立法制度，授权立法起源于英国。② 1531年，英国的《排污法》预示了立法中授权立法方式的出现，该法授权排污委员会制定

---

① 叶晓川、万其刚：《立法法修改的若干重大问题》，《中国发展观察》2015年第4期。2014年10月23日，中国共产党第十八届中央委员会第四次全体会议通过了《中共中央关于全面推进依法治国若干重大问题的决定》（以下简称《决定》），提出了"建设中国特色社会主义法治体系，必须坚持立法先行""明确立法权力边界""明确地方立法权限和范围""实现公民权利保障法治化"等新时代立法工作的新要求。本次《立法法》的修正，契合了《决定》的要求，也是对这些要求的具体体现。

② 陈伯礼：《授权立法研究》，法律出版社2000年版，第45页。有学者认为，早在古希腊时期就已经存在通过委任授权来制定法律的做法，《社会契约论》中对此有所记载。参见吴大英、任允正、李林《比较立法制度》，群众出版社1992年版，第311页。但就近现代意义上的授权立法而言，我国学界普遍认为，英国是最早进行授权立法的国家，随后世界上其他国家开始接受和采用授权立法。

有关排污规划、征收相关费用之法律和命令的权力。① 1539 年议会通过的《公告法》（*Statute of Proclamation*），授予国王发布和法律的效力位阶相同的公告的权力，从而产生了立法中著名的"亨利八世"条款。② "1539 年的《公告法》是议会作出的一次非常具有影响力的授权立法，通过它，亨利八世被给予了广泛的立法权。"③ 而 1893 年颁布的《规则公布法》则是英国授权立法制度史上的一个分水岭，在此之后，英国授权立法呈现高速发展态势。④ 美国对授权立法制度的确立主要通过法院的判例承认和允许以总统为代表的行政机关在国会授权范围内行使部分立法权。德国、法国等国家的授权立法发展轨迹大致与英美相似，基本上都是由于经济社会的发展，迫使立法机关将立法权分享给行政机关，在此过程中结合本国的实际情况从而形成了各具特色的授权立法制度。总体而言，西方发达国家的授权立法在其形成和发展过程中逐步建立了较为完善的制度体系，对授权立法范围均有相对明确的规定；反观新中国的授权立法，因为起步较晚，无论是有关的制度建构还是具体实践都尚未完善成熟，许多仍处于探索之中，这也是当前我国授权立法发展过程中最为明显且亟待解决的问题。

新中国的授权立法可以追溯到《共同纲领》时期。《中国人民政治协商会议共同纲领》和《中华人民共和国中央人民政府组织法》中对立法权的规定，构成了在全国人大成立前将本应由全国人大行使的立法权授予中央人民政府委员会实施的立法授权。⑤ 随后，在 1954 年制定的《宪法》中规定国家立法权只能由全国人大行使。然而，由于全国人大的运

---

① 陈伯礼：《授权立法研究》，法律出版社 2000 年版，第 46 页。
② 王名扬：《英国行政法 比较行政法》，北京大学出版社 2016 年版，第 103 页。
③ William Wade and Christopher Forsyth, *Administrative Law* (*Eighth Edition*), New York: Oxford University Press, 2000, p. 841.
④ 具体可见吴大英教授等对英国 1819—1950 年委任立法的数据统计。参见吴大英、任允正、李林《比较立法制度》，群众出版社 1992 年版，第 323 页。
⑤ 按照《共同纲领》的规定，全国人民代表大会闭会期间，中央人民政府为行使国家政权的最高机关。按照《中华人民共和国中央人民政府组织法》第 3 条的规定，在普选的全国人民代表大会召开前，由中国人民政治协商会议的全体会议执行全国人民代表大会的职权，制定中华人民共和国中央人民政府组织法，选举中华人民共和国中央人民政府委员会，并付诸以行使国家权力的职权。

行特点、制定法律的程序要求和现实社会对立法的需求，立法权由全国人大独享显然不能适应社会发展对立法的需要，在这种情况下全国人大常委会成为被授权实施立法的不二选择。[1] 于是，第一届全国人大依照《宪法》第 31 条第 19 项的规定授权全国人大常委会依法制定单行法规。这是新中国成立后第一次正式实施授权立法。此后，最高立法机关又进行了多次授权立法，极大地推动了新中国经济和社会的发展进步。

回顾授权立法在新中国的产生和发展历程，有三次具有里程碑意义的事件。一是 1955 年全国人大对全国人大常委会的立法授权，拉开了新中国授权立法实践的大幕；二是 2000 年 3 月颁布的《立法法》，首次从宪法性法律层面[2]对授权立法进行规定，即从制度层面正式确立了我国的授权立法制度；三是 2015 年 3 月《立法法》的修正，进一步完善了中国的授权立法制度。在 2000 年《立法法》正式确立授权立法制度之前，我国的授权立法表现为"只做不说"，既无明确的制度规范，也无相应的理论支撑，属典型的"摸着石头过河"，直到《立法法》颁布后才结束了这一现状。从此，我国的授权立法在立法实践中具有了明确的制度依据和操作规范。但客观地说，这些规定并不完善。针对 2000 年《立法法》的条文规定和立法实践中存在的不足，我国在 2015 年修正《立法法》时，对授权立法中的有关问题进行了进一步完善。

(二) 研究目的

本书的研究仅聚焦于授权立法范围。选择这一研究主题，主要是从保障授权立法的正确实施这一角度出发而进行的考虑。在授权立法的发展过程中，起初人们比较关注的是其存在的正当性，即对其是否应当存在抱有较大怀疑；现今，人们则更强调的是使其能够正确运行而不至于破坏本国的立法体制。正如学者所言，"传统上，行政立法被认为是一个必需的邪恶，一种不幸但又不可避免的对权力分立的侵犯。但现实地说，

---

[1]《中华人民共和国第一届全国人民代表大会第二次会议关于授权常务委员会制定单行法规的决议》(1955 年 7 月 30 日第一届全国人民代表大会第二次会议通过)。

[2]《立法法》就其部门归属而言，当属于宪法法律部门；另外，就《立法法》在我国法律体系中的地位而言，有人将其称为"管法的法"，也有人将其称为"小宪法"。参见张媛、李沐《15 年来"管法的法"首次修改——地方立法权"扩容"依法治国步伐加快》，《法制日报》2015 年 12 月 18 日第 3 版；陈丽平《回顾中国人大立法制度》，《法治与社会》2010 年第 3 期。

与在实践中离不开它相比,从理论上证明其合法性就变得不再困难"[①];行政机关拥有制定规范性法律文件的权力已经非常普遍,禁止对行政机关进行授权已经非常不现实了,现在的重点应该是对授权立法确立相应的标准,反对无任何标准的授权行为。[②] 在学界和官方的传统认知中,授权立法的范围只涉及权限问题而不包括其他;本书认为,其除了权限范围还应当包括主体和期限问题。主体范围决定授权主体和被授权主体的选择对象;权限或事项范围决定可以进行授权立法的权限或事项边界;期限范围则是对授权立法合法存续的时限限制。在笔者看来,合理的范围为授权立法的实施划定边界,科学合理的界定授权立法范围是保障其正确实施的前提。因此,范围问题是授权立法实施中首先需要考虑的重要问题。然而,在当前的授权立法范围领域中,无论是理论研究还是制度规定乃至实践操作均存在不同程度的问题,这些问题的存在对授权立法的实施造成了或多或少的影响。所以,本书希冀通过研究阐明授权立法的范围边界,确定其主体、权限或事项及期限范围,为该项制度的实施提供范围界限,使其能够在恰当的范围内得以正确实施。

二 理论及现实意义

(一) 理论意义

范围即边界。对授权立法而言,授权立法范围即是授权立法应当遵循的边界要求。这一要求不仅是依法治国或法治国家的基本要求,而且也是授权立法行为的自身属性。故而,授权立法范围对于授权立法的重要性不言而喻。本选题的理论价值在于:

第一,确定授权立法范围作为研究对象存在。任何一项研究的展开,必须要有明确具体和能够站得住脚的研究对象,本书的研究也必须符合这一要求。回归本选题,需要回答的问题即是授权立法范围是否能够作为一个研究对象而存在。法理学中关于"范围"的最常见的表述主要体现于法的效力领域,也就衍伸出"法的效力范围"这一法理学中最常见

---

① William Wade and Christopher Forsyth, *Administrative Law* (*Eighth Edition*), New York: Oxford University Press, 2000, p. 839.
② [美] 伯纳德·施瓦茨:《行政法》,徐炳译,群众出版社1986年版,第31页。

的命题。在立法学中，学者们在讨论立法的概念时往往认为，立法可以从静态和动态两个维度进行认识。静态意义上的立法主要是指制定出规范性法律文件的结果；动态意义上的立法则指的是立法的过程。对于动态意义上的立法，学者们普遍认为，立法是由特定的主体按照一定的程序在一定权限内通过一定的立法技术制定、修改、解释、认可规范性法律文件的活动。除去立法过程中的立法技术和立法活动的具体形式，立法主体和立法权限均涉及范围问题。

马克思主义认为，法律具有阶级性，在阶级社会中，法律是统治阶级意志的体现。将这一认识放眼至整个人类社会可以断定，法律是特定社会中特定群体意志的体现，反映的是社会族群中特定范围内群体的共同意志，这一特定群体对法的形成和发展具有重要的推动和促进作用；再进一步讲，在法律制定过程中，代表这一群体利益的立法机关必然也是特定的，即在国家机关体系中，并非任何国家机关均具有立法权，立法机关的特定化已是立法理论和实践中的一项基本共识。[1] 这就表明，立法主体存在范围限制，只有在规定范围内的主体才有制定法律规范的资格。授权立法作为一种特殊的立法行为类型，其授权主体和被授权主体必然存在范围限制。[2]

立法中能体现范围要求的另一典型即是立法权限。立法权限，简而言之是指立法的权限或事项范围，即有权机关能够就某些事项制定法律规范的权力的空间大小。法理上，不同立法主体只能在各自法定的立法权限范围内进行立法。就授权立法而言，授权机关和被授权机关同样也必须遵循权限范围的规定，在法定的权限范围内实施授权立法。

授权立法现已成为各国立法实践中的普遍行为，以英国、美国、德国、法国为代表的西方国家由于较早地开始授权立法，在理论、制度和实践中形成了较为完善的体系和做法，对授权立法范围问题也有较为完善和成熟的理论积淀和实践经验。中国授权立法起步比较晚，理论研究、

---

[1] 张文显主编：《法理学》，高等教育出版社、北京大学出版社2011年版，第190页。
[2] 杨临宏教授比较了众多授权立法的概念后就认为，部分授权立法概念没有明确授权主体与被授权主体的范围，概念界定过于宽泛。参见杨临宏《立法学：原理、制度与技术》，中国社会科学出版社2016年版，第150—151页。

制度建构以及实践经验仍处于探索阶段,许多规则的建构还存在较大争议,许多问题的研究还比较滞后。从实践的角度看,如果不能明确范围边界则会使授权立法的实施缺乏规范限制,势必会影响授权立法的实践。因此,研究授权立法范围问题具有十分重要的理论价值。

第二,确定授权立法范围需要研究和解决的问题内容。"授权立法范围是授权立法研究中需要特别关注的一个问题。"[1] 这个问题具体包括哪些内容目前并无定论。传统观点认为,授权立法范围仅指权限问题。不可否认,权限是该制度的一项非常重要的问题,甚至可以说是一个核心的问题,但如果对授权立法范围的研究仅仅关注权限则定会有失偏颇,会丧失对这一问题的整体把握。笔者认为,对这一问题的探究不能只停留在权限这一孤立的点上,而应当认识到这是包括主体、权限和期限三个具体问题。

授权立法中,成为授权主体的前提条件即是该主体必须要有立法权,但这并不是说拥有了立法权就能够成为授权的主体。纵观国内外授权立法实践,立法机关要想成为授出立法权的主体应当要满足一定的条件;同理,并非任何国家机关都可以成为被授权的主体,它的选择和确定应当是按照一定的标准实施。这表明,授权立法主体应当有一定范围的限定。那么,这一范围或标准如何确定?从实践中观察,我国长久以来所存在的一个典型问题即是在主体的确定上,"其范围都没有明确限定"[2],缺乏明确具体的选择标准。这一问题目前仍没得到足够的重视。无论是理论研究还是具体实践,我国对主体范围的标准依然缺乏充分明确的界定,大多数情况下采取不成规则的默认的做法。[3] 学界对将授权立法的

---

[1] 邓世豹:《授权立法的法理思考》,中国人民公安大学出版社2002年版,第17页。
[2] 金伟峰:《关于完善我国授权立法的探讨》,《法律科学》1996年第5期。
[3] 据笔者的观察,这些不成规则的默认的做法主要考虑如下因素。授权主体方面,如果没有明确的禁止性规定,具有立法权限的主体就有可能会将其一定范围的立法权进行授出。比如,有些设区的市的政府甚至在其制定的地方性规章中授权下辖的县再次制定规则;被授权主体方面,在实践中更多考虑的是开展工作或履行职能的实际需要以及国家机关之间的组织地位等。应该说,这些考虑在一定程度上具有合理性,但如果从法理和立法的角度分析,许多授权就不符合既定的规则。比如,有些立法事项,授权主体是否能够授出,被授权主体是否具有实现所授予立法权的立法能力等。因此,无论从理论还是从具体实践考虑,对授权主体的选择明确具体的标准或范围是这一制度规范实施的必然要求。

权限作为授权立法范围的重要组成这一认识基本没有异议，而且普遍认为授权立法必须明确权限范围，2015年修正的《立法法》第10条就要求授权必须明确授权的权限。授权的期限范围在2000年的《立法法》中并无规定，2015年《立法法》修正时完善了对授权期限的规定。从这一修改内容看，最高立法机关已经认识到授权立法必须要有期限范围。

上述三项单独的范围内容共同构成了授权立法的边界范围体系。授权立法必须要在法定的范围内实施，只有明确授权立法范围的具体研究内容，在具体制度设计中构建符合国情且具有较强操作性的制度规范，才能使得授权立法的实践不致失控。

（二）现实意义

理论研究最大的价值在于可以通过科学论证来指导具体实践。本书以授权立法范围作为研究对象，从理论上厘清这一研究目标的体系、内容并为我国的实践提供些许建议，最重要或最根本的目的是使授权立法制度能够规范正确的实施。当然，如果本书的研究能够为我国的具体实践提供些许力所能及的帮助那就更是笔者的荣幸。就此而言，笔者认为，本研究的实践价值主要体现在：

第一，有助于立法权的正确实施。授权立法在根本上涉及的依然是立法权的行使问题。传统立法理论认为，立法权应当由代表民意的最高国家权力机关（或最高立法机关）独享，行政机关只是法律的执行机构。但随着社会的发展，受诸多因素的影响，行政机关分享立法权为现实所必需。授权立法的出现打破了立法权由立法机关独享的传统，行政机关也因此具有了双重身份，一是法律执行机关，二是享有一定立法权的立法机关。在此种情况下，就需要格外注意行政机关在同时具有两种权力后可能（并非一定）出现的权力滥用。因此，为了防止立法权的滥用，在制度上和实践中厘清授权立法的边界，从而有助于立法权的正确实施。

第二，有助于完善中国授权立法制度。随着社会的发展，最高立法机关逐步认识到我国授权立法中存在的问题，也在积极地对存在的问题进行完善，但不足仍然存在。如授权立法的主体标准和权限范围不明确等。这些问题的存在，在很大程度上依然影响着我国授权立法的实践。

本书通过对授权立法范围的研究，在一定程度上能够就这些方面的问题提出解决之道，对完善中国的授权立法制度具有一定的实践价值。

第三，有助于维护国家的一元立法体制和法制统一。当代中国实行的是"统一而又分层次"的立法体制，最高立法机关统一行使国家立法权，地方行政单位依法享有不同程度和不同层次的立法权力。在此种体制安排下，地方政府行使部分立法权，在形式上分化了最高立法机关的立法权。另外在实际实施授权立法时，部分被授权机关因种种原因不正确实施授权立法，在一定范围内会破坏我国的一元立法体制，同时也会对法制统一造成一定的影响。[①] 因此，明确授权立法的范围界限，对确保授权立法的正确实施，保持中国的一元立法体制和法制统一具有重要的意义。

第四，有助于保护公民的合法权益。法律是权利和义务的集合体，立法是分配权利和义务的手段和方式。在现代社会中，法律无疑是确认和保护公民合法权益的根本举措。民意机关享有立法权使得民众能够较为充分地参与立法过程，从而能够将其对自身权益的考虑较为充分地表达在立法中。受立法程序和机关属性所限，民众参与立法的程度较民意机关的参与度通常会较低，严重的甚至可能会出现无法参与立法过程的情形。这一结果可能会使民众所关切的自身合法权益在立法中无法有效体现，从而使自身合法权益受保护的程度降低。在代表人民实施立法的民意机关无法或不能更好地行使立法权的情况下，为保护公民的合法权益，防止因授权而形成的部分国家机关专权给公民的合法权益带来灾难性后果，应对立法设定范围，明确立法的界限，通过限定范围来不断完善授权立法制度，规范受权机关的立法行为，使授权立法规范而行，这对保护公民的合法权益具有重要的实践价值。

[①] 早期有学者在分析了我国经济领域中的授权立法后，认为"授权立法不利于法制统一"，主要表现为实践中被授权机关制定的法规（或准法律）的效力要高于立法机关制定的法律。参见李平《论国家权力机关应切实加强经济立法工作——兼析授权立法之利弊得失》，《中国法学》1992年第6期。曹海晶教授也认为，随着行政立法的广泛应用，行政权扩张而产生的弊端也就难以避免，尤其是容易使不合理的部门利益和地方利益合法化，严重的就是危害国家法制的统一。参见曹海晶《中外立法制度比较》，商务印书馆2016年版，第213页。

三 研究现状与评述

(一) 国内研究现状

在研究趋势上，学界对授权立法的关注虽然呈增长趋势，但研究成果的总体数量并不多，这说明授权立法并不是法学研究领域中的热点问题，整体呈现不温不火的研究状态。[①]

在研究成果形式上，国内理论界关于授权立法主题的研究成果呈现为两类。一类是著作类。著作中有以授权立法为题的专门性研究，并出版有专著成果或博士论文；也有在相关著述中将授权立法作为整体著作的一部分研究内容。代表性的学者有王名扬、吴大英、李步云、周旺生、陈伯礼、邓世豹等。另一类是研究论文，即以授权立法为论题进行专题研究并发表相关研究论文。代表性的学者有杨海坤、张根大、宋方青、柳砚涛、陈俊等。

第一，对中国授权立法制度的研究。目前，国内学术界对中国授权立法制度有一定的关注，既有通过专著的系统研究，也有在专著中将其作为一部分内容进行的研究，还有学者通过单篇文章对中国授权立法制度进行的研究。

吴大英等[②]在其著作中比较了关于授权立法概念的不同观点并提出作者自己的认知，对世界上大部分国家授权立法的产生和发展状况进行统计归纳，分析并总结授权立法产生的原因和授权立法权的要件，对部分国家的相关监控机制进行比较分析，最后就我国委任立法权的实施和监

[①] 通过在中国知网（www.cnki.net）的检索发现：以"授权立法"为主题进行检索，从1985年至2017年年底，共有1863条检索结果；以"授权立法"为篇名进行检索，从1985年至2017年年底，共有373条检索结果；以"授权立法"为关键词进行检索，从1982年至2017年年底，共有1121条检索结果；以"委任立法"为主题进行检索，从1934年至2017年年底，共有104条检索结果；以"委任立法"为篇名进行检索，从1985年至2017年年底，共有19条检索结果；以"委任立法"为关键词进行检索，从1934年至2017年年底，共有101条检索结果。需要说明的是，这些检索数据并不一定精确，比如以"授权立法"为主题进行检索，检索结果中也会呈现部分以"立法"为主题的结果。但仅从观察授权立法的研究趋势而言，该检索数据还是具有一定参考价值。比较而言，上述数据表明，授权立法并不是法学研究领域中的热点问题，研究趋势整体上呈现不温不火的状态。

[②] 吴大英、任允正、李林：《比较立法制度》，群众出版社1992年版，第308—339页。

控提出建议。

李步云和汪永清[1]从动词和名词意义上分别界定授权立法的概念,考察中国授权立法的发展,探讨授权立法的位阶,研究授权立法的制定技术,对授权立法的监督控制进行分析并提出若干建议。

周旺生[2]以概念为切入点,对相关概念和现象进行区分,以规范方法从主体资格、事项和期限范围、程序和监督、实施方式等角度对这一制度进行剖析,最后就中国这一制度的实施状况进行梳理,并认为我国在这一领域还有很大的改进空间。

陈伯礼[3]是国内学者中最早对授权立法进行专题研究的学者之一。他通过比较研究,在对英、美、法、德等国家的授权立法制度、理论和实践进行对比分析的基础之上,就中国授权立法的主体、事项、制定及监督等问题进行深入思考,并就我国在这些领域中存在的问题提出具体的完善建议。

邓世豹[4]以宪政理论为逻辑起点对授权立法进行法理层面的思考。在其著作中,他以宪政理论为思考和分析问题的逻辑起点,并立足中国国情,对这一问题进行较为系统和全面的阐述。在具体研究内容中,他以规范法学的分析方法,对授权立法的概念、结构、位阶等进行系统阐述,最后就中国授权立法的理论和实践进行分析并提出相关建议。

杨海坤[5]在《试论我国的授权立法》一文中,讨论概念与范围,分析必要性和发展趋势,提出具体的措施建议。

张根大[6]在《试论授权立法》一文中认为,中国的授权立法应该从广义和狭义两个层面理解,在授权立法的理论根据上主张"转移说",对法条授权立法的监控提出先行表决制、有限转授制、通知授权制、限期立法制、登记备案制五项具体建议。

---

[1] 李步云、汪永清主编:《中国立法的基本理论和制度》,中国法制出版社1998年版,第298—338页。
[2] 周旺生:《立法学教程》,北京大学出版社2006年版,第329—350页。
[3] 陈伯礼:《授权立法研究》,法律出版社2000年版。
[4] 邓世豹:《授权立法的法理分析》,中国人民公安大学出版社2002年版。
[5] 杨海坤:《试论我国的授权立法》,《新疆社会科学》1988年第2期。
[6] 张根大:《试论授权立法》,《政治与法律》1993年第5期。

宋方青[①]就中国经济特区授权立法中的法规冲突现象进行系统考察。她建议通过明确授权立法的权限范围、强化立法监督、强化人大在立法中的主导作用来解决经济特区立法中的法规冲突问题。

柳砚涛和刘宏渭[②]提出立法授权应遵循的两大原则，分别阐述这两大原则的具体内容，对我国立法授权如何遵循这两大原则提出具体的建议。

陈俊[③]就授权立法的含义、特征和分类进行分析，讨论授权立法的主体条件和限制条件，就中国现行授权立法制度分别从普通授权立法和特别授权立法两种类型进行梳理，并对我国授权立法制度的改革提出建议。

苏元华[④]建议我国的授权立法应当进一步明确主体，实行一事一授权并明确各项具体要素，同时建议废除经济特区政府的授权立法权，增设请求授权立法制度，加强对授权立法的监督，从而不断提高立法质量，促进依法治国基本方略的实现。

第二，对国外授权立法制度的研究。在对我国授权立法制度研究的同时，国内学者对国外授权立法制度也进行了研究。

王名扬教授在其著名的"行政法三部曲"中，对英国、美国和法国的授权立法均有研究。在英国，[⑤]议会具有最高立法权，但议会时间不够、法律的技术性强、法律的灵活性要求、紧急情况及试验性立法等原因，使英国的授权立法得以存在并迅速发展。按照制定授权立法的机关和方式的不同，英国有多种授权立法的形式。对授权立法的监控，英国通过议会和法院来加以实现。美国[⑥]宪法中的三权分立原则使授权立法制度在美国的实施充满挑战。但随着社会的发展，美国传统的授权立法理论和观念发生了转变，认为政府需要从事大量的经济和社会活动以保障民众生产和生活的需求，且国会因种种原因而无法制定明确具体的标准，只能采取诸如"公共利益""公平合理"等广泛的一般性的做法。在诸多

---

① 宋方青：《中国经济特区授权立法中法规冲突现象之评析》，《法学》2000年第1期。
② 柳砚涛、刘宏渭：《立法授权原则探析》，《法学论坛》2004年第4期。
③ 陈俊：《授权立法研究——兼评中国授权立法之理论与实践》，载周旺生主编《立法研究》（第1卷），法律出版社2000年版，第255—293页。
④ 苏元华：《立法法授权立法制度若干问题研究》，载周旺生主编《立法研究》（第4卷），法律出版社2003年版，第335—348页。
⑤ 王名扬：《英国行政法 比较行政法》，北京大学出版社2016年版，第97—106页。
⑥ 王名扬：《美国行政法》（上），北京大学出版社2016年版，第219—233页。

因素的共同作用下,广泛授予行政机关立法权成为必需和可能。除联邦的授权立法,美国各州内部也存在授权立法问题。面对越来越多的授权立法,美国采取了一些控制措施:其一,复兴传统的委任立法理论;其二,通过司法解释限制委任立法;其三,法院要求被授权的行政机关制定明确的标准,限制立法权的行使;其四,加大程序保障力度,促使行政机关公平行使被授予的立法权。法国[①]的授权立法具有自身的特点。在《1958年宪法》颁布之前,法国对法律和条例之间的关系一度区别很小,这引发了众多的社会矛盾,于是在《1958年宪法》中对法律和条例的关系做了较为明确的规定,细化了二者的界限,但同时也造就了法国行政机关制定的条例远远多于立法机关制定的法律的现状,[②] 奠定了当前法国授权立法的制度基础。按照《1958年宪法》的规定,行政机关依据授权可以制定四类条例;而对其的监督则主要依靠宪法委员会、议会、上级行政机关和行政法院来实现。

贾宸浩[③]对澳大利亚授权立法制度的运行和监督机制进行了系统的研究。他从授权立法制度在澳大利亚的产生和发展为切入点,分析其具体的运行方式,并就其议会监督和司法审查的具体模式进行系统阐述和分析。借鉴澳大利亚的授权立法制度,他对我国授权立法的相关问题进行思考。他建议,我国授权立法在理念上应该坚持多元平衡,在规范性要求上应当进行程序化改造,在监控上应当加强立法监督和司法审查。

汪全胜[④]在《德国的委任立法制度探讨》中介绍了德国授权立法的产生和类型,他认为,德国授权立法以受权机关无立法权为前提,委任立法权由宪法总设定并由法律具体实施,委任立法权要受到严格的限制,德国对委任立法采取议会监督和司法控制的监督与控制机制。

金梦[⑤]对澳大利亚授权立法的范围与监督机制进行了研究。她认为,

---

① 王名扬:《法国行政法》,北京大学出版社2016年版,第108—118页。
② 王名扬教授对法国行政机关制定的条例和立法机关制定的法律两者的关系有一个很经典的描述,即"在法律和条例的关系上,条例是汪洋大海,法律是大海中的几个孤岛"。参见王名扬《法国行政法》,北京大学出版社2016年版,第110页。
③ 贾宸浩:《澳大利亚授权立法的运行与监督机制研究》,博士学位论文,山东大学,2014年。
④ 汪全胜:《德国的委任立法制度探讨》,《德国研究》2000年第4期。
⑤ 金梦:《澳大利亚授权立法的范围与监督机制》,《学术交流》2015年第10期。

澳大利亚对授权立法的范围限定主要体现在受权主体范围。如果没有授权法的明确规定，任何主体均无权制定不属于自身立法权限范围的法律规范，即使制订了法律规范也属无效；在监督机制方面，《立法性文件法》对授权立法的实体性监督和程序性监督作了具体明确的规定，这些规定对受权主体实施立法具有非常强的可操作性层面的指引。这些经验无疑对当下中国的授权立法具有重要的启示作用。

姜明安[①]从澳大利亚制定委任立法的程序、议会对委任立法的监督、对委任立法的司法审查、在委任立法领域的救济手段和司法审查限制四个方面系统介绍了澳大利亚授权立法的理论与实践。

第三，关于中国授权立法制度的不足和完善研究。学者们在研究授权立法的过程中，对中国授权立法制度的不足非常关注，提出了许多具有建设性的完善建议。

王春光[②]的研究指出，我国授权立法中存在的问题主要表现在三个方面，一是授权方在权力使用上存在的问题；二是授权法中存在的问题；三是被授权方在权力行使中存在的问题。针对这些问题，他从三个方面建议完善我国授权立法：一是通过明确权限、基本原则、基本内容、监督机制等方面的问题，进一步规范授权立法的基本制度；二是通过强化授权立法活动的民主性与公开性，规定具体的程序等措施加强程序建设；三是设立专门的宪法监督委员会，不断健全授权立法的监督机制。

黄贤宏[③]的研究指出，我国授权立法实践中存在的主要问题有授权立法主体范围、事项范围不明确，操作规范不具体等。就完善我国授权立法制度，他建议，一是在宪法中确立授权立法制度的基本原则；二是就授权立法制定专门性法律；三是在立法中进一步增强授权立法的明确性；四是建立健全授权立法的监控制度。

陈伯礼[④]就我国授权立法中存在的问题建议：①明确规定被授权机关应当是具有广义立法权的国家机关；②审慎向行政地位较低的机关特别

---

① 姜明安：《澳大利亚委任立法制度的理论与实践》，《中国法学》1995年第1期。
② 王春光：《我国授权立法现状之分析》，《中外法学》1999年第5期。
③ 黄贤宏：《关于我国授权立法制度的法律思考》，《当代法学》1999年第3期。
④ 陈伯礼：《论权力机关对授权立法的监督控制》，《法商研究》2000年第1期。

是地方机关进行授权;③通过完善备案制度、保留批准制度、规定程序保障、审查授权立法的形式和实质内容及建立委员会审查制度等措施改革完善我国对授权立法的监控制度。

宋方青[①]建议明确授权立法的权限范围,加强对授权立法的监督,强化人大在立法中的主导作用,以解决经济特区立法中的法规冲突问题。

(二) 国外研究现状

Black's《布莱克法律词典》(第九版)[②]认为,授权立法(delegated legislation)又称为规则(regulation)、委任规则(agency regulation)或次级立法(subordinate legislation)。英国大臣权力委员会的报告指出,授权立法产生的原因主要有:①议会的时间异常紧迫;②立法事项的技术性要求日益增强;③临时事故和地方情况的需要;④未来未知情况的需要;⑤试验性立法及积累立法经验;⑥紧急情况或立法的突然需要;⑦委托立法在形式上优越于议会立法。[③]

Cecil T. Carr[④]对英国议会授权立法的现状、授权立法现状下个人自由的保障机制以及授权立法的形式和历史发展进行了介绍。他认为可以从五个方面建立保障措施,以防止授权的滥用,遏制"令人厌恶"的授权立法。第一,确保立法权授予值得信赖的机关;第二,应当明确提出行使被授出权力的限制;第三,对被授权立法特别影响到的任何特殊利害关系,立法机关在制定法律之前应当与其协商;第四,授权立法应当公开;第五,当需要时,应当有相应的机关对授权立法予以修正或废除。

William Wade 和 Christopher Forsyth[⑤]从行政立法的范围、类型、特征、司法审查、出版、初步咨询和议会监督等方面较为系统地介绍了英国委任立法制度。他们指出,英国议会在一般性事务、税收、修改议会立法、紧急事态领域等事项范围内授予行政机关广泛的立法权;行政立

---

① 宋方青:《中国经济特区授权立法中法规冲突现象之评析》,《法学》2000 年第 1 期。
② Bryan A. Garner ed., *Black's Law Dictionary* (*Ninth Edition*), St. Paul: West. A Thomson Business, 2009, p. 1398.
③ [英] 埃弗尔·詹宁斯:《英国议会》,蓬勃译,商务印书馆1959年版,第489—490页。
④ Cecil T. Carr, *Delegated Legislation: Three Lectures*, London: Cambridge University Press, 1921.
⑤ William Wade and Christopher Forsyth, *Administrative Law* (*Eighth Edition*), New York: Oxford University Press, 2000, pp. 839 – 883.

法的具体形式有条例、规则、命令等；在对授权立法的监督上，英国主要有司法审查和议会监督。司法审查对授权立法的监督方式有法院控制、宪法原则、欧盟法优先、自然正义等；议会监督的实现主要通过提交议会、提出挑战的机会、审查委员会和联合委员会、欧盟的立法等方式。

A. W. Bradley 和 K. D. Ewing[①]对授权立法的历史发展，授权立法的合法性，授权立法的特殊类型、命名、咨询、公布、议会的控制以及法院对授权立法的挑战进行了分析。他们认为，授权立法是现代政府的一项必然特征，主要原因在于议会时间有限、有关事项的技术性、灵活性的需要、紧急状况；由于授权立法不同于议会立法，不是最高议会的产品，这决定了授权立法应当接受议会和法院的监督。议会对授权立法的控制一般通过法定条规的制定程序、上议院的作用、技术性审查、道德考量来实现，而法院的审查监督以法定条规的制定程序和授权母法的授权内容或授权目的为依据。

Bernard Schwartz[②]指出，美国传统宪政理论认为立法权不能授出，但现实却使授权立法成为必需的选择，"巴拿马案"和"谢克特案"是最高法院否决授权立法的仅有案例，除此以外，授权立法基本均得到了司法机关的认可。在授权立法中，"公共利益"等宽泛的授权标准反映了政策决断的艰难，而且这种宽泛标准的授权也受到抨击。

理查德·J. 皮尔斯（Richard J. Pierce, Jr）[③]认为，尽管《联邦宪法》确立了不授权原则，但第一届国会已经授出了立法权，而且最高法院除1935年的两起判例外是拒绝执行不授权原则的。国会在授出立法权时，通常会规定有意义的标准、传统空洞的标准、未经分级的决定目标甚至相互矛盾的标准。在美国授权立法发展过程中，司法机关虽然对宽泛授权有过限制，但就整体发展趋势而言，宽泛授权已成为一种趋势。对于转授权问题，基于现实需要，国会也予以认可，但联邦行政机关不

[①] A W Bradley and K D Ewing, *Constitutional and Administrative Law* (Fourteenth Edition), Harlow: Pearson Education Limited, 2007, pp. 674–692.

[②] Bernard Schwartz, *Administrative Law: A Casebook* (Third Edition), Toronto: Little, Brown and Company, 1988, pp. 66–121.

[③] [美]理查德·J. 皮尔斯：《行政法》（第一卷）（第五版），苏苗罕译，中国人民大学出版社2016年版，第82—108页。

能向州政府转授权。

哈特穆特·毛雷尔（Hartmut Maurer）[①]指出，《联邦基本法》确立了法律优先和法律保留两项基本的依法行政原则。优先原则强调，与行政法规相比，由立法机关制定的法律具有当然的优先性，行政机关处理具体的行政事务必须首先遵守立法机关制定的法律；保留原则强调立法机关的专属性，没有立法机关的授权，行政机关不得擅自制定行政规范或擅自做出行政行为，否则会因为越权而无效。在具体的立法权划分上，德国分为联邦专属立法权和成员邦的立法权，在属于联邦专属立法权范围内的事项，只能由联邦立法机关制定法律；成员邦只能在其立法事项范围内立法。但如果经过联邦法律授权，成员邦也可以就联邦专属的事项进行立法。行政机关若想要获得立法权，按照《联邦基本法》第80条第1款的规定，必须要有法律的授权，且授权内容、目的及范围，应由授权法明确规定。在特殊场合中，联邦政府也可以发布个别指令（Einzelweisungen），但这项权力必须获得联邦立法授权，而且此项联邦立法应经联邦参议院同意，通常情况下只适用于在特殊场合下联邦政府为执行联邦法律的情形。

盐野宏[②]认为，授权立法是一项基于授权法的授权，来规定和私人之间的权利义务内容本身的规范。委任立法的根据来自两个方面，一是国家机能的扩大和灵活性对应的必要性（在日本需要注意的是，是否因为这一原因而存在着过分地使用委任立法方式的倾向）；二是源自法观点的问题，即关于委任命令要求有法律根据。一般认为，日本授权立法（委任立法）的依据来源于《宪法》第73条第6项预定的委任立法。在委任立法的界限方面，盐野宏将其分为委任的方法问题和委任命令的内容问题两种类型。在日本宪法中，对于委任方法有明确的规定，如果立法机关在委任方法上犯了错误，则易使制定委任立法的行政机关突破委任界限。另外，在委任方法上也需要注意的是，日本的委任立法一般不承认再委任，除非该委任立法的宗旨对是否允许再委任有具体的解释。委任

[①] ［德］哈特穆特·毛雷尔：《行政法学总论》，高家伟译，法律出版社2000年版，第16、103—118页。

[②] ［日］盐野宏：《行政法》，杨建顺译，法律出版社1999年版，第67—78页。

立法界限的另一种约束即是委任命令的内容。在审查受权主体是否越权实施了立法行为时，可以考虑两方面的内容，一方面考虑授权方在进行授权时的目的和宗旨；另一方面考虑规范所指向的个体的权益。经过综合衡量后，做出授权立法是否超越范围的判断结论。

Robert Schütze[①]对（新）欧盟的授权立法进行了宪法分析，他以美国宪法制度在执法上采取的司法和政治保障为切入点，指出在欧洲法律规则中，相似的宪法保障在近五十年内才出现。在欧盟，一方面在禁止授权原则的形式下欧洲法院发展了司法保障；另一方面欧洲立法者在授权立法范围内也坚持政治保障。在《罗马条约》下，"委员会程序"具有鲜明的执法特征；《里斯本条约》代表了控制过程的革命性重构。（旧的）欧盟授权立法体制被撕裂为两半。《欧盟运行条约》第290条自此决定了立法权的授予，同时第291条建立了执法权授予的宪法机制。他认为，第一，作为一项规则，（新）欧盟对授权立法的宪法保障从保护联邦和民主的价值方面来说在结构上强于美国对二者的平衡；第二，当欧盟许可将立法权授予欧盟委员会时，其一直承受着一种宪法性的不适；第三，欧洲宪法规则不仅反映出在权力授出的属性和宪法保障的适用上欧盟已经采取一种微妙的平衡，而且也反映出平衡宪法保障与授权接受者之间的抵触。他同时认为，《里斯本条约》对授权立法已经建立起了更为民主的宪法结构，但新的宪法理论是否会导致更加民主的实践则依赖于联盟机构如何将前者投入实践，一旦这些重要的问题得以解决，这些问题将会变得更加清楚明确。

（三）研究现状评述

国内学者对授权立法有关问题的研究经历了由"面"到"点"的转变。早期关于我国授权立法的研究更注重实践摸索，理论积淀不够，关注度不高。从研究轨迹来看，比较偏重于授权立法的历史发展、授权立法的成因、授权立法的基本规则以及对西方国家授权立法制度的介绍等，同时也有借鉴西方国家授权立法的经验分析中国授权立法的不足并提出完善的建议。随着2000年《立法法》的颁布，国内学界对授权立法的研

---

① Robert Schütze, " 'Delegated' Legislation in the (new) European Union: A Constitutional Analysis", *The Modern Law Review*, Vol. 74, No. 5, September 2011, pp. 661–693.

究不再聚焦于基础理论，而是开始有针对性地向授权立法的特定领域进行深入研究，比如有学者针对经济特区的授权立法进行专门研究，有学者针对税收领域的授权立法问题进行系统研究，还有学者专门就授权立法的监控制度进行研究，但这种针对授权立法制度中某个具体"点"的研究均以论文形式出现，以专著进行系统研究的成果目前尚比较缺乏。

国外学者对授权立法的研究已经突破基础理论而向纵深发展。从目前接触到的研究成果来看，国外学者对授权立法基本理论的研究比较集中于20世纪初期。受当时社会发展的影响，授权立法发展迅猛，造成了授权立法和传统立法理论之间的紧张关系。为了缓和与解决二者的冲突和对立，西方学者对授权立法的基本理论进行了较为深入的研究，形成了较为系统和完善的授权立法理论。当前，西方法学界对授权立法的研究已不再满足于对基本理论的过度阐释，而是立足授权立法的基本理论并借助自身在研究方法上的创新推动授权立法研究向更深领域发展。

对于国内学者而言，尽管已经开始注意对授权立法进行具体和深入的研究，但仍须对一些"基础点"问题继续关注，如授权立法范围。在本书的研究语境中，范围是授权立法的边界。实务界和理论界均认为授权立法的范围非常重要，但《立法法》对其的规定却模棱两可，学术界对这一研究主题也缺乏关注，使关于这一问题的研究比较欠缺。国外学者对授权立法基本理论的研究已经比较成熟，当前的研究已经不再纠缠于对授权立法的目的、主体、权限等基本领域或基本问题的探究，而是拓展新的研究路径和范式。客观上，作为授权立法的核心，授权立法范围的研究内容与授权立法的基本理论有密切的关联。在我国授权立法实践不断发展的过程中，过往研究中对授权立法范围尚未涉及或尚未解决的问题以及新形势下出现的新问题都是值得关注和研究的领域。

四 研究文本与方法

（一）研究文本的选择

在本选题的研究过程中，涉及诸多授权立法决定和国内法律法规文本，这些文本主要来自由全国人大主办的"中国法律法规信息库"（ht-tp：//law.npc.gov.cn：8081/FLFG/）中载录的文本；在时间范围上，鉴于法律法规或授权决定的时间跨度以及本书写作的时间限制，文本在时间点的选择上截至2017年12月31日，但部分法律条文仍会选择最新的法律文本，如《中华人民共和国宪法》。

(二) 本书的研究方法

"方法指导学科理论的探索与实践。"[①] 在研究方法上，本书采取的研究方法主要有：

第一，马克思主义法学研究方法。马克思主义法学研究方法是当前深入研究各类法律制度科学的研究方法，与其他研究方法相比具有无可替代的科学性和优越性，立足我国国情并以马克思主义方法为基本研究方法能够深入科学地指导我国社会主义法治建设，避免走弯路。因此，基于马克思主义法学研究方法的优越性和重要性，本书的研究将以马克思主义法学研究方法为基础，以其他研究方法为补充，对授权立法范围问题进行深入分析和研究。

第二，文献研究法。对国内外已有的研究成果、相关立法文件等文本资料进行研读和分析，力图从文献资料中寻找研究授权立法范围的突破口，以深化本书的研究内容并形成较为可靠的研究结论。

第三，比较研究法。对授权立法范围的相关问题进行国内外比较，探究授权立法范围的一般性规律；在批判吸收国外研究成果的基础上，力争发现授权立法范围的一般理论，用以指导完善中国授权立法范围的理论与实践。

第四，实证研究法。通过对现存的授权立法现象进行实证分析，以期发现在我国授权立法实践中关于授权立法范围存在的问题，并有针对性地提出具体建议。

五 本书的结构安排

本书的主旨在于研究授权立法范围问题，研究逻辑上采取递进的方式层层推进。首先，就授权立法范围的基本理论问题进行法理分析；其次，针对授权立法范围的具体内容分别进行研究；最后，立足中国现实，

[①] 臧雷振、黄建军：《美国政治学研究方法发展现状及趋势——新世纪初的新争论、挑战与反思》，《政治学研究》2014年第4期。

解决中国授权立法范围中存在的具体问题。本书整体上由导论、本论和结论三部分构成，导论部分主要阐述选题的背景和意义、国内外研究现状、研究方法等；结论部分主要是对本书的研究以及相关结论进行回顾总结；本论部分是本书的主体，共由六章内容构成。

第一章，授权立法范围之法理阐释。本章主要揭示授权立法范围的界定、依据、作用、演变，通过本章可以了解本书研究对象的基本范畴、授权立法范围的理论和法律依据、授权立法范围的基本作用和授权立法范围的发展演变过程，为本书后续研究的顺利进行提供理论基础。

第二章，关于授权立法的主体范围研究。授权立法中的授权主体和被授权主体是授权立法活动得以开展的主体因素。理论和实践均表明，如果对其不从范围上加以约束和限制，任其自由选择，必将影响授权立法的正常实施。基于这一考虑，结合当前授权立法有关制度安排中对主体范围并无具体要求的现实，本章在分析部分西方国家和我国授权立法主体范围实践的基础之上，对确定授权立法主体范围的依据和原则及授权立法主体的资格条件进行思考，并分析我国在这一领域中所存在的问题。

第三章，关于授权立法的权限范围研究。法理上，权限范围也即可实施授权立法的事项边界，是整个范围体系的核心组成要件。本章以立法权限的划分为切入点，分析中西方国家授权立法中授权权限范围的具体实践，并就授权立法权限范围的有关理论和可授权事项与不可授权事项的具体划分标准进行讨论，最后针对《立法法》中的有关规定深入反思我国在这一领域的立法中所存在的主要问题。

第四章，关于授权立法的期限范围研究。法理上，授权应当有授权期限，立法权的授权行为也应当有期限范围。从现有资料看，各国在授权立法中对授权期限范围的规定不尽一致，不同类型授权立法对授权期限范围的规定也不一样。本章对授权立法期限范围的重要意义进行分析，着重比较我国和部分西方国家授权立法期限范围的实践并分析存在的问题，最后就期限届满后的处理模式进行总结归纳。

第五章，对超越授权立法范围的控制研究。授权立法应当在限定的范围内实施。为防止发生超越范围的授权立法行为，有效的监督机制是实现控制超越授权立法范围行为的重要途径。本章重点对控制超越授权立法范围行为的监督机制进行研究,分析超越授权立法范围的类型及控制理据,梳理中西方国家对授权立法行为的监督机制,并就我国授权立法的监督机制中存在的问题进行分析。

第六章,关于完善我国授权立法范围的具体建议。针对前述研究中发现的有关问题,本章有针对性地提出五点具体的完善建议。

第一章

授权立法范围之法理阐释

第一节 授权立法范围的界定

一 授权立法范围之"授权立法"

关于授权立法的概念学界众说纷纭，[①] 目前尚未形成权威统一的界定。就类别而言，不同的划分标准会产生不同的分类结果。以授权形式为标准，较为常见的分类结果是专门性授权立法和一般性授权立法。专门性授权立法又称为特别授权立法，指由立法机关做出专门的授权立法决定，被授权主体基于授权决定实施授权立法权；一般性授权立法又称为法条授权立法，指立法机关在制定的法律规范中授权有关主体行使一定范围内的立法权。国内学界及官方对专门性授权立法和一般性授权立法的分类无太多争议，分歧主要集中于立法实践中广泛存在的诸如"由国务院制定实施细则""省、自治区、直辖市的人民代表大会及其常务委员会根据本法可以制定实施细则"或"文物认定的标准和办法由国务院文物行政部门制定，并报国务院批准"[②] 等类似条文规定是否属于授权立法的范畴。

在立法机关看来，此类条款规定属于"配套立法"。所谓配套立法主要是指为了保证法律实施，法律条文明确规定需要由国务院、中央军委

[①] 李林教授、陈伯礼教授、杨临宏教授分别对学界关于授权立法的概念界定中比较具有代表性的观点进行了归纳。参见李林《立法机关比较研究》，人民日报出版社1991年版，第273—277页；陈伯礼《授权立法研究》，法律出版社2000年版，第3—8页；杨临宏《立法学：原理、制度与技术》，中国社会科学出版社2016年版，第150—152页。

[②] 《中华人民共和国文物保护法》（2017年11月4日第五次修正）第2条第2款。

等有关方面制定（包括修改、废止）法规、规章及其他规范性文件的立法行为。这其中主要包括两种类型，一种是为了使某条条文能够在实践中得到落实而具体制定操作办法所进行的专门性授权；另一种是对法律中比较笼统或原则性的规定进行细化而进行的综合性授权。① 在立法机关的界定中，"配套立法"和授权立法分属不同的范畴，"配套立法"不同于法条授权。② 立法法规定的授权，是指专门作出授权决定的授权。③

学界对法条授权的归属范畴也有不同的看法。王压非博士一方面认为，配套立法并非法律概念，④ 另一方面也认为，"用授权立法这个既有的学术术语涵摄立法实践中的配套立法现象，概念存在误读误用，授权立法与配套立法之间有巨大差别，不可以混淆互用"⑤。徐向华教授和童之伟教授等人却认为，配套立法在性质上归属授权立法。⑥

就最高立法机关对法条授权的态度来看，尽管在《立法法》中只规定了专门性授权立法，但最高立法机关自始至终并未否认法条授权立法的存在，只是因为考虑立法实践操作的便利而采用了"配套立法"这一具有

---

① 乔晓阳主编：《〈中华人民共和国立法法〉导读与释义》，中国民主法制出版社2015年版，第215页。

② 按照最高立法机关的考虑，不规定法条授权而采用"配套立法"主要是基于：第一，法律对有关机关作出规定的要求性质不尽一样。有些本来应该由法律规定，但因在制定该法律时，由法律作统一规定的条件还不太成熟，所以授权有关机关作出规定。也有一些本来不应由法律规定，为保证法律的贯彻执行而要求有关机关制定相应的规定，这种情况并不是一种授权，而是一种义务性规定。所以，区分法律中哪些规定属于授权，哪些规定不属于授权就比较困难。第二，将根据法条授权制定的有关规定，归于执行法律而不作为授权立法看待，有利于加强对专门决定的授权的规范。参见乔晓阳主编《〈中华人民共和国立法法〉导读与释义》，中国民主法制出版社2015年版，第94—95页。

③ 乔晓阳主编：《立法法讲话》，中国民主法制出版社2000年版，第91页。

④ 王压非博士在论述配套立法和授权立法的区别时指出，"传统上，'配套立法'不是一个严格意义上的学术名词""当前，配套立法是否为一个共识性法律术语和学术名词存在一定疑问"。参见王压非《我国配套立法问题研究》，法律出版社2014年版，第1页。徐向华教授和周欣也认为，尽管"配套立法"已在我国获得广泛关注，但其并非既定的法律或法学术语。参见徐向华、周欣《我国法律体系形成中法律的配套立法》，《中国法学》2010年第4期。

⑤ 王压非：《我国配套立法问题研究》，法律出版社2014年版，第36页。

⑥ 徐向华教授和周欣认为，在立法学上，部分"配套立法"在性质上归属"授权立法"。参见徐向华、周欣《我国法律体系形成中法律的配套立法》，《中国法学》2010年第4期。童之伟教授和苏艺认为，法条授权是立法主体在其所制定的规范性法律文件中，以法条的形式授予有关主体制定规范性法律文件的权力，配套立法就是授权立法中的法条授权立法，配套立法是一种授权立法。参见童之伟、苏艺《我国配套立法体制的改革构想》，《法学》2015年第12期。

"中国特色"① 的立法术语来指代法条授权立法。事实上，王压非博士在否认配套立法属于授权立法的同时却也承认配套立法的授权性;② 而徐向华教授和童之伟教授等人本身就认为配套立法属于授权立法。笔者认为，尽管《立法法》中只规定了专门性的授权立法，对法条授权立法用配套立法加以指代，但法条授权立法仍应属于授权立法范畴。其原因主要有以下几点：

第一，我国各类法律法规中广泛存在的配套立法条文本身就属于委任性立法规范。③ 在委任性立法规范中，通常由具有立法权的上级国家机

---

① 王压非：《配套立法辨析》，《郑州大学学报》（哲学社会科学版）2012年第6期。另外，徐显明教授也指出，"法律与法规配套实施是我国社会主义法治的一大特色"。参见徐显明《论中国特色社会主义法律体系的形成和完善》，《人民日报》2009年3月12日第11版。

② 在对配套立法进行分类时，王压非博士认为，按照配套立法权力启动的不同，配套立法可以分为职权性配套立法和授权性配套立法。职权性配套立法是建立在有上位母法依据，但上位母法条款没有明确要求和授权的前提下，基于自身所具有的立法职权，相关主体为细化和补充上位母法，增强其可操作性而进行的立法活动和现象，从立法启动上讲属于主动而为。比如，2001年的《著作权法》没有条款授权国务院制定实施细则或办法，但是，2002年国务院为落实和细化《著作权法》中的规定制定了《著作权法实施条例》，这就属于典型的职权性配套立法；授权性配套立法是指，在有上位母法条款的具体授权和要求的前提下，相关主体为细化和补充上位母法使其更具可操作性而进行的立法活动和现象，从立法启动上讲属于被动而为。例如，2004年国务院通过的《归侨侨眷权益保护法实施办法》就是在《归侨侨眷权益保护法（2000年修正）》第29条第1款"国务院根据本法制定实施办法"的授权下创设的。它有上位母法的明确指示和要求，属于典型的授权性配套立法。参见王压非《我国配套立法问题研究》，法律出版社2014年版，第27页。

③ 所谓委任性规则是指没有明确规定行为规则的内容，而是授权某一主体进一步提供规则内容的法律规则。参见马长山主编《法理学导论》，北京大学出版社2014年版，第34页。孙国华和朱景文教授也认为，委任性规则又称为委托性规则，是指没有明确规定某一行为规则的具体内容，只是委托某一国家机关加以规定的法律规则。参见孙国华、朱景文主编《法理学》（第三版），中国人民大学出版社2010年版，第253页。从几位学者对委任性规则的界定看，委任性规则的特点体现在：第一，没有明确规定法律规则的内容；第二，存在委任或授权的行为或关系；第三，规则的具体内容由被委托或被授权的国家机关制定。所以，委任性规则的核心要素在于委托或授权的存在，这一点和授权立法的核心构成具有高度一致性。另外，需要注意的是，在法律规范（则）的分类中还存在一类与委任性规范或规则类型相似的规范类型即授权性规范（则），按照学者的定义，这种类型的规范是指指示人们可以作为、不作为或要求别人作为、不作为的规则。它的作用在于赋予人们一定的权利去构筑或变更、终止他们的法律地位或法律关系，为人们的自主行为或人际良性互动提供行为模式，为社会的良性运作和发展提供动力与规则保障。参见周永坤《法理学——全球视野》（第三版），法律出版社2010年版，第169—170页。应该说，这类规范和本文所说的委任性规则或授权立法决定等有着本质的区别。从界定上看，授权规则主要为社会主体赋予私权利，主要适用于私法领域以明确社会主体在社会关系中享有私权利或个体利益的范围，而本文所说的授权立法决定或委任性规则主要是在公法领域特别是在立法领域中由上级立法机关对下级机关实施的立法授权。故而，尽管都存在授权，但各自适用的场域存在明确的不同。

关委托或授权有关下级国家机关就一定领域中的事务制定相应的法律法规，委托或授权关系是下级机关行使立法权的前提和基础，而这也是授权立法区别于立法主体自行立法的内在独特品性。按照学界的界定，最高立法机关所认定的配套立法和通常所认为的委任性立法在形式上具有高度一致性，其共同的本质核心就在于委托实施。

第二，法条授权具有授权立法所要求的授权主体和被授权主体。按照一般的授权原理，任何一项授权关系的存在必须要具有授权方和被授权方；对授权立法而言，主体两造的存在是其能够存在和成立的重要构成。在现行存在的法条授权中，授权主体一般均具体明确；被授权主体尽管部分存在较为模糊的规定，如将被授权主体规定为"有关部门"或"有关机关"等，但不可否认的是对被授权主体的指定。有学者就认为，认可法条授权的授权立法属性的重要原因在于，法条授权从授权关系的建立到具体的实施均符合授权立法的一般特征，包括主体要素的构成。[①]

第三，法条授权立法权源于上级机关的授权。授权立法的实施基础在于主体两造之间存在的授权关系，在于对立法权力的授出。在专门性授权立法中，因为授权决定的存在，立法权力的授出在形式上自然不存在疑问；而在法条授权中，虽然授权形式和专门性授权立法不同，但授权立法条款中对一定范围内立法权的授出却是客观存在的，提出并认可"配套立法"这一概念的立法机关及学者对此也不否认。

第四，法条授权所授出的是一定范围内的立法权。授权立法要求授权主体所授出的立法权应当限定在一定范围内，即授权立法权应当具有明确的授权权限或事项范围，这是授权立法的基本要求。在法条授权中，授权主要以具体的条文形式呈现，受法律条文表述形式的影响和限制，其对授权的权限或事项范围规定得比较笼统，通常只有相对比较明确的事项范围指向。如在《中华人民共和国无线电管理条例》第21条第2款的规定中，授权权限或事项范围为"无线电频率占用费的项目、标准"；又如根据《选举法》第59条的规定，授权权限或事项范围限于制定关于选举的实施细则。纵然不如专门的授权决定对权限范围的限定，但从符

[①] 李步云、汪永清主编：《中国立法的基本理论和制度》，中国法制出版社1998年版，第303页。

合一般性要求的角度观察，法条授权总体上对权限或事项范围也是有所限制而非漫无边际的。

第五，被授权机关按照法条授权实施立法行为。按照授权立法的一般理论，被授权机关在接受授权机关的立法授权后，应当在授权立法范围内积极履行立法职责。立法实践中，尽管在完成法条授权的立法任务上存在延迟或不及时的现象，但整体而言，被授权机关大部分还是能够按照授权法的要求积极履行立法义务。

二 授权立法范围之"范围"

所有立法权都应当有明确的范围。① 授权立法范围是授权立法研究中需要特别关注的一个问题。② 何为授权立法范围？其具体内容都包括哪些？这是首先需要界定的命题。

（一）对授权立法范围的不同认识

据权威解释，《立法法》第9条中所指范围是我国最高行政机关能够被授权制定规范的事项，主要是指依法应当由我国最高立法机关制定法律，但目前因种种原因却未制定，而按照规定可以授权我国最高行政机关制定相应规范的具体事项。③ 据此，《立法法》中对范围的设定也是传统观点中对授权立法权限或事项范围的认知。

授权立法范围是否仅限于授权权限或事项范围？学界对此有不同的观点。

陈伯礼教授认为，理论上享有立法权的机关都可以将其立法权授出，但基于授权立法的特殊性，实践中并非所有具有立法权的机关都可以授出自己的立法权力。④ 同时，被授权机关的范围，直接关系能否实现授权立法的目的，也必须给予足够的重视。⑤

---

① 周旺生：《立法学教程》，北京大学出版社2006年版，第338页。
② 邓世豹：《授权立法的法理思考》，中国人民公安大学出版社2002年版，第17页。
③ 全国人大常委会法制工作委员会国家法室编：《中华人民共和国立法法释义》，法律出版社2015年版，第60页。
④ 陈伯礼：《授权机关问题研究》，《沈阳教育学院学报》1999年第4期。
⑤ 陈伯礼：《授权立法中的被授权机关问题研究》，《沈阳师范学院学报》（社会科学版）1999年第6期。

邓世豹教授认为，这一术语可以在多种意义上适用，如被应用到主体层面、效力层面等。在他的著述中，这一术语仅用来指代立法的具体事项或权限，也就是权限范围。①

李步云教授和汪永清认为，在授权立法中，主体层面双方所面临的问题都是相同的，即世界范围内各国在具体实施过程中对主体范围的标准或限定均不一样。② 这表明，对授权立法而言，主体范围也是必须考虑的重要因素。

金伟峰认为，在我国的授权立法特别是普通授权立法中，主体方面存在的一个很大问题就是"无论是授权人，还是被授权人，其范围都没有明确限定"③。在他看来，授权立法的主体范围应当有明确的限定。

周旺生教授认为，明确授权立法的范围，特别是明确它的事项范围和时限范围，是非常有必要的。而且在授权立法中，不是随便什么样的主体都可以具有授权立法的主体资格，受权主体的范围自然比授权主体广泛一些。④ 按照周旺生教授的观点，授权立法范围既包括授权立法的事项范围和期限范围，同时也包括主体范围。

黄贤宏教授在谈到中国授权立法实践中存在的问题时认为，我国现行的法律制度没有明确规定授权立法主体范围以及授权立法事项范围。⑤

杨临宏教授认为，授权立法的范围包括授权事项范围和授权时限范围，即被授权主体在授权法规定的何种权限范围内和何种时限内行使授权立法权。⑥

金梦博士认为，授权立法的范围包括权限、内容和主体范围。⑦

（二）本书的观点

笔者认为，授权立法范围指授权立法中对授权立法的主体、权限、

---

① 邓世豹：《授权立法的法理思考》，中国人民公安大学出版社2002年版，第90页。
② 李步云、汪永清主编：《中国立法的基本理论和制度》，中国法制出版社1998年版，第305页。
③ 金伟峰：《关于完善我国授权立法的探讨》，《法律科学》1996年第5期。
④ 周旺生：《立法学教程》，北京大学出版社2006年版，第337—339页。
⑤ 黄贤宏：《关于我国授权立法制度的法律思考》，《当代法学》1999年第3期。
⑥ 杨临宏：《立法学：原理、制度与技术》，中国社会科学出版社2016年版，第153页。
⑦ 金梦：《澳大利亚授权立法的范围与监督机制》，《学术交流》2015年第10期。

事项和期限的范围规定。狭义的授权立法范围仅指《立法法》中所指明的授权立法的权限或事项范围；广义的授权立法范围不仅包括授权立法的事项范围，也包括授权立法的主体范围和期限范围。本书的研究中取广义的授权立法范围，具体包括：

第一，授权立法的主体范围，指依法能够授出或接受授权立法的主体范围。能够授出立法权的主体称为授权主体，能够接受授权立法的主体称为被授权主体或受权主体。

第二，授权立法的事项范围，指授权机关可以授出的立法权限或具体的立法事项。授权机关只能将自身立法权的一部分授予受权主体，[①] 而受权主体也只能在被授予的事项范围内实施授权立法。

第三，授权立法的期限范围，指授权主体和被授权主体之间的授权立法关系可存续的期间范围。

三　授权立法范围之特征

（一）法定性

第一，授权立法的主体法定化。成为授权主体的前提是必须要有相应的立法权，在任何一个国家，享有立法权的国家机关必然是法定的。对被授权主体，各国的规定不尽一致，有些国家规定只能是国家机关，而有些国家规定社会组织也可以作为被授权主体。[②] 无论其是否属于国家机关，作为被授权主体必然会由授权法予以规定，其他未经授权的主体则不能行使该项授权立法权，如《立法法》第 9 条规定的全国人大及其常委会对经济特区的授权等。因此可以说，无论是以具体的条文还是通过发布单行决定的形式，对主体的要求或规定均须通过具有明确法律约束力的规范性文本来加以确定，这就表明主体的选择不能随意确定，必须要通过正式文本以法定形式来明确其地位。

第二，授权的事项范围法定化。这可以看作是本书所讨论命题的核

[①] 陈伯礼：《授权立法研究》，法律出版社 2000 年版，第 175 页。
[②] 英国的委任立法中允许一些社会组织，如学校、行业协会等经过授权就可以制定具有法律效力的规则；法国的授权立法中允许一些私人团体作为被授权主体，并可以按照法律的授权制定条例；德国的授权立法中也允许对自治机构或社会团体进行立法授权。

心。通常而言,范围即边界。在法律中,边界问题非常重要,它决定了法律实施的空间,决定了社会主体(包括国家及其组成机构和个人)行为的自由度。对此,各国均以法定形式进行详细说明,其对授权立法事项范围的规定也是如此。如我国《立法法》第 9 条的规定;德国《联邦基本法》第 71 条规定各成员邦只有经过联邦的授权后才能对联邦专属事项立法,第 73 条明确规定联邦专属的 14 项立法事项;[①] 法国《1958 年宪法》第 34 条规定议会制定一切法律,同时规定制定法律的事项范围,第 37 条规定法律范围之外的事项可以由政府等制定。[②]

第三,授权的期限范围法定化。对专门性授权立法作出规定的国家,在其立法中往往会就授权立法的期限范围做出要求。如我国《立法法》第 10 条第 2 款的规定;法国《1958 年宪法》第 38 条的规定;[③]《西班牙王国宪法》第 82 条第 3 款的规定[④]等。尽管有些授权规范或授权法中没有明确规定授权期限,但也会对授权期限进行间接的要求。[⑤]

(二) 确定性

确定性是授权立法范围的另一显著特征,它的基本内涵是主体、事项和期限需明确具体,许多国家的相关立法中也体现出了这一特征。如《意大利宪法》第 76 条,[⑥]《土耳其宪法》第 91 条第 2 款,[⑦]《葡萄牙宪

[①] 孙谦、韩大元主编:《立法机构与立法制度:世界各国宪法的规定》,中国检察出版社 2013 年版,第 104—105 页。

[②] 孙谦、韩大元主编:《立法机构与立法制度:世界各国宪法的规定》,中国检察出版社 2013 年版,第 117—118 页。

[③] 孙谦、韩大元主编:《立法机构与立法制度:世界各国宪法的规定》,中国检察出版社 2013 年版,第 118 页。

[④] 孙谦、韩大元主编:《立法机构与立法制度:世界各国宪法的规定》,中国检察出版社 2013 年版,第 232 页。

[⑤] 尽管没有明确规定授权期限,但是议会颁布了与授权立法事项内容相同的法律,就视为授权终止,特别是那些具有实验内容的授权立法,待经验成熟后,议会通过有关法律,授权立法的实验期限自行终止。参见邓世豹《授权立法的法理思考》,中国人民公安大学出版社 2002 年版,第 107 页。

[⑥] 孙谦、韩大元主编:《立法机构与立法制度:世界各国宪法的规定》,中国检察出版社 2013 年版,第 250 页。

[⑦] 孙谦、韩大元主编:《立法机构与立法制度:世界各国宪法的规定》,中国检察出版社 2013 年版,第 20 页。

法》第 165 条第 2 款，① 我国 2015 年修正后的《立法法》第 10 条等。

授权立法主体的确定性特点要求，无论是条文规定还是实践操作，对主体双方的选择都应当明确具体，禁止有含混不清的表述，如我国法条授权中出现的"有关机关"或"有关部门"等表述，就不符合明确性的要求。如此要求的目的在于防止因规定的不明确而导致实践操作的混乱以至于出现侵犯立法权或立法质量不高等问题。事项范围的确定性即授权的事项范围应当明确具体，授权主体只能在授权事项范围内进行授权，而被授权主体则只能在被授权范围内实施授权立法。事项范围不明确，易在实践中造成诸多问题。授权期限范围的确定性是指在授权立法中授权的期间应当具体明确，至于期限范围的具体长短，通常由各国自行设定。

（三）限制性

第一，对授权立法主体的限制。授权立法主体中的授权主体和被授权主体并非可以任意指定，这已是授权立法制度中的基本共识。对于授权主体而言，授出的是一定范围的立法权，各国一般都限定在具有一定立法权的国家机关。对此，周旺生教授就认为，可以授出立法权的国家机关必须是国家机关体系中的立法机关。② 被授权主体虽然没有授权主体如此严格的要求，但也存在限制性要求。从实施和完成该项行为的基本要求出发，能够充当受权主体取决于两个条件：一是有必要，二是有能力。③

第二，对授权立法事项的限定。立法事项或立法权限的分配是立法制度的核心，授权主体在进行立法授权时不得将立法权全部授出，必须考虑可授权的事项范围，各国对此一般均由法律规定。如我国《立法法》第 8 条和第 9 条对授权立法事项范围的规定；德国《联邦基本法》第 73 条第 1 款对授权立法事项范围的宪法性规定；瑞士《联邦宪法》第 164 条规定了专属联邦会议的 7 项立法事项，除此以外均可以进行委托立法。

第三，对授权立法期限的限制。法理上，私法领域抑或是公法领域中

---

① 孙谦、韩大元主编：《立法机构与立法制度：世界各国宪法的规定》，中国检察出版社 2013 年版，第 151 页。
② 周旺生：《立法学教程》，北京大学出版社 2006 年版，第 337 页。
③ 周旺生：《立法学教程》，北京大学出版社 2006 年版，第 337 页。

的授权均需明确具体的期限范围。私法领域中的授权涉及权利主体对个人权益的处理，不会也不可能无限期地将自身的利益交由他人进行打理；公法领域中，权力在表面上反映的是实施的具体行为，其实质代表的是权力主体对自身所承担的国家公权力的履职，无期限的授出就表明法定的原主体对自身职责的放弃，从国家机关职能法定化的角度而言这是不允许的。立法权力的授出，在很大程度上"产生于实际急需"[①]，如果没有期限的羁束，无形中就等于一方放弃了法定权力而另一方获取了不属于自己的权力，这显然不符合现代法治的要求。在具体的期限规定形式上，有明示的方式，如我国授权立法中规定的"试点期限为二年，自试点办法印发之日起算"；也有默示的方式，如《立法法》第11条的规定。

第二节 授权立法范围的形成依据

一 授权立法存在的正当及合理性

授权立法自其产生起就一直争论不断。传统宪政主义者认为，授权立法违背了禁止再授权原则。按照传统宪政主义的观点，人民基于对国家立法机关的信任而将立法权授予国家立法机关并由其制定法律来形成管理国家的基本制度，国家立法机关在获得人民的授权后就只能亲自制定法律而不能将其再授权于其他机关，否则就违反了禁止再授权的基本原则。而且，国家立法机关在进行立法时，通常会遵循严格的民主程序原则。代表民意的立法机关在立法中会较为充分地考虑民众的合法权益，从而能够制定出对民众合法权益更为有利的法律制度。如果将立法权授予其他机关特别是行政机关，由于行政机关天然的民主性不足，且其本身又是法律执行机关，就会使立法和执法合二为一，不利于保障民众的合法权益。基于类似考虑，于是就产生了一项基本的公法原则，即立法者不能将其立法权转移给他人。[②] 美国学者David Schoenbrod就坚持认为，

[①] 陈俊：《授权立法研究——兼评中国授权立法之理论与实践》，载周旺生主编《立法研究》（第1卷），法律出版社2000年版，第255—293页。

[②] Peter H. Aranson, Ernest Gellhorn and Glen O. Robinson, "A Theory of Legislative Delegation", *Cornell Law Review*, Vol. 68, No. 1, November 1982, pp. 1-67.

授权立法会破坏民主、侵害自由以及使法律不具合理性。① 我国也有学者认为，授权立法的合法性或正当性需进一步商榷。②

但也有学者认为，授权立法的存在有其合法性和必然性。Bradley 和 Ewing 基于议会时间的压力、立法事项的专业性、灵活性的需要和紧急状态等原因，认为授权立法具有正当性。③ 英国大臣权力委员会在 1932 年的报告中也指出，迫于议会时间压力的关系，授权立法基于下述原因具有必要性：①包含在法案中的一些不适宜在议会中进行有效讨论的现代立法的技术性因素；②大量复杂的改革方案，这些方案的制定通常需要较长的时间，如果要嵌入到法案中往往就很难及时制定出来；③灵活性的要求，适用于不需要修订法律的情况；④紧急情况下需要立法的快速回应。④ 吴大英等学者也认为，授权立法的产生有其内在和外在的原因。⑤

笔者认为，授权立法存在的正当性和合理性可从以下四个方面进行分析。

第一，从立法目的的角度观察，授权立法在一定程度上可以实现立

---

① David Schoenbrod 教授是当代美国法学界反对授权立法比较具有代表性的学者，陈伯礼教授对 David Schoenbrod 教授的观点有较为详细的阐述，可参见陈伯礼《授权立法研究》，法律出版社 2000 年版，第 85—110 页。另外，也可参见 David Schoenbrod, "Politcs and The Principle That Elected Legislators Should Make The Laws", *Harvard Journal of Law and Public Policy*, Vol. 26, No. 1, May 2003, pp. 239 – 280。

② 如柳砚涛教授等就指出，影响授权立法正当性的主要原因是授权立法损害了人民主权原则，使立法和执法权集中于同一机关以及接受授权的一方再度将权力售出。参见柳砚涛、刘宏渭《授权立法的正当性质疑》，《文史哲》2006 年第 3 期。另外，还可参见王保民《论授权立法的利弊得失》，《西安交通大学学报》（社会科学版）2009 年第 4 期；周少青《论授权立法的合法性》，《河北法学》2003 年第 6 期。

③ A. W. Bradley and K. D. Ewing, *Constitutional and Administrative Law（Fourteenth Edition）*, Harlow: Pearson Education Limited, 2007, pp. 676 – 677. 另外，关于授权立法合法性的这几点理由也可参见 Matthew Groves and H. P. Lee, *Australian Administrative Law: Fundamentals, Principles and Doctrines*, New York: Cambridge University Press, 2007, p. 135。

④ Neil Parpworth, *Constitutional and Administrative Law（Seventh Edition）*, Oxford: Oxford University Press, 2012, pp. 196 – 197.

⑤ 吴大英教授等认为，授权立法产生的外在原因主要有观念、经济和社会三方面；内在原因主要有：①立法机关的能力有限；②立法机关的时间不够；③弥补立法机关"骨骼式立法"的不足；④应付紧急情况的需要；⑤立法机关制定法律的机能难以满足社会发展变化的需要。吴大英、任允正、李林：《比较立法制度》，群众出版社 1992 年版，第 326—329 页。

法目的。洛克认为，立法的目的是保护社会和社会中的每一个个体。① 洛克反对将人民授权给国家的立法权由立法机关进行再授权，这也是传统宪政主义坚持禁止授权原则的理论基点。但洛克的理论却未考虑到，如果立法机关由于种种原因而无法实施有效立法时，社会和社会中个体的权益如何得到保护的问题。如果坚持等待各种条件具备后再制定相关法律，而现实却需要及时制定法律以保护人民合法权益，此时可以考虑其他较为合理且有效的替代方案。从目的角度说，既然立法是为了保护社会和社会中的个体，在立法机关无法实现立法目的的情况下，如果授权给其他机关却能实现立法目的，此时授权立法即是不错的选择。② 这一选择过程在授权立法的历史发展中表现的淋漓尽致。当然，针对传统宪政主义者对授权立法的怀疑以及授权立法自身可能会产生的不良后果，各国在建立本国授权立法制度时均在一定程度上或一定范围内对其有所限制或制约，以尽可能避免授权立法之"恶"。

第二，从规范衔接的角度分析，授权立法在一定程度上可以使法律规范实现有效的衔接。立法机关制定的法律所适用的行政区域通常均较为广阔，上可至一国主权管辖的全部行政区划范围，下通常也会达联邦成员州或设区的市。面对广阔的行政区域，立法机关在制定法律时通常只能统筹考虑而不能面面俱到，具体的实施是再由各相关行政区划的规范制定机关依法在上位法提供的框架范围内结合本地区实际情况因地制宜地制定具体规范。换言之，国家立法机关在制定法律时通常是"粗放式"的，具体法律条文的规定较为原则或模糊；而地方或行业在具体实施国家立法机关所制定的法律时需要结合本地方（行业）的实际情况将其进一步细化，以增强其实践性和可操作性。法条授权立法即是此类做法的典型，通过上位法的授权，地方立法机关或行业部门细化国家立法机关制定的较为普遍的法律，使地方或行业立法既符合授权母法的要求，又满足地方特点的需求。从上位法和下位法的衔接来看，授权立法能够

---

① ［英］洛克：《政府论》（下篇），叶启芳、瞿菊农译，商务印书馆1964年版，第83页。
② 禁止授权并不能因此而增强公共福利，至少有时由议会立法反而会更糟。参见 Harold J. Krent, "Delegation and Its Discontents (reviewing David Schoenbrod, Power Without Responsibility", *Columbia Law Review*, Vol. 94, February 1994, pp. 710–752。

弥合法律规范的缝隙,① 实现规范之间的有效衔接。

第三,从立法机关自身机能分析,授权立法能够解决立法机关在特殊状况下无法克服的问题。由立法机关亲自实施立法行为,对实现立法目的、保障公民合法权益、维护社会秩序等都具有非常重要的意义。但我们必须面对的问题是,如何克服立法机关自身立法机能存在的一些缺憾。如立法机关对法律专家的需求和部分法律法规制定时对社会有关领域中专业技术人员的需求之间所存在的张力;立法程序对时间的要求和紧急情势下对时间的排斥之间所存在的张力等。通常,立法机关自身的立法职能能够满足自身立法的需求,而且这些职能是实现立法机关依法履职的重要保障;但在特殊状况下,部分立法职能却有可能成为立法机关实现立法权的羁绊,轻则影响立法质量,重则成为经济社会发展的障碍。授权立法恰好因其灵活的方式能够解决立法机关在立法实践中所遇到的部分难题,所以,除了明确规定只能由立法机关自行制定法律的事项,立法机关可将其立法权限范围内的可授权立法事项在特定状况下授权给恰当的被授权主体,以克服立法机关自身在此类情况下立法能力的不足。

第四,从现实需要出发,授权立法是经济社会发展的必然要求。现实社会瞬息万变,立法机关制定的法律通常具有稳定性和滞后性,难以对社会发展中出现的新情况新问题及时回应,但授权有关机关进行立法则能够对经济社会发展变化中产生的新问题及时反应,一方面能够对新情况新问题进行规范,另一方面也能为立法机关将来制定法律积累经验。另外,一些重大的社会改革需要调整法律的适用但却又不能及时修改法律时,也能够通过授权立法的形式对其进行规定,既能保证改革的推进,又不会因对相关法律制度进行重大改变从而整体影响社会秩序。作为附属立法,授权立法能从容地不断加以完善,这种试验性的优势使授权立

---

① 法律规范的缝隙包括"表述缝隙"和"目的缝隙"。表述缝隙表明中央立法无法或无须表述成为一个完整的规范,地方立法此时可以作为中央立法的补充;目的缝隙表明中央立法可能存在"过度包含"与"潜在包含"两种情形,需要地方立法进行范围限缩或修正,使中央立法更具可操作性。正是因为这两种缝隙的存在,才使得授权地方或行业立法具有必要性。参见张帆《规范的缝隙与地方立法的必要性》,《政治与法律》2010年第3期。

法面对社会变迁和改革发展更具适应性,[①] 从而使授权立法成为社会发展变化过程中的必然选择。

二 授权立法范围的理论形成依据

(一) 法治理论

习近平总书记指出:"不是什么法都能治国,不是什么法都能治好国;越是强调法治,越是要提高立法质量。"[②] 习近平总书记的科学论断明确指出了法治的根本之道,即实施依法治国首先需要有良法。在人类社会发展历程中,法律几乎从未间断,但并非所有的法律都产生了良好的治理效果,因为低劣法律的存在导致巨大社会灾难,使人民合法权益得不到有效保障的情形时有发生,究其原因就在于治理社会所依据的法律质量不高。现代法治理论认为,法治之"法"首先必须是高质量的法,是制定的非常好的法律。良法是法治的制度前提,这已成为法治共识。法律的目标之一是使社会能够形成良好的秩序,但这一目的的最终实现不是因为有了法律而是因为有了"良好"的法律。这就表明,就法治而言,其在本质上应当更关注法律的内在品性而非形式上的制度安排,否则就无法解释为何人类历史上从不缺乏法律但良好的社会秩序却始终是人们所追求的目标。从法治所追求的目标看,"内容的合理性和形式的科学性"[③]的完美结合是实现法治社会的有效途径,而实现这种结合需要有"制定的良好的法律"作为制度前提和保障。亚里士多德在定义法治时也认为,法治的前提应当是有制定的良好的法律。如何制定良好的法律?对于良法,学者们有不同的界定标准,[④] 但共同的核心体现为良好的法律

[①] 邓世豹:《授权立法的法理思考》,中国人民公安大学出版社2002年版,第30页。

[②] 习近平:《在十八届中央政治局第四次集体学习时的讲话》(2013年2月23日),载中共中央文献研究室编《习近平关于全面依法治国论述摘编》,中央文献出版社2015年版,第43页。

[③] 付子堂、朱林方:《中国特色社会主义法治理论的基本构成》,《法制与社会发展》2015年第3期。

[④] 李龙教授等分别从指导思想、价值建构、规范结构和文化精神四个层面提出了良法的衡量标准。参见李龙、汪进元《良法标准初探》,《浙江大学学报》(人文社会科学版)2001年第3期。龚廷泰教授则分别从公民、国家和社会层面提出了衡量良法的标准。参见龚廷泰《论中国特色社会主义法治理论发展的法治实践动力系统》,《法制与社会发展》2015年第5期。

应当充分保障公民个人合法权益、有效促进社会向前发展、不断推动和提升国家治理水平等。那么，按照法治理论的要求，又如何保障授权立法能够形成良法？

在授权立法的具体实施中，受权主体自身对该领域范围内的事项并不具有制定规范的权力，而且受权机关的规范制定程序与民意代表机关的立法程序在民主立法方面存在较大差距，换言之，实践中普通民众的权益表达途径或渠道在民意代表机关的立法过程中要高于行政机关。因此，授权立法的实施需要考虑防止恶法或低质量法律规范的出现。从良法的角度分析，一部高质量的法律或制定良好的法律，在微观上应当表现为范围明确、可操作性强、权义均衡等。按照这一标准，结合授权立法的特点，明确主体、事项和期限的范围是保障其成为良法的重要途径。

（二）代理理论

对授权立法的理论来源，学术界有"转移说"和"代理说"两种比较具有代表性的观点。

"转移说"观点的核心要义是强调立法权力在不同机关之间的流转。该观点认为，从形式上看，授权的结果是享有立法权力的机关将权力按照规定交付其他机关行使，最终受权机关获得了本不属于自己的立法权，而且在很大程度上"该项权力也成为了被授权者的职权组成部分"[1]。但也有学者对这种观点持批评态度，他们认为，这一主张在用来考察受权机关按照授权法制定的规范的效力层级时具有较好的参考意义，但对于追溯权力来源却并不具有说服力，甚至是"无法正确解释来源的"[2]。因为，权力的转移在授权立法中也仅仅是具体实施者的变换，权力的归属并未发生改变，"授权只不过是转移权力的行使"[3]。

龚祥瑞教授是国内较早对授权立法提出"代理说"观点的学者，他认为，授权立法的法理依据就是民法中的代理理论。[4] 在民事代理关系中，代理人按照被代理人的委托在代理权限范围内从事相应的民事法律

---

[1] 谢晓尧：《经济特区授权立法探析》，《中山大学学报》（社会科学版）1998 年第 1 期。
[2] 曾祥华：《论行政立法权来源的正当性》，《学习与探索》2005 年第 4 期。
[3] 王禹：《港澳基本法中有关授权的概念辨析》，《政治与法律》2012 年第 9 期。
[4] 龚祥瑞：《比较宪法与行政法》，法律出版社 2012 年版，第 417 页。

行为，所产生的法律后果则由被代理人承担。将民事代理行为和授权立法进行比较观察便可发现，两者在构成要素和行为方式上具有高度的相似性；不同之处则主要体现在各自适用的领域，一个是私法领域，另一个则是公法领域。对于这一差异，有学者就认为，用私法领域中的代理理论来表征公法领域中的代理是可行的，因为虽然各自适用的领域不同，但基本的原理确实是相通的，而且理论具有一定的普遍性，在借用时"不必苛求每一个环节的完全相同"[①]，否则就会人为地限缩理论的适用空间，使理论丧失其本应具有的指导意义。但也有学者并不认可这一观点，认为理论有其各自严格的适用场域。民事代理理论禁止再授权或转代理，而授权立法表现为代议制政府允许立法权再委托，这种行为方式恰恰违反了民法代理理论的禁止性规定，[②] 所以不能将"代理说"作为其理论依据。

笔者赞同"代理说"。尽管在形式上授权立法似乎违反了代理理论的禁止性规定，但美国的实践却表明，只要不破坏三权分立所要求的相关国家机关之间的平衡，从功能主义角度出发，立法权是可以授出的。[③] 至于各自适用领域的不同，则不能成为否定代理说作为其理论依据的理由。正如学者所言，尽管"代理说"主要适用于私法领域，而授权立法属于公法领域，但他们也有相通性，在相通性范围内，当然可以适用共同的理论。[④] 因此，除了从形式和构成上需要满足代理理论的要求，按照授权应当有明确具体授权内容的基本规则要求，授权立法还应当就主体、时限和期限范围进行明确。

（三）控权理论

法律的重要价值之一，体现在可以用其约束和限制权力。在人类社会历史的发展过程中，人们不断地寻求用法律控制权力的最佳方案，甚

[①] 曾祥华：《论行政立法权来源的正当性》，《学习与探索》2005 年第 4 期。
[②] 周少青：《论授权立法的合法性》，《河北法学》2003 年第 6 期。
[③] 王名扬：《美国行政法》（上），北京大学出版社 2016 年版，第 69—72 页。
[④] 我国台湾学者林纪东就认为，私法与公法有着共同适用的一般法理，只是因私法发达较早，遂被认为是私法所独有的法理，这种法理其实也可以直接适用于公法。日本学者美浓部达吉也认为，尽管公法与私法有着各自的特殊性，应遵循各自不同的规律，但这个事实并不否定公法与私法之间有着共通性。在此共通性的限度内，当然可以适用共同的规律。参见余凌云《行政法讲义》（第二版），清华大学出版社 2014 年版，第 26—27 页。

至可以说，人类社会的发展过程就是探求用法律限制权力的过程。洛克在《政府论》中认为，政府的一切权力都应该在既定的和公布的法律范围内行使，以避免掌权者被权力诱惑。[1] 为了更好地限制权力，在政治制度架构中，人们设计出了分权制衡制度，避免因权力的高度集中而导致极端的社会灾难。英国阿克顿勋爵对权力的高度集中就有着精辟的见解，他指出，"权力导致腐败，绝对权力导致绝对腐败"[2]。

习近平总书记指出，要"把权力关进制度的笼子里"。"没有法律控权，国家不可能长治久安——这是中国封建社会由盛而衰直到灭亡的一个基本教训。"[3] 现代政治理论也认为，在国家权力体系中，立法权应当居于主导地位，其他权力当属依附地位。观察各国宪法规定，国家立法权无不是处于国家权力体系的最高地位，其他权力的产生或实施均需由立法加以规定。所以，控权就应当首先对立法权加以控制，从源头上杜绝权力滥用的可能性，这也是现代法治理论的必然要求。在我国立法实践中，"一些部门热衷于立法，一个重要的原因在于，通过立法来扩张权力"[4]，这已成为当前我国实施依法治国战略必须关注和解决的一个重要问题。解决这一问题的有效途径便是为立法权划定边界、限定范围，使立法权力在"笼子"里运行，进而规范其他各类权力的实施，防止越权、擅权和专权，从制度层面上杜绝权力滥用的行为。

具体到授权立法制度中，作为"一柄双刃剑"[5]，其本身就有利有弊。虽然客观上它具有无可替代的良性制度价值，但形式上还是将本属于立法机关的立法权力授予其他国家机关，使权力在一定程度和范围内形成集中的客观状态，如果不加以约束和控制，则易造成授权立法的滥用。故而，明确授权立法范围能为其主体、事项和期限划定"笼子"、限定边界，从而能够使授出的立法权在恰当的边界范围内运行，对于保障立法

---

[1] ［英］洛克：《政府论》（下篇），叶启芳、瞿菊农译，商务印书馆1964年版，第86页。

[2] ［英］约翰·埃默里克·爱德华·达尔伯格－阿克顿：《自由与权力》，侯健、范亚峰译，译林出版社2011年版，第294页。

[3] 孟祥锋：《法律控权论——权力运行的法律控制》，中国方正出版社2009年版，第23页。

[4] 王利明：《法治具有目的性》，《苏州大学学报》（哲学社会科学版）2016年第6期。

[5] 周旺生：《立法学教程》，北京大学出版社2006年版，第340页。

权的正确实施具有十分重要的现实意义。

三 授权立法范围的法律形成依据

(一) 宪法依据

宪法是根本大法,在宪法中规定授权立法制度并明确对授权立法范围的要求是授权立法范围最权威和最基本的法律依据。

第一,在宪法中规定授权立法制度为授权决定或授权规范的做出提供直接依据。在成文宪法国家,宪法中关于授权立法制度的条文规定通常比较宏观,这就为其他法律的制定提供了基本准则,是其他法律制定的依据。如此,在宪法框架下制定的法律必须遵守宪法的基本原则和宪法条文的要求,不得突破宪法的限定,不得超越宪法设定的范围。在宪法规定授权立法制度,由专门性的法律规范对授权立法进行具体制度设计时就必须遵循宪法,不得违背宪法中既定的原则和要求,否则就构成违宪;违反宪法制定的授权规范就当然地丧失了宪法依据,授权立法也便成为无效的立法行为。

在不成文宪法国家,授权立法制度并无具体的宪法条文规定,但并不意味着这些国家的授权立法无宪法依据。以典型的不成文宪法国家英国为例,"议会是授予委任立法权力的立法者,议会在制定授权法时,可以决定法规的内容"[1],议员们总会按照法律行事,议会在制定授权法时必然会遵守宪法性的成文法、习惯法和惯例。[2]

第二,宪法对国家机构的规定为授权立法范围的确立提供依据。任何国家有关国家机构的设置都是本国宪法的重要内容,这些规定为授权立法范围的确立提供了依据。各国在宪法中规定国家机构时必然会对各个机构的职能和权限做出划分,其中就涉及国家权力的分配,尤其是立法权的分配和立法权限的划分对授权立法范围的影响最大。

法理上,享有立法权是授权立法的前提基础;没有立法权力,则缺乏实施授权立法的前提条件。国家权力中的立法权按照各国宪法的规定通常由权力机关享有。在宪法中规定行使国家立法权的机构,便明确了

---

[1] 王名扬:《英国行政法 比较行政法》,北京大学出版社2016年版,第104页。
[2] 刘建飞、刘启云、朱艳圣编:《英国议会》,华夏出版社2002年版,第16—19页。

只有具有立法权的国家机关才可能成为立法权的授出主体。至于被授权主体，有些国家会在宪法中对被授权主体进行明确说明，如德国《联邦基本法》和法国《1958 年宪法》。

宪法在规定立法权行使机关的同时也会对其立法权限进行划分。关于这方面的规定，有些国家在宪法中规定得比较粗略，需要借助其他法律来加以明确，如我国就需要借助《立法法》来细化；而有些国家则规定得比较详细，如德国《联邦基本法》、法国《1958 年宪法》、瑞士《联邦宪法》等。由于种种限制，立法机关在行使全部立法事项范围内的立法权时可能会存在一定的障碍，许多国家就规定有些事项必须且只能由立法机关进行立法，而有些事项的立法权可以通过法定程序授予其他国家机关。

宪法通过对立法权的配置和立法权限的划分，实现了对授权立法的主体范围和事项范围的设定，为明确授权立法范围提供宪法依据。

第三，宪法对公民基本权利的规定构成对授权立法范围的限制。基本权利是指每个人基于其作为人或特定国家的社会成员而应享有的最起码的权利。[①] 基本权利构成对一切政府权力的限制，是宪政的一项基本原则，同样，宪法保障的基本权利构成对立法权力的限制。[②] 在宪法中规定公民的基本权利，体现着宪法对公民基本权利的保障，即使是最高国家权力机关也不能以立法的形式随意剥夺和侵犯。基本权利宪法规定的价值就在于能够对以立法形式侵犯人权的行为加以约束。[③] 如依照我国宪法[④]第二章对公民基本权利的规定，任何立法都应该按照宪法的指引，加强对公民基本权利的保护，"不仅在社会心理上，而且在法学理论中，都普遍存在对全国人民代表大会及其常务委员会所制定通过的普通法律的一种绝对信赖，即认为至少全国人民代表大会及其常务委员会所

---

① 林来梵：《宪法学讲义》（第二版），法律出版社 2015 年版，第 277 页。
② 邓世豹：《授权立法的法理思考》，中国人民公安大学出版社 2002 年版，第 95 页。
③ 胡锦光、韩大元：《中国宪法》（第二版），法律出版社 2007 年版，第 194 页。
④ 2018 年 3 月 11 日第十三届全国人民代表大会第一次会议通过了《中华人民共和国宪法修正案》，本书中我国《宪法》的所有内容均以本次修正本为准。

制定的普通法律不可能剥夺、侵犯或限制公民的基本权利"[1]。宪法对基本权利的直接规定，构成了对立法机关立法范围的限制，授权立法同样也不得超越对公民基本权利保护的范围，否则便构成无效的授权立法。

(二) 授权法依据

授权法是指有权机关制定的将一定范围内的立法权授予其他机关的一种规范性法律文件。从表现形式上来看，主要有两种类型的授权法：一种是专门性的授权立法决定；另一种是在法律规范中以法条形式表现的授权规范。无论采取何种形式，授权法均为被授权机关实施授权立法的直接法律依据。

专门性的授权立法决定是被授权主体实施授权立法的直接法律依据，如1985年全国人大对国务院的授权决定、2012年全国人大常委会对国务院的授权决定等。这些专门的授权决定中对授权目的、主体、事项、时限范围等的规定，虽然部分存在范围不甚明确的情形，但就已经明确的要求，必须得到严格遵守，才能保证该行为及所制定规范的合法有效；若出现超越规定范围的立法行为，则属无效立法行为，其制定的法律规范也属无效。除此以外，法条授权也是一种较为常见的授权立法形式，通常见之于各类法律规范中。在法条授权中，尽管规定各不相同，但对被授权机关实施立法规定范围要求是该项授权得以成立的必备条件；这意味着被授权机关必须按照要求实施立法，否则要么构成越权要么可能导致失职。

根据以上分析，在笔者看来，授权法可以说是授权立法范围最直接最明确的法律依据，其对范围规定的明确与否会直接影响授权立法的实施状况。为此，各国也都非常重视授权法，有些国家在本国宪法中对其加以规定，有些国家在有关的立法中对其提出明确要求，这些无不说明作为授权范围直接依据的授权法的重要性，也进一步确立了专门授权决定作为授权范围依据的法律地位。

---

[1] 许崇德主编：《宪法》（第四版），中国人民大学出版社2009年版，第174页。

第三节 授权立法范围的作用

立法范围是立法权行使的边界，授权立法范围是授权立法的边界，其作用可从纵向和横向两个维度进行观察。

一 纵向维度的作用

第一，在国家层面，有助于国家立法权的规范行使。相对于国家的行政权和司法权，立法权关乎国家法制建设，是依法行政的基础和依法司法的依据，立法权的规范行使是确保实现依法治国的前提和保障。立法权限的划分是由一国宪法结合本国政治制度对该项权力的归属、范围和内容的具体设置，[①] 其行使应当严格遵循宪法的规定和要求，不得有任何越权行为。分析各国对立法权限的设置可以发现，这其中有两项核心要素，一项是享有立法权的主体；另一项则是立法权行使的边界范围。

法理上，立法权只能由特定的国家机关享有，这是立法权的专属品性，其他任何不享有立法权的主体不能成为立法者。成为立法主体对于授权立法至关重要。基于朴素的所有权理论，只有享有了立法权，才有立法权授出的可能性。但需注意的是，并非所有的立法权享有者都可以将立法权授出。由于各国具体国情不同，目前尚无统一的授权主体资格标准，但基本的共识是只有适当的立法主体才可以作为授权立法的授权主体。除对立法主体的限制之外，立法权限的划分也限定了立法主体只能就自己权限范围内的事项进行立法，超越立法事项范围的立法行为属无效立法。同理，作为授权立法中的授权主体也只可以将自己事项范围内的立法权授出，超过权限范围的授权立法当然无效。需要注意的是，并非所有的立法事项都可以授出，有些事项必须由特定的立法机关予以

[①] 李林教授认为，倘若国家的立法权限划分不当，将产生以下不良后果：一是可能出现中央过分集权或者地方过分分权的状况，在多数情况下，无论出现哪一种状况，都会对国家的稳定和社会的发展带来损害；二是可能造成政治体制结构失衡和政治权力行使失控，给管理造成混乱，阻碍社会进步，甚至引发社会动乱；三是对立法造成损害，出现立法无序，如越权立法、重复立法、立法懈怠等立法谋私现象，导致法律体系的混乱和法律难以实施。参见李林《立法理论与制度》，中国法制出版社2005年版，第304—305页。

"保留"①。授权立法的授权主体只能针对自身所享有的立法事项范围内的可以授出的立法权予以授权，否则便超越了授权立法范围，构成无效授权。

在各国现行大量的授权立法中，如果没有范围边界的限制，必然会影响授权立法的行使；如果授权立法不规范，则必然会扰乱国家立法权的行使。因此，授权立法范围的存在，对国家立法权的规范行使具有重要的作用。

第二，在社会层面，有助于良好社会秩序的养成。在宪法对国家的权力配置中，行政权力通常归属于行政机关，行政机关在国家机关体系中也往往被定位为法律的执行机关或执法机关。从狭义上讲，行政机关是指从中央到地方的各级人民政府；从广义上讲，除了从中央到地方的各级人民政府，还包括各级人民政府的各部门机构。② 传统观点中的行政机关仅仅行使行政权力，但"现代行政在内容上除保留传统上的执行性行政——就个别事件作出处理决定——之外，又兼及立法和司法，即行政机关可以如同立法机关那样制定面向未来统一实施的法规范，如司法机关那样针对过去已发生的个案，在当事人之间做出具有法约束力的裁决"③。单就数量而言，较权力机关的直接立法，行政立法在大部分国家中有着非常庞大的数量，如1920年，英国官方登记在册的委任立法总量为2473件，是议会立法的五倍多；④ 2003年，英国颁布实施了45项公共普通法（Public General Acts），合计有4500多页，而同期通过的法定条规超过了3360项，尽管大部分在当地实施，但已经出版的9卷一般性条规总量已经超过9300页；⑤ 美国由行政机关制定的委任立法也多得令人吃惊。⑥ 职能上，"个人之间、个人与国家之间的利益冲突是社会秩序不

---

① 这是行政法理论中的一项重要原则——"法律保留原则"，由德国著名的行政法学者奥托·迈耶（Otto Mayer）首倡，并发展为行政法的核心原则。
② 胡建淼主编：《行政法学》，复旦大学出版社2003年版，第53页。
③ 章剑生：《现代行政法总论》，法律出版社2014年版，第9页。
④ Cecil T. Carr, *Delegated Legislation: Three Lectures*, London: Cambridge University Press, 1921, p. 2.
⑤ A W Bradley and K D Ewing, *Constitutional and Administrative Law (Fourteenth Edition)*, Harlow: Pearson Education Limited, 2007, p. 674.
⑥ 吴大英、任允正、李林：《比较立法制度》，群众出版社1992年版，第326页。

稳定的根源，行政要采取各种适当的法律手段来消解这些不稳定的根源"①。因此可以说，行政法具有维持社会秩序的基本功能，是养成良好社会秩序的直接制度保障。

社会秩序的管理离不开行政机关，行政机关维护和管理社会秩序的基本方法和根本要求是依法行政，行政机关所依之法除法律之外更多的是行政法规和规章，而众多行政法规和规章来源于授权立法。因此，授权立法范围为行政机关实施授权立法划定界限，对制定良好的行政法规和规章、养成良好的社会秩序具有重要的作用。

第三，在个人层面，有助于保障个人的合法权益。保障个人合法权益是法律的目标之一，而授权立法范围的设定能有效保障个人的合法权益。宪法中对公民基本权利的规定为保护公民权利提供总纲，其他法律则依据宪法制定具体的规则来实现对公民合法权益的保护。在所有国家机关中，行政机关具有规模大、人员多、职权广且直面人民群众②的特点，这就决定了行政机关的履职行为对社会民众合法权益的影响必然最为直接和深远。从保护民众合法权益的角度看，行政机关获得一定程度和范围内的立法权具有客观必要性。所以，在立法实践中，授予行政机关一定范围内的授权立法权是满足保护公民合法权益的需求，然其基本要求应是行政机关所制定的法律法规为"良"法。

为有效保障公民的合法权益，可利用授权立法范围实现约束和规范行政机关的部分立法行为。如美国法院对有正当范围或明确标准的授权立法给予认可；我国在2015年《立法法》修正时对授权立法范围提出了更为明确的要求；德国和法国更是在其宪法中要求授权立法必须要有确定的范围；日本现行宪法要求通过法律对行政立法进行严格授权且不得以行政权随意发布命令和创设有关国民的权利和义务的一般性规定，行政立法只有在其授权范围内才能被允许，对超出授权范围的事项作出的规定就是无效的。③

---

① 章剑生：《现代行政法总论》，法律出版社2014年版，第9页。
② 姜明安：《论法治国家、法治政府、法治社会建设的相互关系》，《法学杂志》2013年第6期。
③ 杨建顺：《日本行政法通论》，中国法制出版社1998年版，第348—349页。

二 横向维度的作用

第一,有助于规范授权立法行为。法律是实现依法治国的制度前提,立法是维护社会秩序的重要途径,如果立法不遵循要求,轻则侵害公民合法权益,重则使社会陷入混乱状态。在我国《立法法》颁布前,立法实践中存在诸多问题,[①] 为此国家制订《立法法》,以便有效地规范立法行为;国务院也在2001年颁布了《规章制定程序条例》,[②] 规范行政规章的制定过程;地方人大也陆续制定了规范地方立法的文件,如《重庆市地方立法技术规范》《金华市地方立法技术规范》等。

授权立法要求明确授权主体和被授权主体,若主体不符合要求,授权立法应归于无效。如在我国众多的法条授权中,将被授权主体设定为"有关部门",此类没有明确被授权主体的不规范做法在现实中易使授权立法变得混乱。授权立法的事项范围为可授权立法的事项划定边界,授权主体只能在界限范围内进行立法授权,超越事项范围的立法授权为无效授权。授权立法对于被授权主体而言既是立法权力的授予,同时也是立法义务的赋予,被授权主体应当在期限内完成相应的授权立法义务。另外,以往实践中的诸多授权立法决定存在无期限立法授权的现象。为此,2015年修正的《立法法》对授权立法的期限范围提出了明确要求,规范了授权立法期限范围。西方国家也非常重视规范授权立法行为,如英国为了规范授权立法,先后颁布了《行政规章公布法》和《法定条规法》,或通过各具体的授权法来规范授权立法行为;美国也有专门的法律[③]来规范该项行为,同时对于宽泛的授权则通过对相关规定的解释来明确恰当的范围,防止因为和宪法发生抵触而使规范无效或导致原定的立法计划被废除或延误等。[④]

[①] 时任全国人大法工委副主任的张春生对这些典型性的问题进行了总结。参见庄会宁《根治立法"打架"——全国人大制定立法法规范立法行为》,《瞭望新闻周刊》1999年第47期。

[②] 《规章制定程序条例》已根据2017年12月22日《国务院关于修改〈规章制定程序条例〉的决定》进行了修订。

[③] 据笔者查阅有关资料并参考学者的观点可知,美国规范授权立法最为直接的制定法是《联邦行政程序法》,其第553节、第556节、第557节对行政机关制定行政法规的程序等作了明确而详细的要求。

[④] 王名扬:《美国行政法》(上),北京大学出版社2016年版,第231页。

第二，有助于健全授权立法制度。所谓立法制度就是指规范立法活动的各种规则的总称，是各种立法行为的制度保障。缺乏科学的立法制度，不仅不能制定出良性的法律制度，而且也会对国家的执法和司法造成不利影响，最终阻碍本国的法治建设。具体分析立法制度，在内容构成上，立法制度主要包括立法的主体制度、权限制度、程序制度、监督制度等。其中，主体制度解决的是立法权的分配问题，主要涉及权力机关和行政机关各自作为立法主体的资格问题；权限制度是有关立法权限范围划分的制度安排，明确了享有立法权的不同主体的立法空间，决定着立法主体是否可以进行立法授权以及在何种范围内可以进行立法授权；程序制度是对立法过程的程序控制，是提升立法质量的重要保障；监督制度是对立法过程实施的监督，是建设法治政府和实现依法治国的重要保证。

立法制度作为一国法律制度的重要组成部分，植根于本国的政治、经济、文化、历史等基本国情之中，并对本国的政治建设、社会秩序的稳定和经济发展等发挥着不可替代的作用。在不同的国家中，法律规范内容丰富且形式多样，这些内容丰富且形式多样的法律是一国法律制度的具体呈现。无论从哪个层次、哪个角度看待这些法律制度，一国立法制度的性质以及立法制度是否健全和完善都会对其他具体法律制度产生深刻的影响。[1] 在制度安排上，不同国家的立法制度在模式上有共同之处：一是都明确立法权的具体享有者；二是都非常注重立法过程和对立法的程序控制；三是对立法权限都有严格的划分，不同的立法主体只能在各自的权限范围内立法；四是强调立法权力必须依法施行，通过相应的监督机制加强对权力实施的监控等。

尽管不同于一般的立法行为，且在形式上有突破一般立法制度和立法原理的嫌疑，但授权立法仍然属于立法行为，仍然必须遵循本国的立法制度。就授权立法的主体而言，建立授权立法制度的国家基本上都强调在实施立法授权时要明确授权主体和被授权主体的范围，其中授权主体一般是享有立法权的国家权力机关，被授权主体的范围尽管各国规定不太一样，但都要求必须明确被授权主体。授权立法的事项范围要求具

---

[1] 曹海晶：《中外立法制度比较》，商务印书馆2016年版，第20页。

有立法权的授权主体只能在可以授权的事项范围内进行立法授权，被授权主体也只能在被授予的范围内实施授权立法行为。授权立法的期限范围呈现出对授权的时限限制，对授权主体和被授权主体均具有约束效果。

授权立法范围对授权立法而言是必不可少的制度要求，缺少范围约束的授权立法在实践中会产生一系列问题，影响社会秩序和民众的合法权益。因此，明确的授权立法范围对健全立法制度具有重要的意义。

第三，有助于丰富授权立法理论。理论对实践具有重要的指导作用。立法理论的发达程度，会对具体的立法行为产生直接影响并且也会对所制定法律的社会效果发生作用。[1] 授权立法是在立法实践中发展起来的一项重要制度，其理论发展对具体的实践和制度建设的完善具有重要的促进作用。[2]

从世界范围来看，近现代授权立法制度自在英国产生后就在不断被怀疑中逐步走向完善。实践中，各国从最初的尝试到发展初期和中期对其合法性的质疑，到现今的完全接受并不断探索如何更好地进行规范；理论伴随着实践的发展也在不断地丰富和完善，并产生和形成了较为完善的理论体系。我国授权立法也正在经历着同样的过程。自改革开放过程中较为广泛的出现授权立法现象后，[3] 我国从最初的怀疑到接受并逐步发展出具有中国特色且相对比较系统的授权立法理论，并在实践中不断趋向丰富和完善。然而理论的发展和完善永无止境，虽然授权立法制度在逐步走向成熟，但新的授权立法现象又萌发了新的问题，如"先行先试"型授权立法现象等。

笔者认为，本书的研究在一定程度上能丰富和完善授权立法理论。从当前对授权立法范围理论的研究来看，尽管厘清了一些疑惑，但仍然还存在需要解决的问题。研究和解决这些问题，对丰富授权立法理论、完善授权立法制度有着积极的推动作用。

---

[1] 李林：《进一步加强立法理论的研究》，《学习时报》2010年6月28日第5版。

[2] 邓世豹教授在分析制约我国早期授权立法规范化的因素时就认为，授权立法理论准备不足是很重要的一项因素；后来，随着授权立法理论研究成果的不断丰富，我国授权立法也呈现逐步完善的趋势。参见邓世豹《授权立法的法理思考》，中国人民公安大学出版社2002年版，第223—224页。

[3] 陈伯礼：《授权立法研究》，法律出版社2000年版，第1页。

第四节 授权立法范围的演变

从世界范围来看,授权立法范围的演变与授权立法的发展密切相关。随着授权立法的发展,授权立法范围也经历了从空泛到明确并不断完善的演变过程。

一 西方国家授权立法范围的演变:空泛授权——范围逐步明确

如果把卢梭在《社会契约论》中所提及的"古希腊城邦委托异邦人制定本国法律"[①]看作是授权立法的话,那么在最早的授权立法中无任何范围的限制。实际上,对于卢梭所叙述的古希腊城邦的委托制定法律,我国学术界并不认可,且普遍认为授权立法最早发端于英国。

(一)英国:从广泛授权到明确范围

英国早期的授权立法在议会和国王的反复斗争中产生。在反对封建专制统治的过程中,英国逐步形成了议会制度以限制王权。在1215年英国国王被迫签署《自由大宪章》之后,英国就迈向了议会制国家发展的道路。[②]1258年签署的《牛津条例》正式建立起议会定期会议制度,确认议会为全国最高立法机构,国王的一切决定必须符合议会法规的精神。[③]虽然有此宪法性文件,但在此后很长一段时间内议会和国王之间的斗争从未停止。1539年,为扩大王权,议会通过了《国王宣言法》[④],规定在情势危急且来不及召开议会的情况下,国王可以在枢密咨询下颁布

[①] 卢梭在其《社会契约论》中提道,"大多数希腊城邦的习惯都是委托异邦人来制定本国的法律。近代意大利的共和国每每仿效这种做法;日内瓦共和国也是如此,而且结果很好"。参见[法]卢梭《社会契约论》,何兆武译,商务印书馆2003年版,第52页。但据于兆波考证,卢梭所认为的古希腊城邦委托异邦人来制定法律,"从上下文及本意看,并非立法决策,显然是指立法起草"。参见于兆波《论立法决策与立法起草的法治定位》,《北京理工大学学报》(社会科学版)2002年第4期。

[②] [德]乌维·维瑟尔:《欧洲法律史:从古希腊到〈里斯本条约〉》,刘国良译,中央编译出版社2016年版,第395页。

[③] 沈汉、刘新成:《英国议会政治史》,南京大学出版社1991年版,第23页。

[④] 《国王宣言法》(*Statute of Proclamation*),国内学者普遍将其称为《公告法》。

宣言，这种宣言享有与议会法律一样的权威，任何人不得违抗。[①] 据此，尽管议会享有最高立法地位，但国王却通过授权而享有广泛的立法权，《国王宣言法》也被认为是英国授权立法的起源。[②] 16 世纪至 17 世纪，英国相当多的政府事务是通过行政权制定行政法规来完成的，但其立法资格的范围从来没有得到明确界定。[③] 19 世纪，英国开始出现非常笼统的概括性授权，1834 年的《济贫法》（The Poor Law Act）就授予不用向议会负责的济贫法委员会委员为"济贫事务"制定规则和发布命令的权力。这项持续一个多世纪的授权成为具体执行且制定规范的典范。[④] 可以说，在英国授权立法的早期发展过程中，立法授权并未有明确的限制，一直处于较为广泛的授权状态。

19 世纪末 20 世纪初，由于社会发展需要大量立法，英国的授权立法广泛参与到社会生活中。为了规范授权立法，1893 年英国议会制定通过了《行政规章公布法》，用来规范较为重要的授权立法的公布方式。随着授权立法的增多，人们对授权立法导致行政权力的扩张表达了不满，"在承认战争时期或紧急情况下的广泛授权时，他们对和平时期的授权范围和数量提出了疑问。有人认为，授权立法已经失去了控制，他们担心人们可能会处于官僚机构的控制之下。也有人认为，议会给予了行政机关过于集中的立法权，但却没有与议会立法相当的保障措施"[⑤]。为了应对这些问题，1929 年，英国政府成立了专门委员会调查授权立法问题。最终，调查报告承认授权立法为当代社会发展所必需，但需要改进。第二次世界大战爆发后，为应对战时紧急情况，议会再次授予政府以广泛的

---

① 沈汉、刘新成：《英国议会政治史》，南京大学出版社 1991 年版，第 113 页。

② 该部法律一方面扩张了以国王为代表的政府行政权力，另一方面也对国王政府的专横实施了一定的限制，如国王按照本法律发布的宣言不得违反普通的各项原则，不得损害议会现行的制定法，不得损害国民的私人财产权等，这些限制为保障普通法的尊严和国民权利作出了贡献。参见何勤华主编《英国法律发达史》，法律出版社 1999 年版，第 18 页。从授权立法的角度来看，对国王制定法律的授权非常宽泛，比如情势危急如何界定，国王在哪些事项范围内可以实施授权立法，等等，这些都没有说明。不过以发展的角度看，这种立法授权情势和当时的历史社会现实密切相关，具有历史进步性。

③ 陈伯礼：《授权立法研究》，法律出版社 2000 年版，第 46 页。

④ William Wade and Christopher Forsyth, *Administrative Law* (*Eighth Edition*), New York: Oxford University Press, 2000, p. 841.

⑤ 陈伯礼：《授权立法研究》，法律出版社 2000 年版，第 47 页。

立法权。战后，民众对议会宽泛授权的问题再一次提出了强烈批评，要求议会加强对授权立法的监控。英国议会于是在1946年颁布了《法定条规法》，以进一步对其进行规范。通过不断努力，英国的授权立法被限定在《法定条规法》的框架内，但是，"《法定条规法》离作为委任立法的基本法还有一定的距离，有许多理该作为该法的内容，它未予规定，不得不依赖具体授权法解决"①。相对于以往宽泛的立法授权，授权法对授权立法能起到一定的约束效果，可以使授权立法在限定的范围内恰当施行。

除了在授权法中对授权立法进行范围的限定之外，英国还通过议会和法院对授权立法实施监督，以确保授权立法在限定的授权范围内运行。议会的授权是英国授权立法的权力来源，同时也在多个层面加强对其的监控，防止立法权力委任后出现失控现象。② 1973年，议会在1944年成立的专门用以审查委任立法的"审查委员会"和"上议院特别命令委员会"的基础之上成立了法规联合委员会，专门审查行政机关的委任立法，以"督促政府提高警惕，妥当地行使委任立法权"③。如果将议会对行政机关实施授权立法的监督看作是事前审查，法院对授权立法的监督则属于事后审查。如果行政机关制定出来的授权立法规范的内容与议会的授权范围不相符或违反了议会的授权规定，那么在具体的诉讼中，法院经审查后便会确认行政机关的委任立法违背了授权规定，就可宣布其无效，1974年和1982年发生的两个案例④就是这方面的例证。

审视授权立法范围在英国的发展历程，其经过了从宽泛授权到有明确授权范围要求的演变过程。其中，除授权法或授权规定有明确要求外，议会和法院的事前、事后监督也促进了英国授权立法范围制度的发展。

---

① 胡建淼：《比较行政法：20国行政法评述》，法律出版社1998年版，第94页。
② 英国议会在通过法律委任行政机关立法的同时，也强调对行政机关行使委任立法权进行监督和控制，在制定授权法时，同时规定委任立法权力的范围、条件、方式、机关、程序等。参见何勤华主编《英国法律发达史》，法律出版社1999年版，第189页。
③ 王名扬：《英国行政法 比较行政法》，北京大学出版社2016年版，第106页。
④ 这两个案例分别是1974年的"麦伦茨诉阿贝德案"（Malloch v. Aberdeen Corp.）和1982年的"拉蒙特诉荷纳案"（Raymond v. Honey）。参见何勤华主编《英国法律发达史》，法律出版社1999年版，第193页。

（二）美国：从无标准到宽泛与明确并存

美国宪法对立法权、行政权和司法权的归属有严格限定，权力之间相互制约，"每个机构不得侵入宪法授予平行机构的权力领域"①。由于授权立法在形式上会破坏美国宪法的分权原则，这引起了人们对授权立法会扩大政府的行政权及侵蚀国会的立法权的担忧。尽管授权立法制度在美国存在理念上的障碍，但并没有妨碍其在实践中的落地生根。在授权立法发展过程中，美国的授权立法范围经历了从无授权范围约束到宽泛授权和明确范围并存的演变过程。

美国立法权力的委任从联邦政府成立时就已经存在。美国第一届国会就授权总统制定规则的权力，但就具体标准没有明确规定。② 此后，没有意义的授权标准在授权立法中一直存在，"传统的空洞的实体标准至少是从 1887 年起就已经存在，当时国会首次要求州际商业委员会对铁路运输制定'公正合理'的价格，这种无处不在的'公正合理'标准，或者与其相近的'公共便利与必要'标准，也已经出现在数十部规制性的法律中"③。这一现状维持了 17 年，直到 1904 年和 1928 年最高法院在判决中要求授权立法需要规定一定的标准。④ 1935 年的"巴拿马案"和"谢克特案"中，美国最高法院即因为授权立法缺乏适当的标准而宣布国会的授权立法无效。但在"巴拿马案"和"谢克特案"之后的众多案件中，最高法院都支持了宽泛的授权，⑤ "除了在人权领域，裁判倾向于赞成几乎所有授权，即使授权法中的标准宽泛的虚无缥缈"⑥。

---

① 张千帆：《西方宪政体系》（上册·美国宪法）（第二版），中国政法大学出版社 2004 年版，第 107 页。
② Peter L. Strauss, Todd Rakoff, Roy A. Schotland and Cynthia R. Farina, *Administrative Law: Cases and Comments* (*Ninth Edition*), New York: The Foundation Press, Inc., 1995, p. 94.
③ ［美］理查德·J. 皮尔斯：《行政法》（第一卷）（第五版），苏苗罕译，中国人民大学出版社 2016 年版，第 84 页。
④ "如果国会在授权法中，对被授予权力的人或团体规定了一个必须遵守的明确的原则时，这样的立法行为不是被禁止的立法权力的委任"。参见王名扬《美国行政法》（上），北京大学出版社 2016 年版，第 222 页。
⑤ ［美］理查德·J. 皮尔斯：《行政法》（第一卷）（第五版），苏苗罕译，中国人民大学出版社 2016 年版，第 89 页。
⑥ Bernard Schwartz, *Administrative Law: A Casebook* (*Third Edition*), Toronto: Little, Brown and Company, 1988, p. 117.

允许宽泛授权的同时，美国司法实践对部分领域中的授权立法则要求设定较为明确的标准。在1969年的"Shuttlesworth v. Birmingham"案中，法院宣布，"限制第一修正案规定的自由的实现优于许可的约束，没有限制、客观和明确的标准引导审批部门的法律是违宪的"[①]。这一案例显示了美国授权立法实践中对确定授权标准问题的一种新趋势，即对人身权利的要求明显严格于财产权利，财产权利可以允许较为宽泛标准的存在，但人身方面却要求必须要有具体明确的授权标准。另外，美国还制订了《联邦行政程序法》对制定程序设定明确的规范要求，如果违反该程序规范的要求，则行政机关依据授权所制定的立法归于无效。

基于联邦制的特点，在联邦自身保留对授权标准要求的同时，各州对标准的要求也自成体系。据已披露的案例，大部分州对授权理论坚持相当严厉的观点，要求授权法包含具体的限制被授权机关自由裁量的标准；一些州的法院在授权原则问题上就控制行政规则超越立法机关对相关机关的授权问题上也比联邦法院更有准备。[②] 联邦和州产生这种分歧的原因在于，首先，州的立法覆盖地域较小，处理的事务和联邦处理的事务相比更为简单，要求授权立法确定明确的标准更为可行；其次，相比而言，州的立法技术落后于联邦，在立法机关存在立法困难时，勉强制定的法律易被法院否定，反而不如规定明确的标准将立法权授予直接处理相关事务的行政机关更易于被法院所认可和接受；最后，州行政官员的素养不如联邦官员，在和法院的关系上，不如联邦行政官员能取得法院的信任。[③]

从美国对待授权立法标准的趋势看，宽泛授权和明确授权标准在美国的实践中将长期存在，且宽泛授权占据主导地位。"国会授出大量仅有模糊的'公共利益'标准的权力时，反映了国会立法中困难的政策抉择。"[④] 对此种发展趋势，美国行政法学者认为，立法机关和法院都应当

---

① 该授权法中规定的标准为：除非示威游行基于公共福利、和平、安全、健康、合乎礼仪、良好秩序、道德和生活便利的需要，否则不予批准。See Bernard Schwartz, *Administrative Law: A Casebook* (*Third Edition*), Toronto: Little, Brown and Company, 1988, pp. 108 – 109。

② Ernest Gellhorn and Ronald M. Levin, *Administrative Law and Process*, 法律出版社、West Group (St. Paul, Minnesota) 2001年影印版, p. 32。

③ 王名扬:《美国行政法》（上），北京大学出版社2016年版，第229页。

④ Bernard Schwartz, *Administrative Law: A Casebook* (*Third Edition*), Toronto: Little, Brown and Company, 1988, p. 117。

在授权立法方面起实际作用,以防止行政机关为了服务自身的利益而毫无制约地行使行政权力。①

(三)德国:从广泛授权到明确范围

德国最初实施授权立法时并没有对授权立法范围加以限制。1871年德国统一后制订了第一部成文宪法,但其对国王赋予了广泛的权力,② 严格来看只能算作是政府制定的法律,并不能够有效约束国王和内阁。在这样的宪法体系中,国王掌握实权,立法为国王所掌控,不可能产生议会对国王或政府的授权立法。1919年,《魏玛宪法》诞生,确立了主权在民的基本原则,将立法权分为联邦中央专属、联邦与成员邦共有两类,规定联邦法律高于成员邦的法律。在《魏玛宪法》中,总统被赋予了很大的权力,尤其是《宪法》第48条赋予总统可以对某一不遵守联邦宪法或联邦法律所规定义务的成员邦采取武力措施;如果认为有扰乱或危害联邦境内公共安宁及秩序时,必要时可以采取武力加以处置;而且可以临时停止宪法所规定的全部或部分公民的基本权利。③《魏玛宪法》对总统的概括授权为后来德国走向专制埋下了伏笔。1933年1月,希特勒被时任总统兴登堡任命为总理,纳粹党成为德国的执政党。希特勒上台后于1933年3月23日采取各种手段使国会通过了《消除人民和国家痛苦法》,即"授权法",该法虽然仅有5条,④ 但希特勒却通过该法将国家立法权毫无限制地牢牢掌控在手中实行独裁统治并发动了第二次世界大战。

第二次世界大战结束后,德国吸取《魏玛宪法》和纳粹执政的经验教训,于1949年通过了《德意志联邦共和国基本法》,将立法权分为联

---

① [美]伯纳德·施瓦茨:《行政法》,徐炳译,群众出版社1986年版,第55页。
② 该部宪法中赋予了国王可以制定外交政策、宣布戒严、监督等所有本应由联邦制定法律的情形,而且还允许国王解释宪法、解散议会等。参见张千帆《西方宪政体系》(下册·欧洲宪法)(第二版),中国政法大学出版社2005年版,第145页。
③ 戴学正等编:《中外宪法选编》(下册),华夏出版社1994年版,第192页。
④ 《消除人民和国家痛苦法》全文共五条,其内容为:①国家法律可由德国政府制定;②德国政府所制定的国家法律如以国会和参议院的组织本身为对象,可以同宪法有所出入;③德国政府制定的国家法律由内阁总理签发;④德国同外国签订的涉及立法问题的协定,不必得到立法机构的批准,内阁有权就实施这些协定发布必要的命令;⑤本法令自公布之日起生效,于1937年4月1日失效,倘若现任德国政府被另一政府代替时,本法亦即失效。后来在1937年和1941年该法两次被延长,因此在纳粹政权存在期间一直有效。参见朱庭光主编《法西斯体制研究》,上海人民出版社1995年版,第105—106页。

邦专属、联邦和成员邦共有及各成员邦专属三类，对各自的权限范围以列举的方式进行了明确规定。当然，基于客观现实需要仍然允许授权立法存在，但吸取之前惨痛的教训而明确否定无限授权，从宪法高度上要求授权必须要有"必要的精确度"[1]。《联邦基本法》第71条和第80条第1款对授权立法及其范围均有明确规定。按照《联邦基本法》对授权立法的规定，一方面，议会在进行授权立法时，如果未能按照《联邦基本法》的要求明确授权的界限，则授权法违宪无效；另一方面，被授权机关未能按照合宪的授权法在授权范围内制定立法规范，同样会因为违反授权规定而被判无效。

从上述历史发展中可以看出，德国的授权立法经历了从无范围限制到在宪法中规定授权立法需要明确的范围限制的演变过程，这一变化生动地说明了授权立法范围的重要性。德国授权立法范围的变迁历程对后世具有非常重要的镜鉴意义。

二 中国授权立法范围的演变：空白授权——部分明确——日臻完善

对当代中国授权立法的起源，学界有不同的观点。[2] 笔者认为，新中国的授权立法总体上可以划分为三个阶段：第一阶段，从中华人民共和国成立至1982年宪法产生，此为新中国授权立法制度的起步阶段；第二阶段，从1982年宪法至2000年《立法法》的颁布，此为中国授权立法制度的发展阶段；第三阶段，2000年《立法法》的颁布至今，为中国授权立法制度的完善阶段。伴随授权立法发展的三个阶段，我国授权立法

---

[1] 张千帆：《西方宪政体系》（下册·欧洲宪法）（第二版），中国政法大学出版社2005年版，第231页。

[2] 周旺生教授认为，当代中国的授权立法最早出现在1949年中华人民共和国成立前夕的《共同纲领》中，规定在普选的全国人大召开之前，由中国人民政治协商会议的全体会议执行全国人大的职权，这一规定可以视为当代中国授权立法的开端。参见周旺生《立法学教程》，北京大学出版社2006年版，第342页。也有学者认为，当代中国的授权立法始于1955年7月30日第一届全国人大二次会议。根据法案委员会的建议，授权常务委员会依照宪法的精神、根据实际的需要，适时地制定部分性质的法律，即单行法规。这是新中国的第一次授权立法。参见万其刚《论当代中国的授权立法》，《当代中国史研究》1996年第5期；李步云、汪永清主编《中国立法的基本理论和制度》，中国法制出版社1998年版，第298页；陈伯礼《授权立法研究》，法律出版社2000年版，第65页。

范围的演变也经历着从空白授权到部分明确再到日臻完善的发展历程。

起步阶段，我国授权立法表现出的主要特点是在缺少授权立法的理论准备和实践积累的情况下，对授权立法几乎没有任何范围上的明确规定，属于典型的"空白式授权"。如1955年7月，第一届全国人大二次会议对常务委员会的授权。①"或许由于缺乏经验，这次授权所产生的授权法，未能形成比较完整的授权立法范围、程序、监督等方面的制度。"②

发展阶段，我国授权立法已经有了前期实践的一定积累，相比第一阶段的完全空白授权有了较大的进步，但距离明确授权立法范围的要求还有差距。最为典型的即是1985年全国人大对国务院的授权立法决定，该项授权虽然比第一阶段的授权决定明确具体，但授权范围仍显太过宽泛。另外，这一阶段的法条授权中对于被授权主体的规定出现"被授权主体或授权主体不确定、不具体，直接导致授权条款得不到落实，配套规定出现空白现象"③等问题。为了规范授权立法，2000年颁布的《立法法》就提出了相对明确的授权立法范围要求。当然，这一规定现在看来还不算完善，可相对于之前的授权立法已经有了明显进步。

《立法法》颁布后，我国授权立法质量有着明显提高。在法条授权中，以往部分法律授权条款中出现的"有关部门"为被授权主体的情形得到进一步改变；在专门授权决定中，不但授权立法的事项范围得到明确，而且被授权主体和授权的期限范围在授权决定中有更为详细的规定，典型如全国人大常委会对上海、广东、天津等自贸区的授权决定。同时，2015年《立法法》修正时进一步明确了授权立法的范围要求，使我国授权立法范围的规定日臻完善。

综上所述，授权立法在不同国家的初始发展阶段由于前期理论储备的缺乏，只强调对立法的授权而忽视对授权的限制，即对被授权机关给

---

① 参见《中华人民共和国第一届全国人民代表大会第二次会议关于授权常务委员会制定单行法规的决议》（1955年7月30日第一届全国人民代表大会第二次会议通过）。该授权决定已被1987年11月24日第六届全国人大常委会第二十三次会议通过的《全国人民代表大会常务委员会关于批准法制工作委员会关于对1978年底以前颁布的法律进行清理情况和意见报告的决定》废止。

② 周旺生：《立法学教程》，北京大学出版社2006年版，第344页。

③ 王压非：《我国配套立法问题研究》，法律出版社2014年版，第133页。

予广泛的授权而忽视了授权立法范围的要求；随着授权立法实践的发展及理论研究的深入，各国逐步认识到授权立法必须在适当的范围内进行，否则将会带来严重的社会危害，关于范围问题的相关要求逐渐得到重视并逐步明确具体。

第 二 章

授权立法主体范围：授权立法的主体限定

第一节 授权立法主体范围概述

授权立法主体是依法可以授出或接受立法权的机关或社会团体。授出立法权的主体称为授权主体或授权机关，通常是指依法能够将所拥有的立法权通过法定程序予以授出的国家机关；接受授权的主体称为被授权主体、被授权机关或受权机关，是指依法可以接受授权机关授出的立法权并实施授权立法活动的国家机关或社会团体。可以授出立法权的主体和可以接受立法授权的主体就构成了授权立法的主体范围。通常而言，并非任意主体都可以成为授权立法的主体，只有具备相应的条件或满足一定的资格才能成为授权立法的主体，才能纳入授权立体主体的范围。

一 授权立法主体的特征

（一）法定性

授权立法主体的法定性主要是指，在授权立法中无论是作为授权的主体还是被授权的主体，其身份均应由法律确定。法律对授权立法主体身份的确定，主要是通过专门的授权法、授权决定或法律条文中的授权条款加以规定。对于没有经过法律规定的任何国家机关或社会团体，无论其在国家机关体系中的地位如何，也不管其承担何种职能，都不具备授权立法的主体身份。

虽然一般立法活动中的立法主体也具有法定性的特征，但授权立法主体的法定性有其自身特点。首先，法定性的依据不同。授权立法主体的法定性来源于授权法，而一般立法主体的法定性通常来源于一国宪法；其次，法定的内容不同。授权法中对授权立法主体的规定既包括对授权主体的规定，同时也包括对被授权主体的规定。而宪法对立法主体的规定只涉及对实施立法权单方面的立法主体的规定；再次，法定的目的不同。授权立法均具有特定的授权目的，授权立法的目的为授权立法的实施指明方向，授权机关在授权目的内进行授权，被授权机关则按照授权目的实施授权立法。立法目的与授权立法目的有所不同，立法目的注重整体立法效果，而授权立法目的仅体现局部或部分立法效果；最后，法定的本质不同。授权立法中对授权立法主体的法定化本质上是为了使立法权的授出符合合法性的要求；而立法行为中对立法主体的法定化，其本质是一国对本国立法权的配置，用以确定立法权的归属。

（二）特定性

首先，授权立法的主体均应由授权法明确规定。主体是授权立法的具体实施者，必须在授权法中予以明确指定，缺乏任何一方主体必然不能形成有效的授权立法关系。对双方主体的指定，无论是在专门性授权决定中还是在具体的授权法条中一般都会有明确的要求，[①]从而使双方主体实现特定化。一旦主体身份得以确定便不能随意替换和更改，否则将会使授权立法缺乏合法性，使制定的规范丧失法律效力。

其次，成为授权主体的前提条件是该机关必须要具有立法权。在一国的国家机关中，并非所有的国家机关都享有立法权。按照一国宪法对国家权力的配置来看，只有部分且特定的国家机关（通常是该国的权力机关）才具有立法权。宪法对国家权力的分配使授权主体具有了明确的指向，将授权主体限定在了特定的范围内。而对于被授权机关，尽管大多数国家事先对其并无明确的范围限定，而且实践中各国对其的选择也在很宽泛的群体中进行，但这并不代表被授权主体的随意性。一旦某个国家机关或社会团体在被授权法指定为受权主体后，此时该机关或社会团体便具有了被授

---

① 需要说明的是，我国在早期的法条授权中还存在着许多对被授权主体的指定并不完全特定的规定，严格依照授权立法的要求，这种非特定化的规定就是立法中的欠缺。众多研究授权立法制度的学者也指出了我国立法规定中的这一不足，并提出了有关的完善建议。

权主体的特定身份,承担基于授权立法而产生的特定职责。

最后,授权立法主体的特定性还指授权立法主体自身应当具备一定的条件或能力。并非所有的国家机关都可以成为授权立法的主体,只有具备了特定的条件或相应的能力才能成为授权立法的主体。因为,作为一种立法行为,主体的立法授权行为以及依照授权制定的法律规范对个人、国家乃至社会均会产生深远的影响,这就要求对主体的选择必须严格而审慎,只有能够满足具体立法要求的主体才能成为被选择的对象,而这就要求主体必须具备相应的条件或能力。

综上而言,授权立法主体的特定性是指由授权法确定的特定的国家机关或社会团体,而非任意机关或社会团体。

(三) 临时性

授权立法应当在一定期限内进行,无时间范围限制的授权当属无效,这是授权内在属性的要求。按照期限性的要求,在限定的期限范围内,授权主体将立法权授出,被授权主体在规定的期限范围内实施授权立法活动。超过规定的授权期限,授权主体应当收回所授出的立法权,而被授权主体丧失该特定的立法权。这表明,授权立法是具有期限的临时立法行为,不同于一般立法机关的立法行为。授权主体基于授权法规定的时间范围将立法权授出;被授权主体同样基于限定的时间范围而拥有一定的立法权。立法权不可能也不应该无期限的授出,否则对授出方而言就等于丧失了该项权力,接受方就等于拥有了一项本不属于自己的权力,这是现代法治国家所不能接受的滥用权力行为。

(四) 强制性

在授权立法中,有些授权决定是由具有提案权的机关或代表基于特定目的而作出,如对深圳市制定深圳经济特区法规和规章的授权决定;[1] 有些是由授权机关单方主动作出的授权决定,如对国务院在广东省暂时调整部分法律规定的行政审批的授权决定。[2] 无论是基于申请还是单方主

---

[1] 《全国人民代表大会关于国务院提请审议授权深圳市制定深圳经济特区法规和规章的议案的决定》(1989年4月4日第七届全国人民代表大会第二次会议通过)。

[2] 《全国人民代表大会常务委员会关于授权国务院在广东省暂时调整部分法律规定的行政审批的决定》(2012年12月28日第十一届全国人民代表大会常务委员会第三十次会议通过)。

动,授权决定一旦作出,对于被授权主体而言就具有强制性。该强制性意味着被授权的机关必须接受该项立法授权,必须按照授权决定的规定及时履行授权立法职责,完成授权立法任务,否则就构成失职行为,应当承担相应的法律后果。

二 授权立法主体的种类

(一)授权主体

拥有立法权是成为授权主体的前提条件。根据各国实践及有关立法规定,授权主体的类别主要有:

第一,以授权主体在国家机关组织体系中的地位为标准,可以划分为中央授权主体和地方授权主体。中央授权主体主要是指由中央机关作为授权主体,这类主体是授权立法中较为常见的一类,大部分国家的授权立法制度规定立法授权由具有立法权的中央机关实施。地方授权主体是指具有立法权的地方机关作为立法权的授出主体。地方授权主体在部分国家中普遍存在,如美国各州的立法机关就可以作为授权立法的授权主体实施立法授权;又如按照宪法和立法法等有关法律规定,我国设区的市级以上的地方机关具有地方性法规的立法权,因而,在符合法律规定的前提条件下,这些享有地方立法权力的机关也可以作出立法授权的决定,成为授权主体,如《北京市制定地方性法规条例》第65条就授权北京市政府在制定地方性法规条件尚不成熟时可以先行制定地方政府规章。

第二,以授权主体的性质为标准,可以划分为权力机关授权主体、行政机关授权主体和司法机关授权主体。在各国对国家权力的配置中,立法权一般都归属于权力机关。在授权立法中,权力机关作为立法权的授出主体比较常见,是最为普遍的一类授权主体。行政机关在授权立法中往往是以被授权主体的身份出现,但这并不是说行政机关不具有成为授出主体的可能性。在某些特定的情况下,行政机关也可以作为立法权力的授出方。一种情况是,如果行政机关具有立法权,此时就可以以授权主体的身份出现。我国宪法和立法法规定,国务院具有行政法规的制定权,因此在法律没有禁止的情况下,国务院就可以作为立法的授权主体。如《农田水利条例》第13条第2款就授权国务院标准化主管部门、水行政主管部门以及省、自治区、直辖市人民政府标准化主管部门、水行政主管部门依照法定程序和权限组织制定农田水利标准。另一种情况是，如果本国允许转授权或再授权，那么行政机关也可以成为立法权力的授出主体。如英国就存在行政机关将所接受的授权立法权再次授出的情形，从而构成了"二级委任"[①]，在二级委任关系中，行政机关就以授权主体的身份出现。除此之外，在有些国家中，司法机关也可能会成为授权立法中的授权主体，如《日本国宪法》第77条[②]的规定就使得日本最高法院可以成为授权立法中的授权主体。

（二）被授权主体

第一，行政机关。行政机关是授权立法中最为重要和常见的一类被授权主体。在早期宪政理论中，为防止行政机关擅权造成行政集权，规定行政机关只能执行立法机关制定的法律，不具有立法权，如《日本国宪法》规定国会是国家的唯一立法机关。[③] 尽管法国1946年《宪法》第13条限定了该国最高立法机关的法律制定权不能授出[④]，但随着经济和社会的发展，一些立法对专业技术要求较高、社会变化需要更加灵活的法律等众多原因使得授权制定部分法律成为现实必要之选。目前，从各国授权立法的实践来看，行政机关制定的授权立法数量远远多于立法机关制定的法律。

第二，司法机关。尽管司法机关主要行使国家司法权力，但在被立

[①] 陈伯礼教授认为，在二级委任中，行政机关就成为再授权的主体。但行政机关的再授权是需要经过议会同意。因此，行政机关进行再授权的立法权力从本源上来说仍然来自议会而非行政机关本身所有。参见陈伯礼《授权立法研究》，法律出版社2000年版，第117页。对行政机关的再授权是否一定需要议会的同意，这要看具体情况，在紧急状态下这一要求就变得非常软弱。第一次世界大战期间，尽管《领土保卫法案》（*Defence of the Realm Act*）并没有明确规定，但规则制定权却可以自由地授出。See William Wade and Christopher Forsyth, *Administrative Law* (*Eighth Edition*), New York: Oxford University Press, 2000, pp. 865–866。

[②] 《日本国宪法》第77条：①最高法院就有关诉讼手续、律师、法院内部规律以及对于处理司法事务的事项，有制定规则的权限。②检察官必须遵守最高法院制定的规则。③最高法院可以将制定关于下级法院规则的权限委托给下级法院。参见《日本国宪法》，潘汉典译，《法学译丛》（现为《环球法律评论》）1981年第2期，第64—76页。

[③] 《日本国宪法》第41条。参见《日本国宪法》，潘汉典译，《法学译丛》（现为《环球法律评论》）1981年第2期。

[④] 王名扬：《法国行政法》，北京大学出版社2016年版，第109页。

法机关授予制定有关法律时，其也会成为授权立法中的被授权主体。如我国《企业破产法》第22条的规定，有关指定管理人和确定管理人报酬的办法由最高人民法院制定。英国国会授权英国法院制定民事诉讼法已有100多年的历史，1833年英国国会首次把制定具有法律效力的《法院规则》（Rule of Court）的权力授予高级法院。① 美国的最高法院在国会的授权之下也成为授权立法的被授权主体，1789年的《司法机关法》（Judicial Act）就授予联邦法院制定诉讼法的权力；1934年美国国会授权最高法院制定程序法（Enabling Act），1938年由最高法院负责制定的《联邦诉讼程序规则》（Federal Rules of Civil Procedure）生效；在国会的授权下，美国最高法院还制定了其他关于诉讼方面的立法。②

第三，地方当局。由于地方事务的地域性特点，为更好的协调和管理本地事务，许多国家会授权地方当局结合当地情况制定在本地区范围内有效的法律规范。如德国《联邦基本法》第71条就规定，在联邦专属立法范围内，各州在联邦法律有明确授权时具有立法权；第80条规定，联邦政府、联邦部长或州政府可经法律授权颁布行政法规。③ 我国《立法法》第13条的授权规定也将地方政府列入授权立法中的被授权主体范围。在英国，地方政府依据法律规定或授权决定也是一类较为常见的被授权主体。④ 在法国，省长和市长在其管辖区域内可根据授权制定地方性条例，地方议会在其职权范围内也可通过决议制定条例。⑤

第四，权力机关或行政机关的组成机构。通常，将行政机关作为授权对象是一种整体意义上的行为，如全国人大及其常委会对国务院的立法授权，至于国务院在接受授权后具体又由哪个部门来完成该项立法则属行政机关的内部事务。但在授权立法实践中，将权力机关或行政机关的组成机构作为授权立法的主体也比较常见。比如，在我国1982年宪法规定全国人大常委会具有立法权之前，全国人大曾三次授权其常设机构

---

① 沈达明编：《比较民事诉讼法初论》（上册），中信出版社1991年版，第1页。
② 沈达明编：《比较民事诉讼法初论》（上册），中信出版社1991年版，第5—8页。
③ 孙谦、韩大元主编：《立法机构与立法制度：世界各国宪法的规定》，中国检察出版社2013年版，第104—109页。
④ 王名扬：《英国行政法 比较行政法》，北京大学出版社2016年版，第99页。
⑤ 王名扬：《法国行政法》，北京大学出版社2016年版，第115页。

即全国人大常委会进行立法。① 在英国要通过一项法律时，如果议院内部未达成统一，则按照议会法的规定，下议院可以单独通过该立法案而无须取得上议院的同意，这种情形被认为是一种特殊类型。② 瑞典《政府组织法》就规定，议会可直接授权地方政府机构制定有关规定。③

第五，社会团体。立法属于行使国家权力的非常正式的国家行为，而社会团体并非国家机构，本不应由其来行使国家立法权，但一些国家在授权立法实践中，却将一些社会团体作为被授权主体，由其实施授权立法行为。如英国就授权大学、教会、一些全国性的协会等可以制定具有法律效力的规则，④ 从而使这些一般性的社会团体成为可以行使国家立法权的主体。在法国，为了使担负执行公务职能的社会团体更好地执行公务，法律也授权其在执行公务范围内具有制定条例的权力。⑤ 在日本，按照宪法规定，地方公共团体可以在法律授权范围内就管理公共财产、处理事务以及行政的权能制定条例，"从性质上看，制定条例也是一种立法"⑥。

第六，独立机构。此类独立机构常见于英美等西方国家，它们履行部分行政职能，但又不完全隶属于行政部门，也不同于一般的民间团体，是一类比较特殊的被授权主体。在英国，法定的独立机构，如全国煤炭

---

① 这三次授权分别是：①《中华人民共和国第一届全国人民代表大会第二次会议关于授权常务委员会制定单行法规的决议》（1955年7月30日第一届全国人民代表大会第二次会议通过）；②《第二届全国人民代表大会第一次会议关于全国人民代表大会常务委员会工作报告的决议》（1959年4月28日第一届全国人民代表大会第一次会议通过）授权全国人大常委会在全国人民代表大会闭会期间，根据情况的发展和工作的需要，对现行法律中一些已经不适用的条文，适时地加以修改，作出新的规定；③《第五届全国人民代表大会第四次会议关于全国人民代表大会常务委员会工作报告的决议》（1981年12月13日第五届全国人民代表大会第四次会议通过）授权常委会根据代表和其他方面对《中华人民共和国民事诉讼法草案》所提出的意见，在修改后公布试行。
② 王名扬：《英国行政法 比较行政法》，北京大学出版社2016年版，第100页。
③ 《政府组织法》（1974年2月28日议会通过）第八章第9条：议会可授权地方政府机构根据第2条第1款第（二）项制定有关以下事项的规定：（一）收费；（二）为规制地方交通而征收的税赋。参见孙谦、韩大元主编《立法机构与立法制度：世界各国宪法的规定》，中国检察出版社2013年版，第161—162页。
④ 王名扬：《英国行政法 比较行政法》，北京大学出版社2016年版，第100页。
⑤ 管仁林、程虎：《发达国家立法制度》，时事出版社2001年版，第116页。
⑥ 李林：《立法理论与制度》，中国法制出版社2005年版，第514页。

管理委员会、原子能管理局、地区卫生局等，根据组织法的规定和其他法律的授权，也可以制定单行条例。[①] 在美国，有些独立机构"实际上就是立法机关，是国会本身的具体化，支配这些机构的法令是笼统性的，得由它们自己来进一步阐述法律，补充细节，增加条款"[②]，如州际商业委员会、联邦贸易委员会、证券交易委员会、联邦通讯委员会等。

第二节 确定授权立法主体范围的实践

一 域外授权立法主体范围的实践

（一）英国的授权立法主体范围

授权主体（表2-1）。在英国授权立法中，授权主体主要有议会和被授权的行政机关或组织。其中，议会是英国的立法机关，在授权立法中是当然的授权主体；被授权的行政机关或组织能够成为授权主体的主要原因在于英国承认在授权法许可的情况下，被授权主体可以将授权立法权进行再委任。

表2-1　　　　　　　　　英国的授权主体范围

序号	类别	授权主体范围	依据
1	立法机关	议会	不成文宪法及有关授权法
2	行政机关或其他	被授权的行政机关或组织	授权法

被授权主体（表2-2）。通常，英国实施着非常广泛的授权，[③] 被授权主体主要包括以下几种：

第一，行政机关。这是英国授权立法中最为常见的一类被授权主体。

第二，司法机关。根据英国法院法的规定，英国的司法机关也可以成为被授权主体。

---

① 王名扬：《英国行政法 比较行政法》，北京大学出版社2016年版，第99—100页。

② ［美］查尔斯·A. 比尔德：《美国政府与政治》（上册），朱曾汶译，商务印书馆1987年版，第276页。

③ Cecil T. Carr, *Delegated Legislation: Three Lectures*, London: Cambridge University Press, 1921, p. 28.

第三，地方当局。地方政府可以在授权法规定的范围内制订地方政府法规或特别程序命令。

第四，独立机构。法定的独立机构可以在授权法规定的范围内制定单行条例。

第五，社会团体。如英国的教会、大学等。

第六，立法机关的组成部分。经过英王的同意，下议院可以单独通过法律案而制定法律，这是一种特殊的委任立法。

表2-2　　　　　　　　　英国的被授权主体范围

序号	类别	被授权主体	依据
1	行政机关	枢密院、各部部长	授权法
2	司法机关	最高法院（法院规则委员会）	授权法
3	地方当局	地方政府	授权法
4	独立机构	全国煤炭管理委员会、原子能管理局等	授权法
5	社会团体	大学、英国教会、全国古迹名胜保护协会等	授权法
6	立法机关的组成部分	下议院	不成文宪法

（二）美国的授权立法主体范围

授权主体（表2-3）。在美国的宪法原则中，只有国会享有立法权，行政机关和司法机关除非得到授权否则不享有立法权；另外，美国各州具有地方立法权，州的议会也可以成为授权立法中的授权主体。故此，在美国授权立法中，能够授出立法权的主体主要有国会和各州议会。

表2-3　　　　　　　　　美国的授权主体范围

序号	类别	授权主体范围	依据
1	立法机关	国会	联邦宪法
2	立法机关	各州议会	联邦宪法及各州宪法

被授权主体（表2-4）。在美国授权立法实践中，被授权主体主要有以下几类：

第一，行政机关。它是授权立法"自然的接受者"①。

第二，司法机关。国会授权最高法院制定程序性规则，最高司法机关因此而成为授权立法中的被授权主体。

第三，独立机构。如州际商业委员会、联邦贸易委员会、联邦电讯委员会等独立机构，在授权立法中也作为被授权主体出现。

第四，社会团体。一些社会团体也承担授权立法的职能，如纽约州的赛马委员会等。

表2-4　　　　　　　　美国的被授权主体范围

序号	类别	被授权主体	依据
1	行政机关	总统、政府各部、各州政府	国会或州议会的授权法
2	司法机关	最高法院（司法会议、顾问委员会）	国会的授权法
3	独立机构	州际商业委员会、联邦贸易委员会、证券交易委员会、联邦电讯委员会等	国会的授权法
4	社会团体	大学、赛马委员会等	州议会的授权法

（三）德国的授权立法主体范围

授权主体（表2-5）。按照德国《联邦基本法》的规定，联邦和各州都具有立法权，同时如果授权法允许还可以再授权。因此，德国授权立法中的授权主体主要有联邦议会、各州议会或行政机关。

表2-5　　　　　　　　德国的授权主体范围

序号	类别	授权主体范围	依据
1	立法机关	联邦议会	《联邦基本法》及有关授权法
2	立法机关	各州议会	《联邦基本法》及有关授权法
3	行政机关	联邦政府、联邦部长或州政府	《联邦基本法》及有关授权法

---

① 因为国会不可能将立法权或行政权授权给自己的部分机构，因此，授权的"自然的接受者"就是行政机关以及它的主要行政首长——总统。See Robert Schütze, "'Delegated' Legislation in the (new) European Union: A Constitutional Analysis", *The Modern Law Review*, Vol. 74, No. 5, September 2011, pp. 661–693。

被授权主体（表 2 - 6）。按照《联邦基本法》的规定，可以成为德国授权立法的被授权主体的主要有：

第一，立法机关。在联邦专属立法范围内，各州在联邦法律的明确授权范围内可以享有立法权。

第二，行政机关。联邦政府、联邦各部部长经过法律授权可颁布行政法规。

第三，地方当局。各州政府经过法律授权可以制定地方性行政法规。

第四，社会团体。此类社会团体属于社会自治类团体，如大学、专业团体、广播机构、德国联邦银行等。这是德国与英国等国家授权立法的明显不同，而且明确规定社会自治类团体接受授权后制定的规范称为规章。[①] 按照德国有关法律规定，立法授权一般是制定规章必不可少的条件。[②]

表 2 - 6　　　　　　　　德国的被授权主体范围

序号	类别	被授权主体	依据
1	立法机关	各州议会	《联邦基本法》及有关授权法
2	行政机关	联邦政府、联邦各部部长	《联邦基本法》及有关授权法
3	地方当局	地方政府	《联邦基本法》及有关授权法
4	社会团体	大学、专业团体、广播机构、德国联邦银行等	《联邦基本法》及有关授权法

（四）法国的授权立法主体范围

授权主体（表 2 - 7）。依照法国《1958 年宪法》的规定，可以作为法国授权立法的授权主体的机关有法国议会和法国总理。《1958 年宪法》

---

① [印] M. P. 赛夫：《德国行政法——普通法的分析》，周伟译，山东人民出版社 2006 年版，第 38 页。我国有学者对德国自治组织的立法属于授权立法提出了质疑，认为地方自治机关的立法权是自治的重要内容或组成部分，制定地方法规必须合法地进行，但这是一般意义上的依法办事，而不等同于要有具体法律的授权方可作为，它与行政机关依据法律的具体授权制定法规是不能同等对待的，因此，自治组织立法不是授权立法。参见刘兆兴、孙瑜、董礼胜《德国行政法——与中国的比较》，世界知识出版社 2000 年版，第 142 页。

② [印] M. P. 赛夫：《德国行政法——普通法的分析》，周伟译，山东人民出版社 2006 年版，第 54—55 页。

第21条和第37条①规定法国总理具有条例的制定权，且可以授出。②

表2-7　　　　　　　　　法国的授权主体范围

序号	类别	授权主体范围	依据
1	立法机关	法国议会	法国《1958年宪法》及有关授权法
2	行政机关	法国总理	法国《1958年宪法》及有关授权法

被授权主体（表2-8）。按照法国《1958年宪法》的规定，可以成为授权立法的被授权主体的机关有：

第一，行政机关。此类被授权主体主要有总统、总理、部长及其他行政机关。

第二，地方当局。此类被授权主体主要有省长、地方议会等。

第三，社会团体。负有执行公务职能的社会团体也会被授予制定法规的权力，如行业工会、国家信息与自由委员会等。③

---

① 1958年《法兰西共和国宪法》第21条：①总理领导政府的活动。总理对国家防务负责。总理保证法律的执行。除第13条的规定外，总理行使规章制定权，并任命文职人员和军职人员。②总理可以将他的某些职权委托给部长。③在必要时，总理代替共和国总统主持第十五条规定的最高国防会议和国防委员会会议。④在特殊情况下，总理可以根据明示的委托，代替共和国总统就一项特定的议程主持部长会议。第37条：①在法律范围以外的其他事项，其特点是由条例来规定。②以立法形式规定有关上述事项的文件，可以在征求行政法院的意见后，以命令予以修改。在本宪法生效后制定的此类文件，也须在宪法委员会宣告根据前款规定它所涉及的是应由条例来规定的事项之后，才能以命令予以修改。参见戴学正等编《中外宪法选编》（下册），华夏出版社1994年版，第66—70页。

② 法国行政机关是否可以将其立法权授予其他机关？对此学者有不同的看法。陈伯礼教授认为，法国行政机关具有职权立法权，但法国宪法中并没有规定行政机关可以将自己的立法权授予其他机关，而且在法国授权立法实践中，也只有国民议会向行政机关的授权，没有行政机关向其他机关授权的情况。参见陈伯礼《授权立法研究》，法律出版社2000年版，第118页。王名扬教授则基于法国《1958年宪法》的规定认为，法国总理可以将自己拥有的制定条例的权力委托给部长行使。因此，法国总理可以成为授权立法中的授权主体。参见王名扬《法国行政法》，北京大学出版社2016年版，第114页。笔者基于法国《1958年宪法》的规定，赞同王名扬教授的看法。

③ ［法］古斯塔夫·佩泽尔：《法国行政法》（第十九版），廖坤明、周洁译，国家行政学院出版社2002年版，第81页。

表 2-8　　　　　　　　　　法国的被授权主体范围

序号	类别	被授权主体	依据
1	行政机关	总统、总理、部长、其他行政机关	法国《1958年宪法》及有关授权法
2	地方当局	省长、地方议会等	法国《1958年宪法》及有关授权法
3	社会团体	行业工会、国家信息与自由委员会等	法国《1958年宪法》及有关授权法

二　授权立法主体范围的中国实践

(一) 授权主体 (表 2-9)

理论上，拥有立法权就具有成为授权立法中授权主体的可能性。按照我国宪法等有关法律的规定，在我国统一而又分层次的立法体制下，多个国家机关具有不同程度的立法权，因此，我国授权立法实践中的授权主体呈现多样化的态势。

第一，全国人民代表大会。在授权立法中，全国人大主要通过法条授权或专门授权决定实施一定范围内的立法授权。

第二，全国人大常委会。主要通过法条授权或专门授权决定对下级机关实施一定范围内的授权。

第三，国务院。在我国授权立法中，国务院往往会通过法条授权的形式实施授权立法。

第四，国务院所属各部、委及直属机构。在授权立法实践中，这些部门的授权立法主要通过法条授权的形式加以实现，如《专业技术人员资格考试违纪违规行为处理规定》第11条第1款的规定。[①]

第五，省级人大及人大常委会。在授权立法中，省级立法权力机关通常会将部分地方性法规制定权授出。如《福建省老年人权益保障条例》[②]第25条第2款就授权县级以上地方人民政府制定向老年人提供公

[①]《专业技术人员资格考试违纪违规行为处理规定》第11条第1款：在阅卷过程中发现应试人员之间同一科目作答内容雷同，并经阅卷专家组确认的，由考试机构或者考试主管部门给予其当次该科目考试成绩无效的处理。作答内容雷同的具体认定方法和标准，由省级以上考试机构确定。

[②]《福建省老年人权益保障条例》(2017年1月22日福建省第十二届人民代表大会第五次会议通过)。

共交通免费出行或者补贴的具体办法。

第六，省、自治区、直辖市的人民政府。在授权立法实践中，这些立法主体以法条授权的形式授权其他主体实施授权立法。如《四川省农村住房建设管理办法》① 第 43 条规定的管理办法或者实施细则制定权。

第七，设区的市和自治州的人大及人大常委会。2000 年的《立法法》将设区的市的人大制定地方性法规的立法权仅限定在省级人民政府所在地的市和国务院批准的较大的市，2015 年《立法法》在修正时进一步扩大地方性法规制定主体的范围。② 在授权立法实践中，这些地方的人大及人大常委会往往会向同级的人民政府作出授权立法规定。如《常州市历史文化名城保护条例》③ 第 46 条规定，由市人民政府制定保护责任人对非国有历史建筑和非国有传统风貌建筑的维护修缮补助具体办法；又如《楚雄彝族自治州城乡规划建设管理条例》④ 第 60 条的规定。

第八，设区的市和自治州的人民政府。2015 年《立法法》在修正时规定设区的市和自治州的人民政府具有地方性政府规章的制定权，这些立法主体也会向其他机关做出授权决定。如《金华市物业管理办法》⑤ 第 27 条的规定；《阿坝藏族羌族自治州城镇管理办法》⑥ 第 35 条的规定。

---

① 《四川省农村住房建设管理办法》（2017 年 1 月 9 日四川省人民政府第 140 次常务会议审议通过，2017 年 3 月 1 日起施行）。

② 在 2015 年《立法法》修正后，所有设区的市（含东莞市、中山市、嘉峪关市和三沙市）及自治州的人大及人大常委会具有制定地方性法规的权限。

③ 《常州市历史文化名城保护条例》（2016 年 12 月 27 日常州市第十五届人民代表大会第三十五次会议制定，2017 年 1 月 18 日江苏省第十二届人民代表大会常务委员会第二十八次会议批准）。

④ 《楚雄彝族自治州城乡规划建设管理条例》（2016 年 10 月 26 日楚雄彝族自治州第十一届人民代表大会常务委员会第三十四次会议通过，2016 年 12 月 15 日云南省第十二届人民代表大会常务委员会第三十一次会议批准）。

⑤ 《金华市物业管理办法》（2016 年 12 月 29 日金华市政府第 144 次常务会议审议通过，2017 年 2 月 9 日起施行）。

⑥ 《阿坝藏族羌族自治州城镇管理办法》（2011 年 7 月 12 日生效，有效期 5 年，目前已失效。）需要注意的是，该办法制定于 2015 年《立法法》修改之前，按照当时的法律规定，自治州并无地方规章的制定权。而且，该管理办法第 1 条确立的立法依据是"《中华人民共和国城乡规划法》、国务院《城市绿化条例》和《四川省城市市容和环境卫生管理条例》"，经查阅发现，这几部法律也无相关设区的市一级人民政府制定类似规章的授权规定。因此，该部地方规章有越权立法之嫌。但并不是说这一级别的地方政府不可以对城镇管理工作制定相关制度，而是不应越权立法。

第九，民族自治地方的人民代表大会。按照《民族区域自治法》和《立法法》的有关规定，民族区域自治地方有权制定自治条例和单行条例。① 实践中，这些地方立法机关会把同级人民政府或有关政府机构作为授权立法的授权对象，如《大理白族自治州自治条例》② 第69条的规定。

另外，根据《立法法》第103条的规定，军队系统的有关单位依法可以制定军事法规和规章，这其中必然存在授权立法的情况。由于军事法规和规章的适用主体比较特殊且仅在武装力量内部实施，本书相关研究暂不予考虑。

表2-9　　　　　　　　中国的授权主体范围

序号	类别	授权主体	依据
1	立法机关	全国人民代表大会	宪法、立法法及有关授权法等
2		全国人大常委会	宪法、立法法及有关授权法等
3		省级人大及人大常委会	宪法、立法法及有关授权法等
4		设区的市和自治州的人大及人大常委会	立法法及有关授权法等
5		民族自治地方的人民代表大会	宪法、民族区域自治法、立法法等
6	行政机关	国务院	宪法、立法法及有关授权法等
7		国务院所属各部、委及直属机构	宪法、立法法及有关授权法等
8		省、自治区、直辖市的人民政府	宪法、立法法及有关授权法等
9		设区的市和自治州的人民政府	宪法、立法法及有关授权法等

(二) 被授权主体 (表2-10)

在制度层面，我国授权立法的被授权机关并未受到任何范围限制，

---

① 据统计，截至2014年，民族自治地方共制定现行有效的自治条例139个，单行条例696个，对相关法律的变通和补充规定64个。参见《纪念〈民族区域自治法〉实施30周年专题之〈加强民族区域自治的法制化建设〉》，国家民委政府网，http://www.seac.gov.cn/art/2014/9/19/art_7933_213411.html，2017年7月29日。另据付明喜博士统计，自《民族区域自治法》实施28年以来，自治区自治立法的最终产出只是7个变通或补充规定，自治区一级的自治立法状况比较令人失望。参见付明喜《中国民族自治地方立法自治研究》，博士学位论文，云南大学，2012年，第135页。

② 《大理白族自治州自治条例》(1986年11月19日大理白族自治州第七届人民代表大会第五次会议通过，2005年1月15日大理白族自治州第十一届人民代表大会第三次会议修订)。

也无任何标准和原则要求；实践中，具有立法权的立法机关通过专门的授权规定或法律授权条款将一定范围内的立法权授予下级部门。总结来看，在我国授权立法中，被授权主体主要有：

第一，全国人大常委会。在中华人民共和国成立后很长一段时间内，宪法只规定了全国人大具有国家立法权，其常委会并不具有立法权。① 随着经济和社会的迅速发展，这一规定的弊端便暴露出来。为适应社会发展的需要，在1982年宪法规定全国人大常委会享有立法权之前，全国人大对全国人大常委会实施了三次授权立法。在这三次授权立法中，全国人大常委会便成为被授权主体。

第二，国务院。国务院是《立法法》中所认可的被授权主体，也是我国授权立法实践中最为常见的被授权主体。

第三，最高人民法院和最高人民检察院。作为国家最高审判机关和最高法律监督机关，其本不具有立法权，但通过有关授权立法决定或法律条文的授权，二者均可成为授权立法中的被授权主体。如全国人大常委会就刑事案件速裁程序试点工作授权二者制定试点办法，报全国人大常委会备案。②

第四，国务院所属各部、委及直属机构。按照宪法及有关法律规定，国务院所属各部、委及直属机构具有行政规章制定权限，但在授权立法实践中，这些部门通常会被上级机关授予一定范围内的立法权，成为授权立法中的被授权主体。如《居住证暂行条例》第21条就授权国务院财政部门、价格主管部门制定换领、补领居住证工本费的具体收费办法。

第五，省一级人大及人大常委会。这些地方权力机关会被上级权力机关授予一定范围内的立法权，成为被授权主体。较为典型的是经济特区所在地的省级立法机关被授权制定在经济特区范围内施行的法

---

① 主要是因为对人民代表大会集中行使权力缺乏真正深入的研究和理解，并受苏联宪法理论和实践的影响，也对建国初期县政府也有立法权所造成的负面影响而心有余悸。参见周旺生《立法学教程》，北京大学出版社2006年版，第343页。

② 《全国人民代表大会常务委员会关于授权最高人民法院、最高人民检察院在部分地区开展刑事案件速裁程序试点工作的决定》（2014年6月27日第十二届全国人民代表大会常务委员会第九次会议通过）。

律法规。

第六，省级地方人民政府。省级人民政府具有地方性政府规章制定权，同时也会被上级机关授予一定范围内的立法权，成为被授权的主体。如《畜禽规模养殖污染防治条例》第43条授权省级人民政府确定畜禽养殖场、养殖小区的具体规模标准。

第七，省级政府部门工作机构。在授权立法实践中，这些地方政府的工作部门会被授予制定一定事项范围内规范性文件的权力。如《农田水利条例》第16条授权省、自治区、直辖市人民政府水行政主管部门会同有关部门制定小型农田水利工程验收办法。

第八，设区的市的人大及人大常委会。设区的市的人大及人大常委会被上级机关授予一定范围内的立法权后，便成为授权立法中的被授权主体。如全国人大就经济特区范围内适用的法律法规对珠海、汕头等地的人大及其常委会的授权决定。

第九，设区的市的人民政府。设区的市的人民政府成为授权立法中的被授权主体，比较典型的如全国人大授权厦门、汕头、珠海市人民政府分别制定在厦门经济特区、汕头经济特区、珠海经济特区内实施的规章。

第十，其他单位或团体。在授权立法实践中，还有一些承担公共职能的社会团体被授权制定规则的现象，如《体育法》第31条的规定。虽从具体条文来看，并无授权全国性协会制定管理办法的明确规定，但实际上却已构成事实上的"默示授权"[①]。

[①] 有学者将授权立法分为"明示授权立法"和"默示授权立法"两类。明示授权立法即在法律条文中明确规定授予某个主体制定实施办法或规范性法律文件权力的行为；默示授权立法一般是指没有明确被授权的立法主体，同时也没有明确相关法规范性文件的形式与效力，但条款内在隐含着需要制定这样的法规范性文件，否则该条文无法得到有效实施。参见汪全胜、戚俊娣《〈体育法〉授权立法条款的设置论析》，《武汉体育学院学报》2010年第11期。于立深教授也认为，我国现行立法中存在"法律文本虽然没有明示授予行政立法权，但是，从特殊的法条里可以推断出实际存在行政立法授权""意味着有权机关可以和应该及时制定相应的行政法规或规章"，即"法律文本默示授权"现象。参见于立深《行政立法不作为研究》，《法制与社会发展》2011年第2期。

表 2-10　　　　　　　　中国的被授权主体范围

序号	类别	被授权主体	依据
1	权力机关	全国人大常委会	授权决定
2		省级人大及人大常委会	授权决定和法条授权
3		设区的市的人大及人大常委会	授权决定和法条授权
4	司法机关	最高人民法院和最高人民检察院	授权决定和法条授权
5	行政机关	国务院	授权决定和法条授权
6		国务院所属各部、委及直属机构	法条授权
7		省级地方人民政府	授权决定和法条授权
8		省级政府部门工作机构	法条授权
9		设区的市的人民政府	法条授权和授权决定
10	社会团体或其他机构	其他单位或团体	法条授权

三　中外授权立法主体范围的比较

(一) 相同点

第一，立法机关是主要的授权主体。从上述国家在授权立法中确立的授权主体范围来看，立法机关是主要的授权主体，主要是因为立法机关具有法定的立法权。

第二，行政机关是各国授权立法主体范围中的主要构成。在授权立法的历史发展中，最初的授权立法就是发生在立法机关和行政机关之间。随着授权立法的发展，除了被授权主体范围不断扩大，行政机关作为授权立法主体主要构成的地位从未发生改变。行政机关作为授权主体并不具有当然性，但现今在许多国家行政机关作为授权主体授出一定的立法权却已得到了普遍的认可。从上述西方国家授权立法的实践来看，除了美国的行政机关不是授权主体，其他西方国家的行政机关在一定范围内都可以作为授权主体。究其原因，英国因为承认二次委任，使得行政机关在符合要求的前提下可以成为授权主体；德国和法国的行政机关可以成为授权主体是因为两国的行政机关具有宪法或法律规定的一定范围内的立法权。我国的行政机关在授权主体中也占据了重要的地位，主要在于我国的行政机关按照宪法、立法法等法律规定享有制定行政法规、行政规章的权力,在实际立法过程中会通过法条授权的形式将一定范围内的立法权授予其他机关行使。

第三,被授权主体呈现多样化的特点。无论是中国还是上述西方国家,在授权立法的实践中,被授权主体均呈现出多样化的特点。英国的被授权立法主体共有六类,范围涵盖立法机关的组成部分(下议院)至大学等社会团体;美国和德国的被授权立法主体涵盖不同的国家机关和社会组织;法国的被授权主体所涉及的国家机关和社会组织的范围不亚于英国、美国和德国;我国的被授权主体涉及的国家机关和社会团体在数量上多于上述西方国家,范围也比西方国家宽泛。

第四,都没有对授权主体的范围设定具体的标准。从各国实践来看,授权主体都遵守了以拥有立法权为前提的基本规则,但对于被授权主体各国都未形成统一的标准和范围要求,基本上都根据各国的国情和立法的实际需要在具体的授权法中进行规定。因而,有些国家的被授权主体可以是立法机关的组成部分,有些国家的被授权主体可以是司法机关;最为典型的是我国还有经济特区等颇具中国特色的被授权主体。

(二)不同点

虽然和部分西方国家的授权主体范围存在上述共同点,但比较而言,我国授权立法主体范围呈现出如下特点:

第一,我国立法体制对授权立法主体范围的确立影响较大。笔者认为,受立法体制影响,我国授权立法主体范围较为宽泛。在西方国家对国家权力的配置中,立法权一般都被授予议会或国会等民众代议机关,[①]

---

① 李林教授就认为,现代立法机关是代议政治的产物,其性质的最明显的特征在于它的代议性,即由人民选举代表或议员组成立法机关,以统一制定法律和监督行政。参见李林《立法机关比较研究》,人民日报出版社1991年版,第58页。但这并不是说立法机关只能是议会或国会等代议机关,曹海晶教授认为,在西方国家的立法制度中,作为享有立法职权和负有立法职责的立法主体除立法机关之外,还有行政机关、司法机关、国家元首等,以及随着社会的发展,新的立法主体不断涌现,如教会、地方公共团体、其他社会组织等,立法主体多元化已成为一种事实。参见曹海晶《中外立法制度比较》,商务印书馆2016年版,第103—110页。笔者认为,两位学者的看法都是正确的。在西方国家的传统中,议会或国会等代议机关是主要的立法主体。随着社会的发展和授权立法制度的确立,其他机关承担立法职能成为立法主体也是社会发展的必然要求。但从西方国家对国家立法权的配置来看,在西方国家的立法体制中代议机关作为享有立法权的核心并没有发生根本性的变化,这是西方国家政治传统使然的结果。

这与西方国家的政治传统一脉相承,"是适应资产阶级民主政治的需要而产生和发展起来的,体现的是资产阶级的整体利益及权力分配关系"①。与西方国家相比较,我国采取了"集权的分权立法模式"②并形成了"统一而又分层次"的立法体制,从中央到地方、从立法机关到司法机关等国家机关都不同程度地享有一定范围内的制定法律规范的权力,这就为我国授权立法中授权主体的广泛存在提供了可能。

第二,法条授权成就了众多的被授权主体。在我国授权立法实践中,专门的授权立法对被授权主体的选择均比较谨慎。但大量存在的法条授权对被授权主体的选择却无条件限制,往往比较"随意",从而产生了众多的被授权主体。西方国家虽然也采用法条授权的方式实施授权立法,但对于被授权机关的确立,通过授权决定来确定被授权机关的方式较为普遍。

第三,"转授权"是我国授权立法主体范围宽泛的重要原因。按照授权立法的一般理论,授权立法禁止转授权。当然,这一原则并非一成不变,如果本国立法允许或承认授权立法的再委任,授权立法的转授权也是合法行为,比如英国的授权立法就允许次级委任立法的存在,德国《联邦基本法》也对转授权进行规定。尽管我国禁止转授权,③但这并未影响依据法条授权而实施的再授权。如,《中华人民共和国公路法》授权国务院制定收费公路的具体管理办法,④国务院在2004年制定了《收费公路管理条例》,对收费公路权益转让具体办法的制定进行再授权,于是交通运输部、国家发改委和财政部在2008年联合制定了《收费公路权益

---

① 曹海晶:《中外立法制度比较》,商务印书馆2016年版,第110页。

② 在立法理论上,集权的分权立法模式是指在一个主权国家中,立法权主要由中央行使,但在一定条件、限度和程序的规制下,地方政府可以适当地行使中央授予的某些地方立法权。这种模式的特点是以中央集权为主,以地方分权为次,地方的立法权限远远不如中央,而且地方立法权的行使要较多地受制于中央。参见李林《立法理论与制度》,中国法制出版社2005年版,第312页。

③ 《立法法》第12条中规定的禁止转授权仅仅是对全国人大及全国人大常委会授权立法决定的要求,至于法条授权的转授权问题在《立法法》中并无规定,而立法实践中却大量存在。

④ 《中华人民共和国公路法》(1997年7月3日第八届全国人民代表大会常务委员会第二十六次会议通过,2016年11月7日第十二届全国人民代表大会常务委员会第二十四次会议第四次修正)从通过至今虽经历了四次修正,但授权国务院制定收费公路管理办法的规定一直未变。

转让办法》。这一事实表明，通过法条授权中的转授权方式直接扩大了授权主体和被授权主体的范围。

第三节 对授权立法主体范围有关问题的思考

一 确定授权立法主体范围的原则和依据

（一）确定授权立法主体范围的原则

授权立法主体范围的确定应该遵循一定的原则，否则将失去对主体范围确定的宏观和根本的指引，笔者认为，确定授权立法主体范围的原则可以是：

第一，合宪原则。授权立法可以看作是对立法权力的一种处分行为，而立法权力处分的根本依据是宪法。"授权立法的目标是在实现控制政府权力的宪政目标下进行的"[①]，在现代法治语境中，任何国家权力的实施都必须依法而行，宪法作为具有最高法律效力的根本大法，可以说任何国家权力的实施都必须遵循宪法规定，都必须在宪法框架范围内运行，这也是法治理论中合宪性的具体表现和要求。合宪性对授权立法中的授权主体范围的确定尤为重要，它决定了只有成为立法权的主体才有可能成为授权立法中的授权主体。而且，宪法中确定的立法体制对被授权主体的选择也具有宪法约束。比如，我国宪法确定的法制统一原则就要求在确定被授权主体时要严格遵循这一原则，不能因为被授权主体实施授权立法行为而损害"统一而又分层次"的立法体制；又如，美国宪法确立的二元立法体制决定了在授权立法中州议会不能成为国会的被授权主体。可以认为，宪法规定是授权立法的根本制度基础，只有按照宪法对立法权限划分的要求由有权机关进行授权，才能够形成有效的授权立法关系，授权机关的主体资格才具有合法性；同理，依照宪法规定，不具备立法权限的机关，才有可能被授权实施立法，才可以具有被授权主体的资格。[②] 因此，根本而言，宪法是确定授权立法主体范围的根本依据，授权立法主体范围的确定首先要符合宪法的规定，要遵循合

[①] 邓世豹：《授权立法的法理思考》，中国人民公安大学出版社2002年版，第10—11页。
[②] 邓世豹：《授权立法的法理思考》，中国人民公安大学出版社2002年版，第17页。

宪性原则。

第二，法定原则。授权立法主体范围的法定原则是指在授权立法中主体范围应当由法律明确规定。具体来说，一方面，授权主体和被授权主体应当由法律规定。授权立法在授权主体和被授权主体之间涉及一定范围内立法权的流转，而立法权除了是国家权力的重要组成，还与公民的切身利益有着密切的关系，人民信仰和忠诚于法律是"因为法律可以给人民以公正与正义"[1]。现代法治要求，任何权力的行使必须要有法律依据，只有依法而行的权力才具有合法性，才能够得到人民的认可和拥护，所以，"任何权力都必须来自法律的明确授权"[2]。因而，无论是对国家整体还是对公民个体而言，由法律确定授权主体和被授权主体是全面依法治国的必然要求。另一方面，法律不仅要规定而且要明确规定授权主体和被授权主体。与权力相伴随的是利益，[3]两者之间成正比关系，权力越大意味着牵涉的利益也就越大。为防止权力在利益的诱惑下失控，明确规定授权主体范围不仅是制度本身的基本要求也是防控权力滥用的重要途径。如果没有明确授权主体和被授权主体，不仅达不到规范授权立法的目的反而会扰乱立法秩序，这显然不是授权立法制度所追求的效果。

第三，限制原则。授权立法的主体是否应限定在一定的范围内。笔者认为，并非所有具有立法权的国家机关都可以成为授权主体，也并非所有的国家机关或社会团体都可以成为被授权机关。就授权主体而言，如果没有资格或条件的限制，则容易导致授权的泛滥，使立法失控，而且有些立法主体本身已处于立法体系的最末端，不宜再作为授权主体出现，如《立法法》规定设区的市具有制定地方性法规的立法权，此时这类立法主体就不能将立法权授出。被授权主体接受立法授权进行立法，如果没有相应的立法能力则显然不能作为被授权主

---

[1] 文学国：《深入推进依法行政　保证公正司法》，《中共浙江省委党校学报》2014年第6期。

[2] 丁国强：《要对"依法不该由自己行使的权力"说不》，《人民法院报》2014年3月1日第2版。

[3] 李同杰、朱同杰：《关于我国立法法的几点思考》，《国家检察官学院学报》2003年第2期。

体，因而，被授权主体的范围也必须有一定的限制，否则就会出现不合格的主体利用所掌控的立法权制定出不适当的法律甚至是"恶"法的可能，① 危及公民的合法利益甚至危及人类社会的发展，这与法治理论绝对是背道而驰的，也为现代法治社会所不允许。至于立法主体可否将立法权授予上级机关，很显然，无论从理论还是实践的角度，授权立法一般都是上级机关对下级机关或社会团体的授权，或同级权力机关授权同级行政机关，这种关系不能倒置，②"授权主体不能向位阶高于自己的主体授权"③，否则不仅违反了组织规则而且也有违法之嫌。因此，应当将授权主体和被授权主体限制在一定范围内，以保证授权主体和被授权主体的适格。

(二) 确定授权立法主体范围的依据

第一，实际需要。社会发展的现实需求促使了授权立法的产生和发展，同样，社会发展的实际需要也是各国确定授权立法主体范围的重要依据。立法机关为何要将立法权授予行政机关？这是因为，社会发展需要大量的法律制度，但立法机关的立法过程具有天然的缺陷，相反，行政机关具有可以担当立法任务的优势，如行政机关的持续存在、行政机关人员的较高素质和技能、行政机关的高效率工作节奏以及行政工作程序的简便、灵活性等，④ 使行政机关作为被授权主体承接大量授权立法具有现实必要。⑤ 因此，基于社会发展的实际需要，各个国家的有权机关将立法权授予他们认为合适的主体，我国授权立法的产生和发展也遵循了这一路径。统计表明（表 2 – 11），我国在以专门授权决定实施的 31 次授权立法实践中有 28 次明确提出是基于社会发展的实际需要而对有关国家机关进行立法授权。

---

① 俞荣根、陶斯成：《地方性法规授权立法研究——以重庆地方立法为例》，《重庆行政》2008 年第 4 期。
② 陈伯礼：《法条授权研究》，《沈阳师范学院学报》（社会科学版）2000 年第 3 期。
③ 周旺生：《立法学教程》，北京大学出版社 2006 年版，第 339 页。
④ 管仁林、程虎：《发达国家立法制度》，时事出版社 2001 年版，第 96—97 页。
⑤ 英国大臣权力委员会对经济、政治、科技等社会组成因素的发展催生了授权立法的发展有着精辟的论述，并提出了 7 点他们认为有力和充分的理由。参见 [英] 埃弗尔·詹宁斯《英国议会》，蓬勃译，商务印书馆 1959 年版，第 489—490 页。

表2-11　全国人大及全国人大常委会基于社会发展实际需要对有关国家机关实施的授权立法情况

序号	授权主体	被授权主体	时间	授权决定名称	基于社会发展实际需要的依据
1	全国人大	全国人大常委会	1955年	《中华人民共和国第一届全国人民代表大会第二次会议关于授权常务委员会制定单行法规的决议》	"随着社会主义建设和社会主义改造事业的进展，国家急需制定各项法律，以适应国家建设和国家工作的要求"
2	全国人大	全国人大常委会	1959年	《第二届全国人民代表大会第一次会议关于全国人民代表大会常务委员会工作报告的决议》	"为了适应社会主义改造和社会主义建设事业发展的需要"
3	全国人大	全国人大常委会	1981年	《第五届全国人民代表大会第四次会议关于全国人民代表大会常务委员会工作报告的决议》	/
4	全国人大常委会	广东省、福建省人大及其常委会	1981年	《全国人民代表大会常务委员会关于授权广东省、福建省人民代表大会及其常务委员会制定所属经济特区的各项单行经济法规的决议》	"为了使广东省、福建省所属经济特区的建设顺利进行，使特区的经济管理充分适应工作需要"
5	全国人大常委会	国务院	1983年	《全国人民代表大会常务委员会关于授权国务院对职工退休退职办法进行部分修改和补充的决定》	/
6	全国人大常委会	国务院	1984年	《全国人民代表大会常务委员会关于授权国务院改革工商税制发布有关税收条例草案试行的决定》	"鉴于目前城市经济体制正在改革，经济形势发展很快……因此，提请授权国务院以草案的形式发布试行"

续表

序号	授权主体	被授权主体	时间	授权决定名称	基于社会发展实际需要的依据
7	全国人大	国务院	1985年	《全国人民代表大会关于授权国务院在经济体制改革和对外开放方面可以制定暂行的规定或者条例的决定》	"为了保障经济体制改革和对外开放工作的顺利进行"
8	全国人大	全国人大常委会	1987年	《全国人民代表大会关于〈中华人民共和国村民委员会组织法（草案）〉的决定》	/
9	全国人大	海南省人民代表大会及其常务委员会	1988年	《全国人民代表大会关于建立海南经济特区的决议》	"根据海南经济特区的具体情况和实际需要"
10	全国人大常委会	深圳市人大及其常委会和深圳市人民政府	1992年	《全国人民代表大会常务委员会关于授权深圳市人民代表大会及其常务委员会和深圳市人民政府分别制定法规和规章在深圳经济特区实施的决定》	"为了加快深圳经济特区的建设，在深圳经济特区进一步实施对外开放政策和发展社会主义商品经济"
11	全国人大	厦门市人大及其常委会和厦门市人民政府	1994年	《全国人民代表大会关于授权厦门市人民代表大会及其常务委员会和厦门市人民政府分别制定法规和规章在厦门经济特区实施的决定》	"根据经济特区的具体情况和实际需要"

续表

序号	授权主体	被授权主体	时间	授权决定名称	基于社会发展实际需要的依据
12	全国人大	汕头市和珠海市人大及其常委会、人民政府	1996年	《全国人民代表大会关于授权汕头市和珠海市人民代表大会及其常务委员会、人民政府分别制定法规和规章在各自的经济特区实施的决定》	"根据经济特区的具体情况和实际需要"
13	全国人大常委会	国务院	2012年	《全国人民代表大会常务委员会关于授权国务院在广东省暂时调整部分法律规定的行政审批的决定》	"为了推进行政审批制度改革,促进政府职能转变"
14	全国人大常委会	国务院	2013年	《全国人民代表大会常务委员会关于授权国务院在中国(上海)自由贸易试验区暂时调整有关法律规定的行政审批的决定》	"为加快政府职能转变,创新对外开放模式,进一步探索深化改革开放的经验"
15	全国人大常委会	最高人民法院、最高人民检察院	2014年	《全国人民代表大会常务委员会关于授权最高人民法院、最高人民检察院在部分地区开展刑事案件速裁程序试点工作的决定》	"为进一步完善刑事诉讼程序,合理配置司法资源,提高审理刑事案件的质量与效率,维护当事人的合法权益"
16	全国人大常委会	国务院	2014年	《全国人大常委会关于授权国务院在中国(广东)、中国(天津)、中国(福建)自由贸易试验区以及中国(上海)自由贸易试验区扩展区域暂时调整有关法律规定的行政审批的决定》	"为进一步深化改革、扩大开放,加快政府职能转变"

续表

序号	授权主体	被授权主体	时间	授权决定名称	基于社会发展实际需要的依据
17	全国人大常委会	国务院	2015年	《全国人民代表大会常务委员会关于授权国务院在北京市大兴区等三十三个试点县（市、区）行政区域暂时调整实施有关法律规定的决定》	"为了改革完善农村土地制度，为推进中国特色农业现代化和新型城镇化提供实践经验"
18	全国人大常委会	最高人民法院	2015年	《全国人民代表大会常务委员会关于授权在部分地区开展人民陪审员制度改革试点工作的决定》	"为进一步完善人民陪审员制度，推进司法民主，促进司法公正"
19	全国人大常委会	最高人民检察院	2015年	《全国人民代表大会常务委员会关于授权最高人民检察院在部分地区开展公益诉讼试点工作的决定》	"为加强对国家利益和社会公共利益的保护"
20	全国人大常委会	国务院	2015年	《全国人大常委会关于授权国务院在部分地方开展药品上市许可持有人制度试点和有关问题的决定》	"为推进药品审评审批制度改革，鼓励药品创新，提升药品质量，为进一步改革完善药品管理制度提供实践经验"
21	全国人大常委会	国务院	2015年	《全国人民代表大会常务委员会关于授权国务院在广东省暂时调整部分法律规定的行政审批试行期届满后有关问题的决定》	"为进一步积累经验，深化行政审批制度改革"
22	全国人大常委会	国务院	2015年	《全国人民代表大会常务委员会关于授权国务院在实施股票发行注册制改革中调整适用〈中华人民共和国证券法〉有关规定的决定》	"为了实施股票发行注册制改革，进一步发挥资本市场服务实体经济的基础功能"

续表

序号	授权主体	被授权主体	时间	授权决定名称	基于社会发展实际需要的依据
23	全国人大常委会	国务院	2015年	《全国人民代表大会常务委员会关于授权国务院在北京市大兴区等232个试点县（市、区）、天津市蓟县等59个试点县（市、区）行政区域分别暂时调整实施有关法律规定的决定》	"为了落实农村土地的用益物权，赋予农民更多财产权利，深化农村金融改革创新，有效盘活农村资源、资金、资产，为稳步推进农村土地制度改革提供经验和模式"
24	全国人大常委会	最高人民法院、最高人民检察院	2016年	《全国人民代表大会常务委员会关于授权最高人民法院、最高人民检察院在部分地区开展刑事案件认罪认罚从宽制度试点工作的决定》	"为进一步落实宽严相济刑事政策，完善刑事诉讼程序，合理配置司法资源，提高办理刑事案件的质量与效率，确保无罪的人不受刑事追究，有罪的人受到公正惩罚，维护当事人的合法权益，促进司法公正"
25	全国人大常委会	中央军事委员会	2016年	《全国人民代表大会常务委员会关于军官制度改革期间暂时调整适用相关法律规定的决定》	"为加快建立军官职业化制度，构建科学规范的军官制度体系，适应现代军队建设和作战要求"
26	全国人大常委会	国务院	2016年	《全国人民代表大会常务委员会关于授权国务院在河北省邯郸市等12个试点城市行政区域暂时调整适用〈中华人民共和国社会保险法〉有关规定的决定》	"为进一步增强生育保险保障功能，提高社会保险基金共济能力，推进生育保险和基本医疗保险合并实施改革"

续表

序号	授权主体	被授权主体	时间	授权决定名称	基于社会发展实际需要的依据
27	全国人大常委会	国务院	2016年	《全国人民代表大会常务委员会关于授权国务院在部分地区和部分在京中央机关暂时调整适用〈中华人民共和国公务员法〉有关规定的决定》	"为进一步完善公务员制度，推行公务员职务与职级并行、职级与待遇挂钩制度，拓展公务员职级晋升通道，进一步调动广大公务员的积极性"
28	全国人大常委会	最高人民法院	2017年	《全国人民代表大会常务委员会关于延长人民陪审员制度改革试点期限的决定》	"为进一步研究人民陪审员制度改革试点中的有关问题"
29	全国人大常委会	国务院	2017年	《全国人民代表大会常务委员会关于延长授权国务院在北京市大兴区等三十三个试点县（市、区）行政区域暂时调整实施有关法律规定期限的决定》	"为了进一步深入推进农村土地征收、集体经营性建设用地入市、宅基地管理制度改革试点，更好地总结试点经验，为完善土地管理法律制度打好基础"
30	全国人大常委会	中国人民武装警察部队	2017年	《全国人民代表大会常务委员会关于中国人民武装警察部队改革期间暂时调整适用相关法律规定的决定》	"加强党中央和中央军事委员会对人民武装警察部队的集中统一领导，调整领导指挥体制、优化力量结构编成、完善相关政策制度，建设一支听党指挥、能打胜仗、作风优良的现代化人民武装警察部队"
31	全国人大常委会	国务院	2017年	《全国人民代表大会常务委员会关于延长授权国务院在北京市大兴区等二百三十二个试点县（市、区）天津市蓟州区等五十九个试点县（市、区）行政区域分别暂时调整实施有关法律规定期限的决定》	"为了进一步深化农村金融改革创新，稳妥有序推进农村承包土地的经营权和农民住房财产权抵押贷款试点，更好地总结试点经验，为深化农村土地制度改革打好基础"

第二，有关机关担负的工作职能。在确定授权立法主体范围的过程中，有关机关担负的工作职能也是确定是否可以作为授权立法主体的重要依据。现代社会是分工高度精细又紧密合作的组织系统，每个国家机构都被赋予着相应的工作职能和社会功能，各个机构按照既定的角色和承担的功能有条不紊地运转，推动社会发展。出于履职需要，这些机构或享有立法权或被授予（被动接受或主动要求授予）立法权以充分实现自己的社会作用。通过上述我国最高国家立法机关做出的授权决定可以看出，对被授权主体的选择，国家最高立法机关在实践中很大程度上是以被授权主体承担的公共职能为依据。

二 授权立法主体的资格

（一）授权主体的资格

第一，授权主体必须要具有立法权。这里需要考虑两个问题。一是授权主体的立法权是否必须是宪法规定的立法权。应该说，宪法是国家机关享有立法权的根本依据，有关机关将宪法赋予的立法权的一部分授出给其他机关是可以的。但是能否说，授权立法制度中强调的被授出的立法权只能是来源于宪法规定的立法权而其他法律规定的立法权就一定不能授出？比如我国立法法和组织法中对有关国家机关制定相关法律的权限规定，再比如英国在不存在成文宪法情况下实施的授权立法等，这些立法权是否可以授出。事实上，在我国授权立法实践中，除了全国人大和全国人大常委会的授权立法决定，大量的授权立法正是由立法法和组织法等赋予立法权的国家机关在实施；英国也是通过宪法性文件或判例来对立法权进行配置。因此，对于授权主体的立法权来源可以认为是基于宪法或宪法性法律规定的立法权，而不必只局限于成文宪法。二是被授出的立法权是否可以成为本资格条件所要求的立法权。这一问题实际是再授权问题，如果一个国家的授权立法制度认可了再授权，那么被授出的立法权是可以成为本资格条件所要求的立法权，被授权主体在再授权过程中就会变为授权主体。对该问题的回答最终取决于国家的授权立法制度是否认可再授权。从有关国家的授权立法实践来看，英国、德国接受再授权制度，美国对再授权也持肯定态度；① 虽然我国《立法法》明确规定禁止再授权，但基于法条授权的再授权却数量繁多。在笔者看来，如果本国法律允许或认可转授权，被授权主体在再授权中是可以作为授权主体的。

第二，授权主体必须是国家机关。授权主体必须是国家机关已有共识，但需进一步思考的是，该国家机关是否只能限于立法机关或权力机关。授权主体只能是立法机关或权力机关的观点的实质是对传统分权学说的坚持，其认为立法权只能由立法机关或权力机关行使，也只能由立法机关或权力机关进行立法授权。然而，随着经济和社会的发展，传统分权理论的核心理念即分权和制衡已经不能满足于社会发展的需求，分权理论随着社会的发展也在不断演进。在当代西方发达国家，在坚持分权制衡的同时也非常强调利用公共权力推进社会发展和促进社会民众的幸福感。不可否认，分权制衡在一定程度上能够保持公权力的平衡，防控权力的滥用；但如果过度沉溺于分权和制衡也会带来极大的负面效应，比如公共效率的低下、民生福祉发展的滞后等。应该说监督公共权力的行使是正确的，但认为公共权力只有"恶"的一面则片面夸大了对公权力负面效果的认知。人类社会的发展历史也充分表明，政府公共权力是推动社会发展的重要力量，没有公共权力的存在就不可能有人类社会的发展也不可能提升民众的生活水平。实际上，人们对政府的期待最终将落脚在推动社会发展上，具体到个体层面则是个人的幸福指数不断提高。所以，对公权力的行使保持警惕是必需的，同时也会对公权力推动社会发展提升民众幸福感有着更多的要求。就立法权力的行使，传统分权观点只强调由权力机关行使，但现代社会的发展已经使权力分立的这一壁垒被打破。实践证明，如果其他国家机关适度行使立法权力能够推动社会发展也能够受到大众的欢迎。观念的变化使权力分立变得不再绝对，行政和司法机关享有规范制定权也成为当今各国的客观现实。基

---

① 美国从20世纪60年代起对转授权持支持态度，从60年代起，转授权在政府日常运作中已经司空见惯，当事人不再对寻常的转授权提出挑战，法院也不会对国会已经批准的转授权或当法律对这一问题没有明文规定禁止转授权时进行否决。参见［美］理查德·J.皮尔斯《行政法》（第一卷）（第五版），苏苗罕译，中国人民大学出版社2016年版，第104页。

于这一现状,从授权角度并结合社会发展需要观察,授权主体可以具有多样化的态势,即不能只局限于立法机关,行政机关和司法机关也可以具有授权资格。各国实践也证明了这一结论,如日本宪法就规定最高法院可以成为授权主体;德国的行政机关也可以成为授权主体;在我国的授权立法实践中,行政机关通过法条授权进行立法授权的现象也大量存在。

第三,授权主体在本国的国家机关体系中必须具有一定的组织地位。这是因为,一方面,法律的权威性要求授权主体在本国机关体系中应当具备相当的地位,如果授权主体地位较低,那么被授权主体的地位会更低,这将严重影响法律的权威性;另一方面,如果地位比较低的国家机关获得立法权并将一定范围的立法权授出,会使地位更低的国家机关成为立法主体,从而导致立法质量无法得到保障。比如,我国有部分设区的市在制定地方性规章后再授权县级人民政府制定实施细则,这是对授权立法的滥用。按照《立法法》的规定,即使是具有地方性法规和规章制定权的设区的市,其制定地方性法规或规章的时间也需要由所在省、自治区的人民代表大会常务委员会综合考虑经济社会发展情况、立法需求及立法能力等因素确定,并报全国人民代表大会常务委员会和国务院备案。在此种情况下,县级人民政府如何能够有能力承担设区的市的立法授权?另外,设区的市结合本地情况制定的地方政府规章是否有必要再授权县级政府制定实施细则?《立法法》明确规定,设区的市制定地方性法规或政府规章需要"根据本市的具体情况和实际需要",不可否认,设区的市下辖的各县存在具体情况的差异,但再由各县制定实施细则明显不合适。因此,为了规范授权立法,保障立法的权威和立法质量,授权立法的主体必须限定在一定级别或组织地位范围之内。

(二)被授权主体的资格要求

第一,被授权主体可以是国家机关也可以是社会团体。对于被授权主体,各国规定都比较宽泛,可以是权力机关、行政机关或司法机关,有些国家还授权社会团体实施授权立法。有学者主张,被授权主体的选择只能局限于国家机关,即社会团体不能作为授权立法中的被授权主体。笔者认为,担负一定社会公共事务职能的社会团体也可以作为被授权主体。首先,众多国家的实践表明,社会团体可以作为被授权主体。如英国、德国、美国、法国以及我国的授权立法中均有以社会团体为被授权主体的实例;其次,这些社会团体自身肩负一定的社会公共职能,有制定其职能范围内规范性法律文件的能力;最后,从事务管理的角度来说,这些社会团体对本职工作范围内的事务较其他机构更为熟悉也更为专业,制定的规范性法律文件更容易受到认可和遵守。因此,被授权主体不应当只限于国家机关,社会团体也可以作为被授权主体。

第二,被授权主体应当具有实施授权立法的能力。要进行授权立法,被授权主体的立法能力是必须考虑的因素,这是对被授权主体的核心要求;如果不具备相应的立法能力,就不能成为被授权主体。换言之,作为被授权主体必须具备实施授权立法的能力。

第三,被授权主体与授权主体是上下级关系或存在隶属关系。这一要求主要是从授权主体和被授权主体间组织关系的角度进行考虑。通常情况下,授权方相对于被授权方而言,要么和被授权主体之间是上下级关系,要么是隶属关系,只有这样才会有授权主体对被授权主体的授权之说。如果下级机关"授权"上级机关则会导致上级机关越权立法或下级机关立法失职。因而,不能由下级机关将立法权倒置"授予"上级机关或在组织关系中比自己地位优越的机关;对被授权主体而言,应当是接受上级机关或地位更为优越的机关的授权,而非相反的行为。

三 我国授权立法主体范围存在的问题

(一) 授权主体方面存在的问题

第一,《立法法》仅规定全国人大及全国人大常委会为授权主体不妥当。《立法法》在制定过程中,基于"宪法规定只有全国人大及其常委会才能行使国家立法权,其他主体的规范性法律文件制定权不是国家立法权,且其本身是由国家授予的,不具有派出其他立法权的功能,不能授权其他机关行使立法权"[1] 的认知,只规定了全国人大及全国人大常委会的授权主体地位。笔者认为,这一做法欠妥。因为,最高立法机关的授权决定通常比较规范,社会的接受度也比较高,而最令人不放心的则是

---

[1] 乔晓阳主编:《立法法讲话》,中国民主法制出版社2000年版,第93—94页。

广泛存在的法条授权,① 由于其存在潜伏性②则更需要对其加以明确规范。事实上,不管《立法法》是否承认,大量法条授权行为的存在是客观的,如果对这种现象进行选择性忽视,必然会对规范授权立法的主体范围产生不利影响。

第二,在专门性授权立法中,全国人大和全国人大常委会作为授权主体的界限不清。《立法法》将专门性授权立法中的授权主体明确规定为全国人大和全国人大常委会,在已经实践的 31 项③专门授权立法中,全国人大作为授权主体的有 8 项,全国人大常委会作为授权主体的有 23 项;在这 8 项专门性授权立法中,又有 4 项是以全国人大常委会作为被授权对象的。全国人大作为授权主体对其常设机构进行授权立法属于最高国家权力机关内部的授权,且全国人大常委会作为全国人大的常设机关也只能由全国人大对其实施授权立法,因此,全国人大对全国人大常委会的 4 项授权立法无可厚非,而值得关注的是全国人大对其他国家机关所实施的 4 项授权立法。比较两者作为授权主体对其他国家机关实施的授权立法,无法确定何种情况下应当由全国人大进行授权,何种情形下应当由全国人大常委会进行授权,即全国人大和全国人大常委会共同作为授权主体的变换比较随意,充满不确定性。

第三,在授权立法实践中,大量授权主体地位偏低。实践中存在大量地方立法机关的授权立法行为,如果此类立法授权只停留在省级人大或人大常委会及省级地方人民政府倒还可以接受,但事实上,许多拥有地方法规和地方政府规章制定权的设区的市也进行立法授权,部分设区的市在制定的地方性法规和地方规章中出现了授权"区或县级人民政府"制定规范性文件的情形。笔者认为,区或县级人民政府的立法能力有限而且也缺乏制定规范性法律文件的法定依据,是不能成为被授权主体的一级国家机关。因此,组织地位较低的国家机关不宜充当授权主体,将授权主体范围限定在一定级别范围内才是比较恰当和科学的做法。

---

① 李克杰:《〈立法法〉修改:点赞与检讨——兼论全国人大常委会立法的"部门化"倾向》,《东方法学》2015 年第 6 期。
② 这种潜伏性主要表现在其隐藏于不同的法律规范中,缺乏明确的公告,且具体规定中授权的各个要素并不完整,人们对其认知度并不高。
③ 该 31 项专门性授权立法决定具体参见表 2-11。

第四，在先行先试中，部分试点由全国人大常委会作为授权主体值得商榷。为了适应改革发展的需要，做到"重大改革于法有据"，《立法法》在2015年修正时新增加了第13条规定，对"先行先试型"授权立法主体作出了安排。然而需要注意的是，全国人大作为授权主体无可厚非，但全国人大常委会作为授权主体是否妥当还有待讨论。笔者认为，这不能一概而论。首先，这是一种新型授权立法形式。立法有狭义和广义之分，狭义的立法仅指制定新的规范性法律文件；广义的立法包括认可、制定、修改、废止和解释法律文件等行为。《立法法》中规定的调整或暂停行为既不属于狭义的立法行为，也和传统广义上的诸多立法行为有别，因此属于"新型的立法形式"[①]。其次，《立法法》中规定了全国人大常委会可以授权有关机关根据需要暂时调整停止适用法律的部分规定，那么《立法法》做出这一规定是否具有宪法依据？检视宪法对全国人大常委会的职权规定，其并无调整和暂停之说，这或许和当初并没有考虑到现在对调整和暂停的需要有很大关系。最后，退一步讲，即使按照有些学者所言，调整和暂停可以归属于立法修改行为，[②] 宪法对全国人大常委会的修改法律权却有"在全国人大闭会期间""部分补充和修改"以及"不得抵触"三项限制。然而，在有关试点中，[③] 一方面调整实施的并非行政管理领域的事项，另一方面涉及的是由全国人大规定的国家有

[①] 徐亚文、刘洪彬：《中国（上海）自由贸易试验区与立法和行政法治——以全国人大常委会"调整法律实施"为切入点》，《江西社会科学》2014年第1期。

[②] 范进学教授认为，"暂时停止实施"意味着被停止实施的个别法律条款在一定期限内在特定区域内不再发生效力，属于法律修改的情形。但同时他认为，法律修改的基本含义就是指国家立法机关依照法定程序对现行法律的某些部分加以变更、删除或补充的立法活动。可以看出，法律修改的内涵和暂停实施并不一样，这就出现认知上的矛盾。参见范进学《授权与解释：中国（上海）自由贸易试验区变法模式之分析》，《东方法学》2014年第2期。又如，黄锐博士认为，"暂时调整法律的部分规定"属于立法权，进一步来讲，属于立法权中的法律修改权，但他并不认为"暂停部分法律的适用"属于法的修改行为。参见黄锐《论权力机关授权新类型：授权修法——以中国（上海）自由贸易试验区的设立展开》，《河北法学》2016年第10期。

[③] 如：《全国人民代表大会常务委员会关于授权国务院在北京市大兴区等232个试点县（市、区）、天津市蓟县等59个试点县（市、区）行政区域分别暂时调整实施有关法律规定的决定》涉及《中华人民共和国物权法》《中华人民共和国担保法》中集体所有的耕地使用权和集体所有的宅基地使用权不得抵押的规定；授权最高人民法院、最高人民检察院在部分地区开展刑事案件认罪认罚从宽制度试点工作；授权最高人民检察院在部分地区开展公益诉讼试点工作；授权最高人民法院在部分地区开展人民陪审员制度改革试点工作等。

关领域根本制度方面的规定，应当由全国人大进行授权更为妥当。

（二）被授权主体方面存在的问题

第一，《立法法》中仅规定国务院作为被授权主体欠妥。《立法法》对法条授权的否认，使大量法条授权立法行为得不到认可，仅有国务院作为被授权主体得到《立法法》的承认。无论是否认可，实践中其他被授权主体却是客观存在的，因而，仅规定国务院作为被授权主体不符合我国授权立法的实际情况。

第二，部分被授权主体指向不明。这一问题主要是指部分法条授权中对被授权主体的指向较为混乱或不明确。例如，《中华人民共和国草原法》第48条①、《不动产登记暂行条例》第34条②等。从这些条文中无法明确判定被授权的主体到底是哪个国家机关，实践中容易产生争抢立法或立法推诿等现象。

第三，部分被授权主体地位偏低，立法能力欠缺。我国的授权立法对授权主体和被授权主体没有条件限制，部分授权主体在国家组织体系中的地位较低，当这些机构再进行立法授权，就导致地位更低的被授权主体出现，严重影响立法的权威性。如前文所述，部分地方制定的地方性法规或规章中出现授权县级人民政府制定实施细则的情形。另外，这些组织地位偏低的国家机构的立法能力较为欠缺，实践中也不应作为被授权机关。

---

① 《中华人民共和国草原法》第48条，国家支持依法实行退耕还草和禁牧、休牧。具体办法由国务院或者省、自治区、直辖市人民政府制定。

② 《不动产登记暂行条例》第34条，本条例实施细则由国务院国土资源主管部门会同有关部门制定。

第 三 章

授权立法权限范围：授权立法的权限边界

授权立法权限范围是指授权主体能够进行立法授权的权限边界或事项范围，它以授权主体具备一定的立法权限为前提条件。立法权限是上位概念，法理上，立法授权只能局限于主体自身的立法权限以内，任何超越范围的行为必然导致无效的结果。因此，研究授权立法权限范围首先应从立法权限的划分开始。

第一节　立法权限的划分

一　立法权限与授权立法权限范围

哈特认为，"所有的法律权力都是有限制的"[1]，这种限制"大可称之为宪法上的限制"[2]。当然，哈特所认为的受宪法所限制的法律权力应当包罗所有基于法律而产生的权力，立法权当然也居其中。宪法对立法权的限制主要体现在对权力的分配和有关立法权限的范围划分上。宪法在国家法律体系中具有最高的法律地位，规定国家各类基本的制度，其中就包括对国家权力的配置。一旦在宪法中明确了立法权的归属，也就确定了非经授权其他国家机关不得行使该项权力。在明确立法权归属的

---

[1] ［英］H. L. A. 哈特：《法律的概念》，许家馨、李冠宜译，法律出版社2006年版，第63页。
[2] ［英］H. L. A. 哈特：《法律的概念》，许家馨、李冠宜译，法律出版社2006年版，第66页。

同时，各国宪法还会就立法权限进行划分（各国具体情况不同，有些国家宪法中规定得比较详细，有些国家对此规定得比较笼统），任何享有立法权的国家机关只能在宪法规定的权限范围内行使立法权，否则必然是违宪无效。因此，可以说宪法是限制立法权的根本来源。

何谓立法权限？所谓立法权限就是指一国法律中规定的享有立法权的国家机关进行立法的事项范围和权力边界。这一限制从根本上说来自各国宪法中对立法权的配置和有关国家机关可以行使立法权的事项范围的规定。"立法事项是立法权限的具体体现"[①]，立法权限和立法事项范围是对立法权在具体实施过程中的不同层面的描述。任何一个国家在分配立法权时，必定会对有关国家机关的立法权限进行划分，如果立法权限划分不当就容易产生一系列的问题。[②]

另外需要注意的是立法体制这一概念，国内学者普遍认为立法体制是相对独立的概念范畴。杨临宏教授将国内学者对立法体制的不同观点总结为四种类型，[③] 从这四种类型的观点中可以看出，虽然对立法体制的表述各异，但最为重要的是立法权限和立法体制之间有着紧密的联系，甚至可以说立法体制是以立法权限为内核所展开的一个概念范畴。

授权立法权限范围是基于立法权限的划分而形成的对授权立法在可授权的权限及事项范围层面的限制。理论上，对用以授权的立法事项必须加以限制，如果放任授出则一方面使本国立法权限的划分形同虚设，

[①] 朱力宇、张曙光主编：《立法学》（第三版），中国人民大学出版社2009年版，第119页。

[②] 吴大英等学者认为，立法权限划分不当：第一，可能出现重复立法，造成法律体系的混乱或矛盾；第二，可能出现权力的不平衡或过度倾斜，导致某些国家机关因有职无权而虚设；第三，可能出现或者中央过分集权或者地方过分分权的状况，在多数情况下，无论出现哪种状况，都会对国家的安定及社会的发展带来损害；第四，可能因立法权限划分的混乱，而造成政治体制结构的实质上或形式上的不合理，以致使之成为社会进步的障碍。参见吴大英、任允正、李林《比较立法制度》，群众出版社1992年版，第271页。周旺生教授认为，确定立法权限范围的意义主要有：第一，有助于防治专制擅权；第二，有助于使立法者明确立法的任务和目标，为立法者进行立法活动提供范围上的准绳、标准；第三，有助于使立法者尽职尽责，促使立法者对自己权限范围内的事尽心尽力去做，也有防止不尽职守的作用；第四，有助于监督立法活动；第五，有助于完善立法制度，实现立法的制度化、科学化。参见周旺生《立法学教程》，北京大学出版社2006年版，第222页。

[③] 杨临宏：《立法学：原理、制度与技术》，中国社会科学出版社2016年版，第23—25页。

另一方面也会侵害宪法对权力分配的设置，终将损害宪法的权威。就具体限制来说，一方面，授权主体只能在自己的立法权限范围内进行授权，越权授权自然无效；另一方面，授权主体只能在可以授权的事项范围内授权，对法律明确规定不能授权的立法事项不得进行授权立法。从立法权限和授权立法权限范围二者的关系上来看，立法权限是授权立法权限范围的前提和基础，没有立法权限就不存在授权立法，更谈不上授权立法的权限范围问题；讨论授权立法权限范围首先需要明确的是授权主体的立法权限以及可以就哪些事项进行授权，如此才有对授权立法权限范围进一步讨论的可能性。

二 影响立法权限划分的主要因素

一国对其立法权限如何划分，本质上并非由某个人或某个团体的喜好所决定，本国的国体、政体、历史传统、社会发展状况等诸多因素对本国立法权限的划分都会起到影响作用。按照马克思主义的观点，在这些众多的影响因素中，社会发展状况即经济因素的影响具有根本性，而其他因素则在一定程度上对其具有直接或间接的作用。比较而言，一国的国家结构形式及政权组织形式对立法权限划分的影响最为直接，是前述众多影响因素的集中体现。其中，国家结构形式影响一国立法权限的纵向划分，即中央与地方立法权限的划分；政权组织形式则影响着立法权限在不同国家机关之间的横向划分。

（一）国家结构形式对立法权限划分的影响

国家结构形式主要反映一国内部各组成机构的设置及其权限。在现代国家中，单一制和联邦制是最主要的两类国家结构形式。

单一制国家实行一元制国家结构形式，中央政府在国家事务管理中具有绝对的权力，因为某种需要可以将部分权力授权地方政府行使，但权属性质并未发生改变。地方政府在很大程度上是依据授权行使职权，一旦情形发生改变，中央即可收回授权。在这种结构中，中央对国家权力具有绝对的控制。[①] 单一制最主要的特点表现为，国家具有统一和独立

[①] ［英］戴维·M. 沃克：《牛津法律大辞典》，李双元等译，法律出版社2003年版，第1133页。

的主权,全国只有一部宪法,全国具有统一的立法机关和统一的中央国家机关,各级地方政府是国家的组成部分,享有的权力来自宪法的规定或中央的授权。单一制国家的典型代表是中国。① 我国宪法明确规定了中央和地方各自的立法权限,确定国家立法权由全国人大及其常委会享有,地方立法机关依法享有地方性法规的制定权;另外,在民族区域自治制度下,依照宪法及有关法律规定,民族自治地方还具有自治条例和单行条例的制定权。

联邦制采取中央和地方分权的形式,"把国家的整体性与地方的多样性融入统一的政治体制,突出特点是权力分配至少在两级政府之间进行和国家整体性与地方的多样性并存"②。联邦制国家结构形式主要表现为国家具有统一的主权;联邦有联邦宪法、法律和立法机关等国家机关,成员邦也有属于自己的宪法、法律和立法机关等国家机关;在权力划分上,联邦和成员邦之间具有较为严格的界限。典型的联邦制国家是美国。在立法权限的划分上,美国联邦宪法明确规定由参议院和众议院所组成的国会代表联邦行使联邦立法权;《联邦宪法》第1条第10款规定了联邦的专属权力;同时,《宪法修正案》第10条③对剩余权力的归属进行了规定。除去联邦专有和各州保留的权力外,还有联邦和州共有的权力,如美国宪法所规定的国会议员的选举,总统、副总统的选举,民团事项和宪法修正等。④

(二)政权组织形式对立法权限划分的影响

政权组织形式是指一国统治阶级按照一定的原则建立起来的行使国

---

① 童之伟教授将现有和曾出现过的单一制又分为中央集权型、地方自治型、中央地方均权型和民主集中型四类,其中我国现行的单一制为民主集中单一制。我国的民主集中单一制除具有单一制和民主集中单一制的共性外,还具有自身的特点:第一,从立法采取的形式来看,全国人民代表大会及其常委会行使国家立法权,省、直辖市及某些较大城市(2015年修正后的《立法法》已将其变更为设区的市,笔者注)的人民代表大会及其常委会可以进行地方性立法;第二,按单一制原则划分立法权的行使范围;第三,国家维护法制的统一和尊严,地方性法规不得同宪法、法律和行政法规相冲突;第四,地方各级行政机关、审判机关和法律监督机关既对本级人大及其常委会负责并报告工作,又接受上级乃至中央的领导或监督。参见童之伟《国家结构形式论》,武汉大学出版社1997年版,第226,367—377页。

② 薛波主编:《元照英美法词典》,法律出版社2003年版,第538页。

③ 戴学正等编:《中外宪法选编》(下册),华夏出版社1994年版,第231页。

④ 许崇德主编:《宪法》(第四版),中国人民大学出版社2009年版,第143页。

家权力、实现国家统治和管理职能的政权机关的组织与活动体制。① 现代国家的政体主要有两种类型：一种是共和制政体；另一种是君主立宪政体。受政权组织形式的影响，各国立法权限的划分也存在较大的差别。

共和制政体的典型代表是美国。美国的立法权、行政权和司法权分属国会、总统和司法机关，三者相互监督和制约，达到分权制衡的目的。在立法权限上，按照美国宪法规定，国会独享联邦立法权，以总统为首的行政机关不享有立法权。但实际上，"严格地说，合众国生效的联邦法律并非都是国会制定的。国会往往只笼统地起一个草，然后授权总统或者专门机构用包含法律细则的命令去充实全部条款"②。这意味着行政机关在立法机关的授权下扮演了立法者的角色。另外，判例法制度使美国司法机关虽然在宪法规定中只行使司法权，但"遵循先例"原则使美国的法官在司法实践中具有"法官造法"的传统。因而，尽管在宪法文本的约束及三权分立的政体下，立法权仅由国会享有，但行政机关基于国会的授权而成为立法者，司法机关基于判例法制度也会成为实践中的立法者。

君主立宪政体以英国的议会君主制为典型代表。在英国，议会具有理论上至高无上的立法权力，这意味着议会在立法上的权力不受任何法律限制，无论任何事项议会均有权对其进行立法且不存在任何能与之相抗衡的机关以为了联合王国的名义或为限制议会权能而享有任何形式的立法权力的存在。③ 威廉·布莱克斯顿（William Blackstone）④ 和狄龙（De Lolme）⑤ 对议会至高无上的立法权力也有精彩而形象的评论。不难看出，在英国，议会包揽一切立法权；政府产生于议会并接受议会的监

---

① 许崇德主编：《宪法》（第四版），中国人民大学出版社 2009 年版，第 126 页。
② ［美］查尔斯·A. 比尔德：《美国政府与政治》（上册），朱曾汶译，商务印书馆 1987 年版，第 212 页。
③ A W Bradley and K D Ewing, *Constitutional and Administrative Law*（Fourteenth Edition）, Harlow: Pearson Education Limited, 2007, p. 55.
④ 威廉·布莱克斯顿在谈到英国议会时认为，就年代看，它是一个稀奇古物；就地位看，它是至尊无上；就权限看，它是无所不包括。参见［英］埃弗尔·詹宁斯《英国议会》，蓬勃译，商务印书馆 1959 年版，第 1 页。
⑤ 狄龙在评价英国议会时指出，除将男人变成女人又将女人变成男人外，议会无一事不能为。参见［英］戴雪《英宪精义》，雷宾南译，中国法制出版社 2001 年版，第 119—120 页。

督,行政机关通过议会的授权可以制定一定范围内的法律。而至于各机关之间权力的分配关系,基本坚持了分权的原则。①

三 立法权限的纵向划分

(一) 中央和地方立法权限划分的类型

第一,绝对中央集权模式。在绝对中央集权模式中立法权全部属于中央所有,地方政府不享有立法权,中央制定的法律适用于国家主权管辖范围内的全部地域。此种立法权限划分模式在历史上的封建社会中大量存在,当下世界范围内仅有少量的国家采取此种立法权限划分模式。

第二,绝对地方分权模式。在绝对地方分权模式中,全部立法权归地方所有,所制定的法律规范只能在其各自行政区划内有效。从世界范围内来看,目前已基本不存在此种极端的中央和地方的立法权限划分方式。

第三,集权分权模式。在该种模式中,中央掌握大部分立法权,处于主导地位,地方通过中央授权或其他方式获得一部分立法权力,但处于辅助地位,中央制定的法律规范适用于全国范围,而地方制定的法律规范只能适用于其行政管辖范围内。就立法关系而言,两者之间可以说是一种垂直的隶属关系,② 单一制的国家大部分采用此种分权模式。

第四,分权集权模式。在此种模式中,以地方享有立法权为主,同时将部分立法权让渡给中央享有。两者均有各自不同的立法权限范围,在具体立法关系上不存在领导与被领导的关系,中央不能干涉地方的立法。联邦制的国家大多采用此种立法权限划分模式。

(二) 中央和地方立法权限划分的方法

概括而言,主要有如下几种方法:

第一,规定中央专属立法权,即在本国的宪法或有关法律中明确规定中央的专属立法范围。通常情况下,中央的专属立法权一般是在不考虑国内各地方特点的前提下针对国家层面或在全国范围内具有普遍意义的事项。观察各国立法实践,中央立法基本上集中于以下几个方面:①外交事务方

---

① 王名扬:《英国行政法 比较行政法》,北京大学出版社2016年版,第91页。
② 封丽霞:《中央与地方立法关系法治化研究》,北京大学出版社2008年版,第168页。

面；②国家基本的政治、经济、文化和社会制度等领域；③公民基本的权利义务等领域；④国家认为应当由中央层面进行立法的领域等。

第二，规定地方专属立法权。地方专属立法权即明确规定属于地方享有的专属地方立法的事项范围，"但不得影响中央的立法权"①。从所涉及事务的内容观察，其具有特殊性和复杂性。针对这些事项所制定的法律规范只能在本地区实施，并不具备在国家整体范围内普遍适用的效果。规定地方专属立法权在联邦制国家表现得较为典型，地方专属立法一般只是针对本地区行政区域范围内的事项，有些联邦制国家的地方还具有本行政区划范围内的制宪权并建立有较为完善的地方法律体系。

第三，规定中央和地方的共同立法权，即规定在某些事项上中央和地方具有共同立法权。主要原因在于就某些事务而言，不可能进行绝对的"中央立法事项"或"地方立法事项"划分，会存在一些"中央与地方立法权限的交叉地带，或者说是中央与地方可以'并行立法'的'灰色地带'"②。例如，德国《基本法》第74条第1款就规定了34项共同立法事务。③ 在这些共同领域中，还需考虑两者之间立法的优先性问题。通常情况下，中央立法具有优先性。④

第四，规定剩余立法权。它主要是指在设定立法权限时对未能穷尽的剩余事项所做的规定。在单一制国家中，由于中央立法占据主导地位，一般会规定剩余立法权归属于中央；也有国家规定，剩余立法权归中央和地方共有，中央立法权在剩余立法权中占据主要地位，如《西班牙王国宪法》第149条第3款的规定。⑤ 在联邦制国家中，有的规定剩余立法权属于中央，如《澳大利亚联邦宪法法案》第51条⑥的规定，在议会另有规定前，由宪法规定的事项议会有权制定法律；也有些国家规定，剩

---

① 李林：《立法机关比较研究》，人民日报出版社1991年版，第233页。
② 封丽霞：《中央与地方立法关系法治化研究》，北京大学出版社2008年版，第135页。
③ 孙谦、韩大元主编：《立法机构与立法制度：世界各国宪法的规定》，中国检察出版社2013年版，第106—107页。
④ 封丽霞：《中央与地方立法关系法治化研究》，北京大学出版社2008年版，第137页。
⑤ 《西班牙王国宪法》（1978年），中国宪政网，http://www.calaw.cn/article/default.asp?id=4068，2017年8月18日。
⑥ 孙谦、韩大元主编：《立法机构与立法制度：世界各国宪法的规定》，中国检察出版社2013年版，第466页。

余立法权归属于地方,如美国《宪法修正案》第 10 条的规定,德国《联邦基本法》第 70 条第 1 款①的规定。

四 立法权限的横向划分

立法权限的横向划分,主要是立法权限在不同国家机关之间的划分。传统观点认为,立法权只能由国家权力机关行使,执法机关只能执行法律而不能制定法律,但随着社会的发展及立法机关自身存在的不足,单纯只由立法机关进行立法已经不能适应社会发展和社会管理的需求,执法机关分享部分立法权成为现实必需。行政机关享有立法权主要有两类来源,一类是由立法机关进行立法授权;另一类则是来自本国宪法对立法机关和行政机关立法权限的划分。

在君主立宪制政体中,以英国为例,议会理论上享有全部的立法权,但政府通过参与立法以及来自议会的授权分担了很大一部分立法权。"到了 20 世纪 60 年代,议会已经由政府的主人变成了政府的仆人,完全为政府所控制。"② 政府在议会的授权下可以在一般性事务、税收、修改议会立法、紧急事态领域制定行政立法。③ 这是由于在立法决策上,政府具有比议会更高的专业技术能力,可以适应英国社会快速发展变化,具有比议会更为高效的决策机制,议会逐步减少其在社会管理方面的立法权限,政府占据了主导地位;在立法过程中,尽管议会掌握立法权,但"政府控制着议会的时间表,在处理由政府提出的公议案上要比后座议员更有优先权,所以政府提出的公议案获得通过的机会更多"④。另外,政府掌管着"钱袋子"实际上就等于政府掌管了财政立法权,"随着政府权力的加强,财政立法的实际权力已经转移到政府手中"⑤。但这些并不意味着英国议会完全丧失了立法权限,毕竟政府的产生和政府议案的获批都需

---

① 德国《联邦基本法》第 70 条第 1 款:如果基本法没有授予联邦立法权,各州享有立法权。参见孙谦、韩大元主编《立法机构与立法制度:世界各国宪法的规定》,中国检察出版社 2013 年版,第 104 页。

② 刘建飞、刘启云、朱艳圣编:《英国议会》,华夏出版社 2002 年版,第 30 页。

③ William Wade and Christopher Forsyth, *Administrative Law* (*Eighth Edition*), New York: Oxford University Press, 2000, pp. 842 – 847.

④ 刘建飞、刘启云、朱艳圣编:《英国议会》,华夏出版社 2002 年版,第 31 页。

⑤ 刘建飞、刘启云、朱艳圣编:《英国议会》,华夏出版社 2002 年版,第 32 页。

要议会的同意，所以，虽然在立法权限的划分上，议会看起来似乎越来越弱于政府，但还可以通过特定的方式达到对政府立法监控的效果。

在共和制政体中，以美国为例，国会按照法定的标准即有意义的标准、传统的空洞的标准、一系列未经分级的决定目标和相互矛盾的标准以授权行政机关来制定用以约束所有公民的行为规则，做出重大决策决定对行政机关授予广泛的权力。[1] 除此以外，对法律和政策进行解释以及对国会制定的较为原则的法律制定实施细则也是行政机关行使立法功能的具体体现。有学者就指出，立法机关制定的法律有时比较笼统或原则，实践中缺乏具体可操作性，行政机关为执行立法机关制定的法律而对其进行细化制定实施细则或就执行法律中的某些规则进行解释所形成的这些规范性文件不仅仅是约束行政机关本身，而且其他一般社会民众、社会组织以及包括政府机关等也必须遵守，从其表现形式和发挥的具体作用来看就是一种立法行为。[2]

法国在立法机关和行政机关的立法权限划分上有自己的特点。法国宪法明确规定，议会享有法律事项立法权，而政府具有制定条例和法令的立法权。法国《1958年宪法》第34条列明了制定法律的事项，同时第37条规定，法律规定的事项之外的其他事项均由行政机关立法，而且第38条规定政府未执行其计划，可以要求议会授权政府就法律范围内的事项制定法令。[3] 从法国宪法的规定来看，议会和政府分享立法权，而且政府由于其职能特点享有较为广泛的立法权限，从而使法国的法律单就数量来看差别巨大令人叹为观止。德国虽然在《联邦基本法》中确立了立法机关、行政机关和司法机关的权力分立基本原则，但德国"宪法服从制约与平衡的原则，服从在议会政府形式下固有的立法机关与行政机关的亲密关系之原则"[4]。这一亲密关系在立法权限的划分上表现为，《联邦

---

[1] [美] 理查德·J. 皮尔斯：《行政法》（第一卷）（第五版），苏苗罕译，中国人民大学出版社2016年版，第83页。

[2] 李道揆：《美国政府和美国政治》（下册），商务印书馆1999年版，第461页。

[3] 孙谦、韩大元主编：《立法机构与立法制度：世界各国宪法的规定》，中国检察出版社2013年版，第117—118页。

[4] [印] M. P. 赛夫：《德国行政法——普通法的分析》，周伟译，山东人民出版社2006年版，第15页。

基本法》规定联邦立法机关具有法律制定权,同时也明确了政府的法律提案权;经过法律授权,政府具有行政法规制定权;经过联邦参议院批准,政府可以为执行联邦法律而制定行政法规,各州政府可以制定为执行联邦委托的事务或自身事务的行政法规;联邦政府或联邦部长可以就联邦邮政和通信设施使用的原则与收费、联邦铁路设施使用的收费原则、铁路的建造和运营制定行政法规等。① 另外,德国行政机关及其机构可以不需议会授权制定两种规范:一种是行政命令;另一种是特别法规,此类规范主要面向一些公共领域部门。②

第二节 中西方国家授权立法权限范围的实践考察

一 部分西方国家授权立法权限范围的实践

（一）英国

英国议会在授权行政机关制定法律的事项范围上无明确具体的立法规定。通常,英国议会授权行政机关制定法律的具体事项范围主要有:

第一,广泛的一般性事务。授权立法的一个标准结论认为,它对议会不能处理的一些具体琐碎的事务而言是非常有必要的。除了紧急情况,议会有时会在一般性事务中授出立法权。

第二,税收。即使是税收这项难应付的且被众议院警惕保护的领域,也已经成为一个重要的授权范围。

第三,修改议会立法。议会授权行政机关修改自己的立法是非常有可能的。修改议会立法的通常目标是协助一部新法生效,较为特别的是已经通过的立法变得复杂或地方议会立法集中计划使其变得适合等情况。

第四,紧急情势。战时,议会授予执行部门更加宽泛的权力。司法

---

① 孙谦、韩大元主编:《立法机构与立法制度:世界各国宪法的规定》,中国检察出版社2013年版,第105—109页。

② 如国防、学校、公共服务部门等。参见刘兆兴、孙瑜、董礼胜《德国行政法——与中国的比较》,世界知识出版社2000年版,第138页。

控制变弱,政府承担了大量工业和经济生活领域的管理。①

除此以外,英国议会还就次级委任立法、制定溯及既往效力的行政管理法规、排除法院监督的立法等领域授权行政机关制定相关法规。②

在对地方政府的授权立法事项上,基于地方自治的需要,地方政府基于议会的授权和国王、政府各部的再授权来制定细则或基于行政管理的实际需要制定有关法规,但同时要受到一些限制。③

(二) 美国

从美国立法权限的划分可以看出,国会掌握全部的立法权,但基于行政机关履行职责的实际需要而会把一定领域的立法权授予行政机构。④

在联邦和各州之间,按照立法权限划分的情况来看,联邦专注于自己的专属立法权,各州行使自己的立法权,基本上不存在联邦向各州进行授权立法的情形;同时,按照《联邦宪法》第 6 条⑤的规定,美国妥善地处理了联邦法律和州法律之间的位阶问题,使联邦法律和州法律并行不悖。

(三) 德国

按照《联邦基本法》的规定,德国三权分立制度下的行政机关本身并不具有立法权,但"联邦基本法没有坚持严格地适用权力分立学说的观点"⑥,行政机关通过多种途径和方式影响和参与立法,立法机关也通过立法授权使行政机关享有立法权。在具体授权立法事项方面,立法机关在确定授权内容、目的和范围的前提下,授权联邦政府、部长或州政府制定行政法规,"大多数法律包括授权条款,向政府授权制定一般的或

---

① William Wade, Christopher Forsyth, *Administrative Law*(*Eighth Edition*), New York: Oxford University Press, 2000, pp. 842–847.

② 王名扬:《英国行政法 比较行政法》,北京大学出版社 2016 年版,第 103—104 页。

③ 有学者总结了英国地方政府制定实施细则时可能会受到的六个方面的限制,具体参见林征《英国地方政府制度和地方立法》,载李步云主编《立法法研究》,湖南人民出版社 1998 年版,第 513—514 页。

④ 学者认为,美国国会对政府的授权主要集中在三项领域,具体参见李道揆《美国政府和政治》(下册),商务印书馆 1999 年版,第 463 页。实际上,从美国国会授权行政机关的实践看,除了上述三项领域之外,还有部分税收方面的立法也会进行授权。

⑤ 戴学正等编:《中外宪法选编》(下册),华夏出版社 1994 年版,第 229 页。

⑥ [印] M.P. 赛夫:《德国行政法——普通法的分析》,周伟译,山东人民出版社 2006 年版,第 15 页。

具体的法规，以实施这些法律"①。基于《联邦基本法》的规定，这些行政法规主要集中于：第一，联邦邮政和通信设施使用的原则与收费；第二，联邦铁路设施使用的收费原则；第三，关于铁路的建造和运营；第四，为实施联邦法律而制定的行政法规；第五，各州为执行联邦委托的事务或自身的事务；第六，涉及个人权利方面的特别法规。②

在联邦对各州的授权事项中，按照《联邦基本法》的规定，联邦可以将其专属立法范围内的事项授权各州进行立法。理论上，只要具备明确的授权内容、目的和范围，议会均可就联邦专属立法范围内的事项对各州实施授权立法，但重要事项不能授权。③ 哪些事项属于议会保留的"重要的事务"？毛雷尔教授认为，重要性并没有明确的界定，仅仅是用来描述事务对当事人或社会所存在意义的程度，它和对法律的要求成正比关系；随着事务重要程度的不断增加，当事人和社会对法律的要求也就越高。这实际上也就体现了对法律制定主体的选择标准。按照"重要性"理论，事务越重要，对法律制定主体的要求也就越高；相对弱一些的事务就可以授权；完全不重要的事务，就可以脱离议会立法的领域。④ 另外，基于《联邦基本法》第72条第1款⑤的规定，在共同立法权限范围内，联邦也可以通过授权立法的方式，许可各州行使共同立法事项范围内的立法权。

---

① 刘兆兴、孙瑜、董礼胜：《德国行政法——与中国的比较》，世界知识出版社2000年版，第137页。

② 德国行政法学界的传统观点认为，授权立法是相对于固有立法而言的，行政机关基于固有职权所做的立法不属于授权立法，由行政机关制定的与国防、中小学、大学和公共事业等部门相关的规范属于行政机关基于固有职权所制定的特别法规，不属于授权立法的范围。参见刘兆兴、孙瑜、董礼胜《德国行政法——与中国的比较》，世界知识出版社2000年版，第138页。但赛夫指出，现在凡是涉及特别法规干涉个人权利方面的问题，都需要立法的授权，联邦立法机关和各州立法机关在缓慢地制定这类属于各自立法权限范围之内的法律授权。参见［印］M.P.赛夫《德国行政法——普通法的分析》，周伟译，山东人民出版社2006年版，第39页。

③ ［德］哈特穆特·毛雷尔：《行政法学总论》，高家伟译，法律出版社2000年版，第336页。

④ ［德］哈特穆特·毛雷尔：《行政法学总论》，高家伟译，法律出版社2000年版，第109—110页。

⑤ 《联邦基本法》第72条第1款：在竞合立法的范围内，只有在联邦不行使立法权制定法律时，各州才有立法权。参见孙谦、韩大元主编《立法机构与立法制度：世界各国宪法的规定》，中国检察出版社2013年版，第104页。

（四）法国

法国《1958年宪法》第38条第1款①的规定是站在宪法的高度上规定议会可应政府的请求而向政府进行立法授权。单从宪法规定上来看，该项授权对可授权的事项范围没有任何限制，也即对于法律范围内的事项，只要政府提出了授权要求，议会均可将其立法权授予政府。为了使授权更加符合宪法要求，宪法委员会在1986年的一起裁决中指出："授权法是否符合宪法，取决于是否符合宪法委员会对其作出的'带有严格保留的解释'；须将政令必须遵守，且应在最高行政法院监督下实施的那些宪法原则，融入到授权法中去。"②

从上述几个西方主要国家的授权立法权限范围来看，有的在宪法中明确规定，有的在授权法中予以明确，总体而言，西方国家对其态度较为"审慎"。

二 中国授权立法权限范围的实践

按照当前法律的有关规定和实践中的做法，我国授权立法的权限范围主要有：

第一，《立法法》中规定的授权立法权限范围。①《立法法》第9条所规定的事项；②《立法法》第13条规定的一些特定事项；③《立法法》第74条规定的授权制定适用于经济特区的法规或《立法法》第90条规定的依照授权对法律、行政法规、地方性法规作变通规定；④《立法法》中默认的由国务院、地方人大等国家机关为实施上位法而制定具体规定的立法授权。

第二，授权决定或法条授权中规定的授权事项。这些授权事项范围可以分为三类：①早期全国人大或全国人大常委会在授权决定中授予国务院的立法权限，如1985年全国人大对国务院的授权事项；③ ②最高国

---

① 孙谦、韩大元主编：《立法机构与立法制度：世界各国宪法的规定》，中国检察出版社2013年版，第118页。

② ［法］让·里韦罗、让·瓦利纳：《法国行政法》，鲁仁译，商务印书馆2008年版，第373页。

③ 在本次授权中，虽然授权决定明确授权事项为"经济体制改革和对外开放方面的问题"，但事实上授权权限范围非常宽泛，也使得国务院基于本次授权决定制定了众多的税收方面的暂行规定和条例。虽然本次授权在很大程度上推动和促进了经济社会的发展，但也引发了社会对宪法所规定的税收法定原则的反思。

家立法机关基于"先行先试"而授予有关国家机关一定范围的立法权;③有关国家机关依据法条授权制定实施细则而涉及的有关事项范围。

从上述中国授权立法权限范围来看,当前我国授权立法权限范围的主要特点可归纳为两点。第一,专门性的授权立法对权限范围有较为明确的规定;第二,诸多法条授权立法中对权限范围的规定还需进一步规范。《立法法》仅对专门授权进行了立法规定,但实践中大量存在的法条授权却并无相关法律规范进行规定。

第三节 对授权立法权限范围有关问题的讨论

一 法律保留理论

法律保留理论由德国著名的行政法学家奥托·迈耶(Otto Mayer)最早提出,现已经发展成为一项重要的法律原则。最初所提出的法律保留主要强调对公民基本权利的保护。① 在当代,法律保留理论出现了新的发展,在继续保留传统适用范围的同时已经延伸至了立法领域。立法中倡导法律保留即要求相关事项的立法必须由权力机关亲自而为,② 这也是行政法和宪法意义上法律保留理论的基本区别。

宪法层面的法律保留强调立法权在国家权力机关和行政机关之间的界分,强调部分事务必须以法律的方式加以调整,但在这些事项中有些仍可以授权行政机关代而为之。③ 这就产生了立法领域中法律保留的相对保留和绝对保留。相对保留意指在由立法机关制定法律的领域中,立法机关可以授权行政机关制定规则,但"行政机关非经授权不得自行创制规则"④;绝对保留指不能进行立法授权且只能由立法机关自行制定法律。如果说宪法意义上的立法保留"意味着保留于法律制定者为决定之意,

---

① 迈耶指出,没有法律就没有处罚,行政活动必须在法律所限定的范围内实施,一国在宪法中对基本权利予以明示或默示的保留,从而保证公民的基本权利非经法律或法定理由而不得被干涉。参见[德]奥托·迈耶《德国行政法》,刘飞译,商务印书馆2013年版,第73—74页。
② 陈新民:《中国行政法学原理》,中国政法大学出版社2002年版,第34—35页。
③ 应松年:《〈立法法〉关于法律保留原则的规定》,《行政法学研究》2000年第3期。
④ 胡建淼主编:《行政法学》,复旦大学出版社2003年版,第40页。

重点将是法律制定者的职权保障,是职权界定问题"①,相对保留和绝对保留则是在立法职权内部对立法权可否授权问题的具体探讨。早期关于法律保留理论主要适用于侵害行政领域,而现代社会的发展和法治的要求使法律保留理论已经触及了给付行政领域、特别权力关系领域和重要功能的国家机关领域,在法律保留的适用范围上产生了侵害保留说、全部保留说、重要关系说、机关功能说等观点。

这些法律保留理论的适用范围界定了立法机关的专属立法权与其他机关的立法权限,其依据的标准主要是考虑"有关事务的重要性"②。在德国行政法学界看来,法律保留理论的发展又产生了新的问题,即法律保留并没有完全杜绝对行政活动的保留,因为对于其中一部分事项,由行政机关通过立法机关的授权立法仍可以实现行政机关的直接干预,而对于社会和公民来说,基本的和重要的事项必须由议会或立法机关亲自做出决定,所以,依靠法律保留对立法权的划分并没有解决这一问题。于是,德国行政法学界又发展出了"重要性理论",以对立法机关亲自制定法律调整的范围和授权行政机关制定行政法规调整的范围进行区分。这即是前文所说的立法领域法律保留中的绝对保留问题。

二 重要性理论

"重要性理论"由德国联邦宪法法院在实践中提出,对于评判"重要性"的标准,德国学者毛雷尔教授有着精彩的论述。③ 为进一步说明重要性的认定标准,我国台湾学者许宗力教授在基本权或公共事务的关联上就重要或不重要的衡量标准提出了参考性的意见:①基本权重要性的标准。在众多的基本权理论中,每一种基本权重要性的侧重都有所不同。但在确定某一种基本权理论时应立足相互关联的角度,从宏观层面综合考虑来判断基本权的重要性,而非只用一种基本权否认其他基本权的重

---

① 蔡宗珍:《法律保留思想及其发展的制度关联要素探微》,《台大法学论丛》2010年第3期。
② [德]哈特穆特·毛雷尔:《行政法学总论》,高家伟译,法律出版社2000年版,第106页。
③ [德]哈特穆特·毛雷尔:《行政法学总论》,高家伟译,法律出版社2000年版,第109—110页。

要性。②公共事务重要性的标准。可参考"受规范人范围的大小、影响作用的久暂、财政影响的大小、公共争议性的强弱、现状变革幅度的大小、与现行法的比较"这六项要素进行判定。③消极衡量标准。凡事务不符合前两款所述各种不同基本权与公共事务重要性衡量标准者,都可以划归"不重要"的范畴。但在"紧急事故"和"规范不能之事务"情形下,符合上述两项标准的事项因虑及行政权在功能结构条件方面的特殊性而不适用法律保留原则。① 对特别重要的事项,许宗力教授从"积极衡量标准"和"消极衡量标准"正反两方面提出了"国会保留适用的范围"②。需要注意的是,在理论上对事务以"重要性"程度来进行划分法律保留的适用范围,似乎比较容易区分,但实务中却存在很大难题,毕竟"重要性"是一个弹性概念,存在很大不确定性,毛雷尔教授就认为,虽然理论上容易对其识别,但具体实践中却存在很大的障碍,"几乎不能取得明确的结果"③。

从上述理论中可以看出,在法律保留的适用范围中,如果属于"最重要"或"更重要"的层次,这一领域内的事务必须由立法机关制定法律;而属于"重要"或"次重要"一类的事务既可以由立法机关制定法律,也可以由立法机关授权行政机关制定规范。从实务层面来说,司法实践中区分"重要性"的程度具有较大难度,因为立法者认为不重要的事项对具体当事人来说可能非常重要,所以这是一个实践性的难题。在立法领域,各国对重要性理论采取的普遍做法是在立法中明确列举立法机关专属立法事项以及对授权立法提出明确要求,如我国《立法法》第8条和第9条的规定,德国《联邦基本法》第73条和第80条的规定,法国《1958年宪法》第34条和第38条的规定等。当然,这种立法中的直接区分是否与重要性理论或法律保留理论相一致,还需就可授权事项和不可授权事项再进行分析。单就授权立法来说,形式上是立法机关将其专属立法事项范围内的立法权移转给了行政机关。为了使授权立法不至

---

① 许宗力:《法与国家权力(一)》,台湾:元照出版有限公司1999年版,第187—193页。
② 许宗力:《法与国家权力(一)》,台湾:元照出版有限公司1999年版,第199—205页。
③ [德]哈特穆特·毛雷尔:《行政法学总论》,高家伟译,法律出版社2000年版,第110页。

于侵犯法律保留的重要事项，各国立法机关在进行授权时都会提出明确性的要求，被授权机关在立法时不得超越授权范围，否则将违反宪法的规定。但明确性又以何种标准来进行衡量？这又是授权立法权限范围中必须直面的现实问题。

三　授权立法权限范围明确性的标准

所谓授权立法的明确性是指在授权决定中应当使授权的目的、内容和范围符合"可了解性、可预见性和可审查性"[①] 三项要求。这就要求授权法本身应当具备明确的授权内容，否则不仅授权法本身不符合要求，而且也会导致依据该授权法所制定的规范丧失有效性。[②] 德国《联邦基本法》中规定授权法必须明确具体。我国《立法法》第 10 条对此也作出了明确要求。美国国会在对行政机关进行授权时也会规定一定的标准，"国会经常授权行政机关以制定约束所有公民的行为规则的形式，做出重大政策决定，当国会对一家行政机关授权时，通常会同时规定实体标准"[③]。在日本的授权立法中，委任立法必须具体明确地表示委任的目的和授权事项，明确限定对被授权主体的委任范围和程度，若以无限制和笼统的方式进行委任立法，该法律本身就违反了《日本国宪法》。[④]

应当以何种标准来判断授权立法是否达到了明确性的要求？德国虽

[①] 我国台湾学者姜悌文认为，从明确性原则于法规范、授权行为、行政行为中的表现形态可以得知明确性原则主要在要求国家行为需具体明确，而欲达到具体明确之要求，需具备可了解性、可预见性和可审查性三项要素。其中，可了解性是指，无论法规规定的构成要件及法律效果，授权命令的目的、内容、范围及行政行为的方式、内容，必须使人民或行政机关能够了解其意义，如此人民才能知悉国家行为的内涵，而行政机关才能理解其可为与不可为之措施；可预见性是指行政法规规定的构成要件及法律效果，授权命令的目的、内容、范围及行政行为的方式、内容如果具体明确的话，则行政机关会采取什么样的措施，人民即得以预见，且人民亦得预见自己行为的后果，而对自己的行为加以负责；可审查性是指对于行政法规、授权命令以及行政行为，其具体明确的要求最后必须有从事司法审查的可能，如此才能对人民的权益加以保障，这也是现代法治国家应有的态度。参见姜悌文《行政法上之明确性原则》，载城仲模主编《行政法之一般法律原则（二）》，台湾：三民书局股份有限公司 1997 年版，第 436—437 页。

[②] 王锴：《论法律保留原则对行政创新的约束》，载胡建淼主编《公法研究》（第五辑），浙江大学出版社 2007 年版，第 259—281 页。

[③] ［美］理查德·J. 皮尔斯：《行政法》（第一卷）（第五版），苏苗罕译，中国人民大学出版社 2016 年版，第 83 页。

[④] 杨建顺：《日本行政法通论》，中国法制出版社 1998 年版，第 347 页。

然在《联邦基本法》中对授权立法提出了明确性的要求，但并没有就具体标准进行解释和说明，不过德国联邦宪法法院在其一系列判决中提出了解释性意见并得到了认可。美国授权立法明确性的标准则在国会授权立法的实践和最高法院的判例中逐步确立和丰富起来。

（一）德国授权立法范围明确性的标准

《联邦基本法》对授权立法范围的明确性标准仅仅是原则性的规定，而实务上授权立法的规定情形又千差万别。伯恩哈德·沃尔夫（Bernhard Wolff）教授认为，授权明确性要求乃指法律本身必须表明那一个特定问题应由行政机关以命令规范之（内容），行政机关仅能在何种界限内自主决定命令的内容（范围），以及行政命令所应追求的目标（目的）。① 从授权立法范围明确性理论和实践的发展来看，德国实践中的做法比较具有可操作性。我国台湾学者许宗力教授根据德国联邦宪法法院一系列实践案例，归纳了德国的一般性做法。②

第一，明确性的审查方法。基本的原则有：一号明确性公式、③ 二号明确性公式、④ 合宪性解释原则、补充适用平等原则。⑤ 具体实施措施包括：①目的明确时，可从"目的"推论出授权"内容"与"范围"；②整体意义上的法律"目的"或"方针"明确，可由此推论出授权的"目的"；③如果能从授权的"意义"与"目的"中推论出立法者有溯及

---

① 许宗力：《法与国家权力（一）》，台湾：元照出版有限公司1999年版，第229页。
② 许宗力：《法与国家权力（一）》，台湾：元照出版有限公司1999年版，第253—256页。
③ 一号明确性公式指立法者对授权内容、目的与范围的具体化原则必须明示地，至少也应具备"充分明确性"，甚至"无懈可击之明确性"地表现在法律中，以至于不须适用某种引起怀疑或争议的解释方法即可直接发现授权的内容、目的与范围何在。参见许宗力《法与国家权力（一）》，台湾：元照出版有限公司1999年版，第253页。
④ 二号明确性公式指授权的内容、目的与范围无须明示地规定在法律条文内，只要能依一般的法律解释方法从授权条款所依附之法律的整体明确知悉授权之内容、目的与范围何在，即为已足。解释的依据是立法者表现在法律条文中的客观意思，此客观意思则可从文义、意义关联、立法目的，甚至立法理由来研究，这种法律可扩展其他法律、国际条约、欧洲共同体法，甚至行政先例上面。参见许宗力《法与国家权力（一）》，台湾：元照出版有限公司1999年版，第253—254页。
⑤ 单凭平等原则尚无法使授权条款在接受明确性审查时获得较有利的判断，但授权母法本身如对授权内容、目的与范围已有某种程度的规定，只是合宪与否仍存在意义，此时即不妨补充适用平等原则，透过平等原则所具有的对授权的限制功能以帮助寻绎出立法者的授权意图。参见许宗力《法与国家权力（一）》，台湾：元照出版有限公司1999年版，第254页。

既往的目的，授权法中可不必明示。

第二，明确性的审查标准。基本的原则有：可预见性公式、① 自行决定公式、② 方针公式、③ 综合考察公式、④ 情势变化原则、⑤ 并不必然规则、⑥ 同意但仍应明确规则、⑦ 施行细则必要规则。⑧ 具体实施细则有：①从一般法律原则可推知应由行政命令决定的问题，授权内容就可推定为明确；②从一般的法律原则可以推知立法者授权行政机关欲达到的目的，则可推定为目的明确；③法律本身已经表明或从法律中可推知授权的边界或界限，则可推定为范围明确。

---

① 可预见性公式指授权条款的规定必须明确到足以令人预见行政机关将于何种场合、何种方向行使授权以及根据授权所确定的命令可能具备的内容，才能符合明确性的要求。更进一步地说，授权条款的规定必须达到使人民直接从授权本身而非根据授权所规定的命令即可预见国家对人民所要求作为或不作为内容的明确程度，才称得上符合授权明确性的要求。参见许宗力《法与国家权力（一）》，台湾：元照出版有限公司1999年版，第254—255页。

② 自行决定公式指国会不得未定明确界限即转移部分立法权给行政机关以逃脱其身为立法机关的责任。立法者必须自行决定哪些特定问题应由行政机关以命令规范，自行确定命令所应遵守的界限，并指明命令所应追求的目标，换言之，法律自己必须针对特定问题已经有所思、有所图。参见许宗力《法与国家权力（一）》，台湾：元照出版有限公司1999年版，第255页。

③ 方针公式指法律必须明白指出，或至少足以令人从其规定推论出立法者所要求行政机关所达成的方针。之后的判决则要求立法者至少应在授权母法自行规定"最低限度的实质规范内容"，以作为行政机关之方针与准则。参见许宗力《法与国家权力（一）》，台湾：元照出版有限公司1999年版，第255页。

④ 综合考察公式指立法者如认为有授权行政机关制定命令的必要，亦须自行规定方向与范围，使将颁布的命令可能具有的内容得以让人事先预见得到。参见许宗力《法与国家权力（一）》，台湾：元照出版有限公司1999年版，第255页。

⑤ 情势变化原则指审查标准会随着情势的变化而发生变化。一般而言，主张授权事项如对人民的基本权利侵害越强，授权明确性的要求标准就越高；反之，若侵害越弱，要求的标准就越低。参见许宗力《法与国家权力（一）》，台湾：元照出版有限公司1999年版，第255—256页。

⑥ 并不必然规则指立法者纵使用概括、不确定的法律概念描述授权的内容、目的与范围，并不就必然违反授权明确性之要求。参见许宗力《法与国家权力（一）》，台湾：元照出版有限公司1999年版，第256页。

⑦ 同意但仍应明确规则指立法者的授权纵附有"同意权之保留条款"，仍不因此就可逃脱授权规定应该明确的责任。参见许宗力《法与国家权力（一）》，台湾：元照出版有限公司1999年版，第256页。

⑧ 施行细则必要原则指类似"本法施行细则由××机关制定"的授权规定方式原则上无法通过授权明确性要求的审查，至少授权母法中的那些个别条文有规定施行细则的必要，立法者也必须有所表示。参见许宗力《法与国家权力（一）》，台湾：元照出版有限公司1999年版，第256页。

(二) 美国授权立法范围明确性的标准

美国国会在进行授权立法时，往往会规定"有意义的标准""宽泛、空洞的标准""未分级的决定目标标准"以及"具有不一致性的标准"[①]。这些标准中除"有意义的标准"外的其他标准仍然充满了很大的不确定因素，对此，核查行政机关实施的授权立法是否符合授权立法的标准这一重任就交给了最高法院。美国最高法院经过多年的司法实践，逐步形成了判定授权立法是否符合标准的倾向性做法。[②]

（1）有关规则制定之广泛的裁量权，在传统上被允许委任的情形——如决定合理的价格、检阅制度等范围——若有某种标准存在时，则有支持其合宪性的倾向；

（2）标准如在其法律文意上得能表明，则无须特别规定；

（3）即使一见漠然的标准，但若能与判例上所确立的既成概念内容趋于一致；或由专家看来，已包含明确的规定及限制者，便默认其为已满足该项条件而予以支持；

（4）如已设定可得满足的标准，则规则制定上的裁量权的广狭，并不成为问题；

（5）如证券交易委员会、州际贸易委员会等需要高度专门技术性者，因其工作为处理复杂的社会性经济问题，故现代立法上反映，支持广泛的标准；

（6）在规则制定的过程中，已办理公告、听证、协议等步骤，或明文规定有司法审查的监督职能者，其标准较为宽大；

（7）标准的宽严程度，乃随该规则侵害个人权利与自由的可能性程度作为函数而变化，如疏浚河川、保护关税的设定等仅属赋予人民权益等事项，则其标准较为宽大而受到支持；

（8）规则对于基本人权之人身的侵犯，包含刑罚性质的，其规定的标准被要求的极为严格，同时也有逐渐趋于严格化的倾向。

最后，对于一切事物都提前预见一切情况，设定能予以涵盖的标准，

---

① ［美］理查德·J. 皮尔斯：《行政法》（第一卷）（第五版），苏苗罕译，中国人民大学出版社 2016 年版，第 83—85 页。

② 洪庆麟：《委任立法要件之比较研究》，台湾三民书局 1982 年版，第 54—55 页。

不但不可能而且有时反而会对行政造成阻碍的局面。但抽象的标准往往也会导致国会将高度的政治性决定权委任给行政机关的结果，势必会将"法的支配"为"人的支配"所取代，从而使制定标准的意义归于无效。归纳来看，凡是一般性被承认的标准，如关于不合理的妨害、合理的价格及利润、合理的变化、不合理的限制、公共的福祉等事项，必须由法律规定具体明确而易于了解的文意为标准，使人一目了然，并以此作为最高法院判断的准据。

（三）日本授权立法范围明确性的标准

日本的授权立法禁止笼统的委任，行政立法必须在授权范围内行使。如果授权法本身明确规定了授权范围，行政机关只需要遵照授权范围的要求进行立法即可。但如果在授权法本身对授权范围规定的不太清楚或没有明确规定授权范围的情况下，判断行政机关是否超出了委任的范围是从委任的宗旨和目的来进行考虑，规范对象的私人权利和利益也是重要的参考因素；[1]在判断具体范围时，日本的做法是主要看其是否符合立法的宗旨，同时考虑到规定并不具体确定，所以会对其按照限制的原则进行理解，如果按此方法还不能明确具体的范围，就可判定其为模糊授权，该项授权法就有可能被认定为违宪。实践中，日本最高法院也是按照这一办法来对不太明确的授权范围进行限定性解释。[2]

四 可授权事项与不可授权事项

按照立法保留的要求，立法机关专属范围内的部分立法事项必须要由其亲自完成，不可进行委托。因而，授权立法中便有可授权事项与不可授权事项之分。对可授权事项，立法机关可以将该事项范围内的立法权授予适当的主体进行立法；但如果立法机关将必须保留的立法权授出，就违反了立法保留的有关规定，该项授权必然无效。那么，二者的区分标准如何界定？这是讨论可授权与不可授权事项的核心问题。

我国《立法法》第8条和第9条就专门性授权立法事项的可授权和不可授权进行了区分，同时笔者也认同杨临宏教授的观点，即授权

---

[1] ［日］盐野宏：《行政法》，杨建顺译，法律出版社1999年版，第71页。
[2] 杨建顺：《日本行政法通论》，中国法制出版社1998年版，第349页。

立法的事项和范围，既有制定法律的权力，也有调整和暂停实施法律的权力①。因此，在我国的授权立法事项范围中，除《立法法》中明确予以规定的之外，还包括了全国人大授权国务院、最高人民法院、最高人民检察院调整和暂停部分法律适用所涉及的事项。②

我国台湾学者吴庚教授根据理论和实践中的做法，认为可授权事项和不可授权事项主要限制在如下几个方面。可授权事项③大致有：①"有组织法即有行为法"，行政机关根据组织法上的授权，可以制定有关管理法规；②执行法律的命令，即为执行法律，行政机关依照职权或授权制定执行命令；③过渡性的法规，即在尚未制定法律的领域，由行政机关从维护公共利益的角度出发，先行制定过渡性的行政命令；④以公共利益作为维护行政措施合法性的理由；⑤以"特别权力关系"或类似概念使行政行为合法化；⑥将依法行政缩减为法律优越。不可授权事项有：①关于人身自由之保障；②有关科处没入、罚锾或其他制裁性之规定；③属于租税法律主义之事项；④争讼程序；⑤民意代表之待遇。④

在可授权与不可授权事项的区分上，美国学术界提出了"禁止授权标准"。凯斯·R. 桑斯坦（Cass R. Sunstein）教授认为，"禁止授权标准"主要有以下三种类型：一是从宪法推论出的禁止授权准则。具体又有四种可能：①禁止授权的目的是要求国会做出清楚的解释，依靠行政机关做出模糊的解释是不够的；因此，行政机关不被允许以会引发严重宪法争议的方式解释法条，行政机关也不得把法条解释为违反宪法的结果。②行政机关不被允许解释法律而导致先占于各州法律，此类先占的决定必须是通过国会立法，而不是由行政官僚决定。③除非法律明文规定，即使相关规定不清楚，行政机关也不得溯及既往适用法律。④基于宽大原则，刑法规定模糊时，应做对被告有利之解释，此原则亦源于正当法

---

① 杨临宏：《立法学：原理、制度与技术》，中国社会科学出版社2016年版，第160页。
② 全国人大及全国人大常委会授权国务院、最高人民法院、最高人民检察院调整和暂停部分法律的适用的具体情况可参见第二章表2-11。
③ 吴庚教授认为，在我国台湾地区，授权命令与职权命令并无质的差异。参见吴庚《行政法之理论与实用》（增订八版），中国人民大学出版社2005年版，第61—62页。
④ 吴庚：《行政法之理论与实用》（增订八版），中国人民大学出版社2005年版，第63—69页。

律程序。二是从主权概念推论出的禁止授权准则。行政机关不会被允许在美国境外适用法律，如允许，则必定是国会经过慎重考虑的决定，行政机关不得自行做出此决定；基于许多相关理由，行政机关解释法条及条约时，不能做出对印第安民族不利的解释，纵然有，也必须是国会立法做成的；行政机关也不能撤回主权豁免，除非也经过国会明确立法。三是从公共政策所推导出的禁止授权准则。如租税减免必须限缩解释，若国会要减免特定族群的联邦所得税，必须清楚的表示。总之，国会想要这么做就必须清楚的声明，行政机关在这方面不被允许使用模糊字眼。[①]

由上观之，划定可授权与不可授权的事项范围目前尚无统一的标准。基于上述理论和实践，笔者尝试性地将可授权事项与不可授权事项的范围归纳如下：

（一）不可授权的事项

第一，与国家主权有关的各项事务。国家主权对于国家而言意味着对外的独立自主权和对内的最高统治权，它是国家的象征，与国家主权有关的各项事务只能由国家最高立法机关自行制定而不能授权给行政机关。从世界各国的实践来看，几乎没有哪个国家会将与本国主权有关的事项授权给行政部门制定行政法规。

第二，公民的基本权利。公民的基本权利是公民基本人权的重要构成部分。国家立法机关通常由人民选举代表组成，由国家立法机关制定法律来保障公民的基本权利是人民行使权力进行自我保护的具体体现。现今各国已基本形成共识，关于公民基本权利的事务只能由国家立法机关制定法律，而不能交出缺乏代表性的行政机关以行政法规的方式来进行规定，否则公民的基本权利就缺乏可靠的保障。

第三，国家在政治、经济、文化等领域中的各项基本制度。各国基本的政治、经济、文化等制度通常也只能由国家立法机关规定，因为这是国家建立和运行的基础，是国家在相关领域中各项具体制度的制度基础，必须由掌握国家立法权的立法机关来进行制定。

第四，国家基本的司法制度。国家基本的司法制度是解决各类争讼

---

① 陈威骏：《授权明确性原则的检讨——借镜美国立法授权的制度经验》，硕士学位论文，台北大学，2006年，第121—122页。

的基础性制度保障，这类事项的立法工作也必须由立法机关来完成，而不能授权其他机关来制定相关规范。

除此以外，各国还可能考虑本国的历史传统和具体国情等因素在立法或实践中形成各自的可授权和不可授权事项的具体规定，但通常来说，上述四类事项的立法一般均由立法机关亲自完成（国会或议会保留事项）而不会授权其他机关。

（二）可授权的事项

第一，法律的实施细则。一方面，从法律实施的角度考虑，越详细越明确的法律更具实践操作性，然而中央立法机关所制定的法律通常都比较原则，在具体实施方面可操作性比较缺乏，不利于在实践中的具体实施。因此，为了使制定出来的法律能够得到有效实施，对其中规定比较原则的部分就"必须另行创造"①，其根本的做法即是制定具体的实施细则或实施办法。另一方面，中央立法机关制定的法律主要针对全国范围的普遍性事项，对事务的规定或规范不可能非常详细，这是各国中央立法机关所共同具有的特点。为了使制定的法律更具针对性和操作性，往往需要执法机关（通常也就是行政机关）在法律规定的范围内结合所调整社会领域事务的具体情况进行再创造，而立法机关也会将这种再创造制定法律实施细则的权力授予有关机关。

第二，紧急情况下所面临的事项。受立法程序所限，中央立法机关制定法律的周期一般比较长而且有严格的程序，一旦有紧急或突发性的事件发生，临时由立法机关来制定法律容易导致延误事情处理的时机，因此立法机关通常都会授权有关机关在处理紧急或突发性情况时拥有规则制定权。从目前世界各国的实践来看，这一做法也是各国应对突发情况或紧急事件的普遍性做法。

第三，试点或试验类的有关事项。试点或试验类的事项通常涉及一些需要调整但又不具备紧迫性和必须性，而且对于立法机关来说在这类事项的领域中可能存在立法经验不足的情况，通过授权其他机关先行针对这类试点或试验性的事项制定规范可以为国家立法机关提供立法经验。我国先行先试立法中的授权立法行为即为此类授权现象的典型。

---

① 张帆：《规范的缝隙与地方立法的必要性》，《政治与法律》2010年第3期。

第四，技术性的事务。国家立法机关针对技术性事务的立法并不具有优势，较为妥当的方法即是将其授权给相关更具有专业性或更具管理调控经验的机关来制定规范。国家立法机关面对此类事务，更多的是倾向于从宏观的角度提出大致的方向，以备具体规则制定机关遵守。

第五，机关内部的组织管理事项。机关内部的组织管理事项主要涉及机关的职权和运作等事务，由机关自行制定相关管理规则最为妥当。部分国家的行政机关具有职权立法权限，通常这类事项为行政机关的职权立法范围，这种情况下就不存在授权立法，行政机关制定内部组织管理规则的行为属于职权立法；而有些国家并没有规定行政机关具有职权立法权限，对于行政机关内部的组织管理事项则会授权由机关自己制定规则，这类事项就属于可授权事项的范围。

第六，自治性的事务。国家立法机关制定法律一般面向具有普遍性或基本性的事务，自治性的事务具有因地制宜或相对独立性的特点，由国家立法机关进行统一立法不太恰当。通常，各国对于自治性的事务一般都会授权有关团体或政府机关由其自行制定符合当地实际情况的相关法律法规，以更有利于对当地地方性事务进行规范和管理。目前，授权相关机关或自治地方针对自治性的事务自行立法是比较通行的做法。比如，我国《立法法》授权民族自治地方在不违背法律基本原则或精神的情况下可以结合本地特点制定适用于本行政区域内的条例，同时还可以结合本地特点对现行法律的有关规定依法进行变通；又如德国也授权自治地方根据授权决定自行制定规章。

第四节 对我国授权立法权限范围的反思——以《立法法》第 8 条、第 9 条为分析对象

《立法法》第 8 条和第 9 条共同构成了我国授权立法制度中最高立法机关可授权事项与不可授权的事项范围，笔者认为，这两条规定还存在以下不足：

第一，可授权和不可授权事项的范围比较笼统。《立法法》第 8 条和第 9 条对可授权事项和不可授权事项的范围进行了列举，进一步细化了

《宪法》中法律制定的规定,① 使立法实践中区分可授权事项和不可授权事项更具可操作性,对立法实践具有重要的意义。虽然在这些列举的事项中对可授权事项和不可授权事项有着较为明确的规定,但第 8 条第 11 项"兜底式"规定中"其他事项"的表述,第 9 条对不可授权事项的规定中"等事项"的表述都使这种明确变得不确定。因为还存在需要进一步明确的几个问题:一是"其他事项"有无范围?二是"等事项"是"等外等"还是"等内等"?三是"其他事项"和"等事项"如何衔接?

首先,对于"其他事项"的解释不明确。按照立法机关的说法,"其他事项"包括,一是除已经被第 8 条明确列举属最高立法机关的专属立法之外的但在宪法中明确需要制定法律的事项;二是某一事项是否应当制定法律在宪法中并无相应规定,但在其他法律的规定中却要求这类事项应当由法律进行规定。② 因此,可以将"其他事项"理解为法律规定需要制定法律的事项,其判断的标准最终还是交由最高立法机关来确定,"显然,这一判断标准的主观随意性太大"③。

其次,"等事项"是"等外等"还是"等内等"的问题。如果是"等外等",则表明不可授权的事项范围会有进一步扩大的可能性,但最高立法机关对此似乎并不认同;④ 如果认为是"等内等",则意味着禁止授权的事项只能限定在条文规定的三类事项中,这无疑会使禁止授权立法的事项范围变窄。

最后,"其他事项"和"等事项"的衔接问题。这个问题实际是前两个问题的延伸,如果"其他事项"由最高立法机关来确定标准,但"等事项"仅仅限定在条文规定的三类事项中,就会出现两者衔接的脱节;如果要确保不脱节,就必须对"等事项"做"等外等"解释,但最高立

---

① 学者认为,《立法法》第 8 条和第 9 条是对宪法第 58 条、第 62 条、第 67 条的细化和补充。参见康敬奎《〈立法法〉法律保留规则的缺失与完善》,《江海学刊》2012 年第 2 期。

② 乔晓阳主编:《〈中华人民共和国立法法〉导读与释义》,中国民主法制出版社 2015 年版,第 92—93 页。

③ 王锴:《论法律保留原则对行政创新的约束》,载胡建淼主编《公法研究》(第五辑),浙江大学出版社 2007 年版,第 259—281 页。

④ 《〈中华人民共和国立法法〉导读与释义》一书中对第 9 条的解释只说明了条文中规定的三类禁止授权国务院制定行政法规的事项。参见乔晓阳主编《〈中华人民共和国立法法〉导读与释义》,中国民主法制出版社 2015 年版,第 96—98 页。

法机关对此并无确定说法，这无疑增加了条文执行的模糊性。

第二，可授权事项范围过于宽泛。按照第 9 条的规定，第 8 条中除去三类禁止授权的事项，剩余事项在理论上均可作为可授权立法的事项。[①]在笔者看来，这些可授权的事项范围过于宽泛。

首先，涉及国家主权、国家机构、自治制度、民事经济基本制度[②]方面的事项是否可以授权，应当存疑。按照最高立法机关的表示，这些领域中部分已经制定了法律的自不用授权，部分涉及政府职权的事务则可以授权。[③] 问题是，已经制定了法律并不代表不会再制定新的法律，而且这些领域中仍存在大量需要制定法律的具体事项，如《国旗法》和《国徽法》[④] 早已制定，而《国歌法》于 2017 年 9 月 1 日才制定，对那些尚未制定法律或需要制定新法律的事项如果按照《立法法》的现行规定就存在授权的可能性。另外，假如涉及政府职责范围内的事项，按照《立法法》对制定行政法规或地方政府规章的有关规定，国务院及地方政府本身就具有行政法规或地方政府规章的制定权而不需要再进行单独授权。基于这一分析并从通常逻辑上理解，本条规定就有重复之嫌。还有，基本制度自是国家在这一领域的重要事项，理应由最高立法机关来制定法律，如美国就坚持涉及国家基本制度方面的立法只能由国会以法律的方式加以规定，而不可以进行授权。[⑤] 从各国的通行做法及我国的实际情况

[①] 第 9 条对可授权的事项有三项条件限制：①尚未制定法律；②根据实际需要；③部分事项。这些限制从立法技术的角度来说，应当要明确其内涵和外延，否则会造成理论研究和立法实践中的混乱。从本条的规定来看，因为涉及授权立法的事项范围，这些条件必须要加以明确，但实际上无论是从条文本身来看还是从立法后的有关权威解释来看，对于三项条件均无具体确定的说明。由此，虽然规定了三项条件，但却充满了变数和不确定性。

[②] 分别对应第 8 条的第（一）项、第（二）项、第（三）项、第（八）项、第（九）项。

[③] 比如，有些外交事务虽然涉及主权问题，但属于政府职权范围的事项，可以由国务院以行政法规规定。参见全国人大常委会法制工作委员会国家法室编《中华人民共和国立法法释义》，法律出版社 2015 年版，第 45 页。

[④] 《中华人民共和国国旗法》于 1990 年 6 月 28 日第七届全国人民代表大会常务委员会第十四次会议通过，2009 年 8 月 27 日第十一届全国人民代表大会常务委员会第十次会议修正；《中华人民共和国国徽法》于 1991 年 3 月 2 日第七届全国人民代表大会常务委员会第十八次会议通过，2009 年 8 月 27 日第十一届全国人民代表大会常务委员会第十次会议修正。

[⑤] 如美国宪法中就规定，国家基本政治制度、权力分配结构、税收、选举等制度就应当由国会来制定法律。参见范忠信、范沁芳《论对授权立法中授权行为的监控——各国现制比较及我国现制之反省》，《法律科学》2000 年第 1 期。

来看，将这几个领域的事项限定在禁止授权立法的事项范围内比较妥当。应松年教授就认为，国家基本制度方面的事项应当由最高立法机关制定法律，不赞同进行授权立法。①

其次，涉及公民基本权利的事项也不应当列入可授权事项范围。以法律的形式保护公民的基本权利是现代法治社会的基本共识。基于基本权利对公民的重要性，其应当由立法机关以法律的方式加以规定和保护，若行政行为牵涉该项权利时，必须要有法律作为基本的依据和理由，应当要"在法律事前所许可之范围内"②，否则公民权利的保护就会受到严重威胁。《立法法》第 8 条中对公民基本权利的法律保留体现于第（4）项、第（5）项、第（7）项，这充分体现了国家对公民权利保护的重视，但联合分析第 8 条和第 9 条可以说还存在遗憾，因为对其规定"却并未明示"③。另外，从宪法的规定来看，关于公民基本权利的内容非常丰富，但和《立法法》第 8 条和第 9 条的规定相比较却会发现，众多的权利却在必须由最高国家权力机关制定法律的范围之外，没有将其作为法律保留的对象。④ 不仅如此，现今《立法法》再将第 8 条关于公民基本权利有限的几项规定缺乏依据地分割为可授权和不可授权立法两类，且不说第 8 条本身对公民基本权利保护的不够，单就对公民基本权利无依据地划分为"重要和不重要"⑤ 就已经表现出对公民基本权利法治意义认识的不足。因此，第 8 条不仅需要修正或补充公民基本权利方面的表述，还需要明确公民基本权利立法的不可授权性。

---

① 应松年：《〈立法法〉关于法律保留原则的规定》，《行政法学研究》2000 年第 3 期。
② 陈新民：《中国行政法学原理》，中国政法大学出版社 2002 年版，第 36 页。
③ 周佑勇、伍劲松：《论行政法上之法律保留原则》，《中南大学学报》（社会科学版）2004 年第 6 期。
④ 持此观点的学者有：康敬奎《〈立法法〉法律保留规则的缺失与完善》，《江海学刊》2012 年第 2 期；曾祥华《法律优先与法律保留》，《政治与法律》2005 年第 4 期；王锴《论法律保留原则对行政创新的约束》，载胡建淼主编《公法研究》（第五辑），浙江大学出版社 2007 年版，第 259—281 页；刘连泰《评我国〈立法法〉第八条、第九条关于"法律保留"制度》，《河南省政法管理干部学院学报》2003 年第 3 期；应松年《〈立法法〉关于法律保留原则的规定》，《行政法学研究》2000 年第 3 期等。
⑤ 在法律保留的重要性理论中，事项重要性程度越高就越要求制定法律，具体可参见本章第三节的有关内容。《立法法》第 8 条和第 9 条对公民基本权利可授权与不可授权的规定，实际上是将公民基本权利按照其重要程度进行了分割。

最后，税收领域中的基本制度不应列入可授权的范围。第 8 条第 6 项是 2015 年《立法法》在修正时对社会非常关注的税收立法收回最高立法机关的积极回应，其具有积极意义。目前，在我国现行的所有税种中，只有 3 项由最高立法机关制定法律，其余全部由国务院制定规则，[①] 这一现状与宪法规定的"公民有依照法律纳税的义务"严重不符。为落实"税收法定"原则，2015 年修正的《立法法》将关于税收的基本制度列入了最高立法机关专属立法权的范围，比较以往有了巨大的进步。但把本项规定和第 9 条联系起来看，就会发现《立法法》并没有将税收基本制度列入禁止授权立法的范围；换言之，虽然第 8 条规定税收有关基本制度属于最高立法机关专属立法权但还可以将其授予国务院制定行政法规，如此一来就又回到了 2015 年《立法法》修正之前的状态，税收法定原则仍得不到落实。

第三，不可授权事项范围规定偏窄。《立法法》第 9 条列举了不可进行授权立法的事项，分别对应第 8 条的第 4 项、第 5 项和第 2 项的有关规定，[②] 除此以外，第 8 条规定中的其余事项单纯依据法律规定从文本字面上分析是可以进行授权立法的。事实上，关于国家主权、国家基本政治制度等方面的事项一般均应当由最高立法机关进行立法，授权给行政机关来制定行政法规并不恰当。也许有人会说第 9 条中"等事项"的规定可以避免出现这种情况，但正如上文所说，最高立法机关对此并无解释，而"不经解释是没有任何意义的"[③]。因此，对比第 8 条和第 9 条的规定来看，《立法法》中规定的不可授权事项的范围偏窄。

第四，不可授权事项的认定标准缺乏内在逻辑的自洽性。学界普遍认为，《立法法》第 8 条和第 9 条是我国法律保留制度的具体体现，其中

[①] 目前，我国开征的税种共计 18 项，其中只有个人所得税、企业所得税、车船税由最高立法机关制定法律，其余 15 项则由国务院制定征收规则。参见《全国人大常委会法工委负责人就〈贯彻落实税收法定原则的实施意见〉答新华社记者问》，新华网，http://news.xinhuanet.com/legal/2015-03/25/c_1114763794.htm，2017 年 9 月 14 日。

[②] 犯罪和刑罚、对公民政治权利的剥夺、限制人身自由的强制措施和处罚对应第 8 条的第 4 项和第 5 项；司法制度可以对应第 8 条第 2 项中的人民法院和人民检察院的产生、组织和职权以及第 10 项中的诉讼制度。

[③] 刘连泰：《评我国〈立法法〉第八条、第九条关于"法律保留"制度》，《河南省政法管理干部学院学报》2003 年第 3 期。

第8条体现的是一般保留制度，第9条体现的是绝对保留制度。按照法律保留制度的一般理论，一般保留立法事项中部分事项可以进行授权立法，绝对保留则禁止进行授权立法；从重要程度来说，绝对保留事项的重要程度要高于一般保留事项。《立法法》第9条中规定的不可授权事项分离于第8条规定的事项，从重要性标准进行推断，可以认为第9条中规定的事项的重要程度要高于第8条中的其他事项。事实是否如此？国家主权事项的重要程度要低于司法制度？公民基本权利中的政治权利和人身自由权利的重要程度要高于其他基本权利？全国人大常委会法工委国家法室认为，在第8条列举的专属立法事项中，绝大多数已经有法律的规定，所以没有将其列入禁止授权的范围。[①] 对此，笔者不予认同。一方面，已经有法律规定属于事实问题，而是否可以列入禁止授权范围是标准问题，不能用事实来代替标准；另一方面，绝大多数已经制定了法律意味着还有部分尚未制定法律，且也不能保证将来不会有新的情况出现，也不能保证在已经制定法律的事项中不会再制定新的法律。因此，国家法室的观点只能部分地解释既有事实，却无法解释第8条和第9条之间应当存在的标准。对于现行立法中存在的这一问题，有学者就认为，这两项条文的规定"违背了逻辑"[②]。这即是说，在第8条和第9条规定的可授权和不可授权的事项中存在逻辑上的漏洞以致无法形成合理的逻辑自洽。在法理上，法律规范本身可以看作是对一般社会生活和秩序规律的反映，一旦立法无法按照正常的认知来进行判断和推论，此时就需要考虑立法本身是否存在偏差，否则缺乏正常逻辑的立法不但无法发挥法律应当具有的引导作用，而且会使社会秩序陷入混乱状态。

[①] 全国人大常委会法制工作委员会国家法室编：《中华人民共和国立法法释义》，法律出版社2015年版，第60页。

[②] 刘连泰：《评我国〈立法法〉第八条、第九条关于"法律保留"制度》，《河南省政法管理干部学院学报》2003年第3期。

第 四 章

授权立法期限范围：授权立法的期限要求

第一节 授权立法期限的意义

全国人大在2015年修改《立法法》时认为，由于授权立法通常是试验性、先行性的事项，在经过实践检验条件成熟时，应当及时制定法律，因此，授权立法应当有期限要求。[1] 笔者认为，最高立法机关对授权立法期限的意义只考虑到了其中一个方面。实际上，授权立法应该要明确授权期限，这不仅是授权立法试验性和先行性的要求，更重要的是授权立法制度的内在属性，"授权立法具有显著的时限性"[2]，没有明确授权期限的授权立法，从根本上说不符合授权立法自身的制度要求。

第一，明确授权立法的有效存续期间。从形式上来讲，授权立法是授权主体将自身具有的立法权授予被授权主体实施的一种立法行为。授权主体和被授权主体之间因为授权立法而产生了授权关系。在授权关系中，授权主体不能将自身所拥有的立法权力无限期地予以授出，否则无异于"丧失该项立法权"[3]。在现代社会中，人民将自己的权力赋予国家特定的机关是基于对该机关的充分信任，"如果掌权的人由于滥用职权而丧失权力，这种权力就会重归社会"[4]。基于多种因素的考虑，人民可以允许特定国家机

---

[1] 乔晓阳主编：《〈中华人民共和国立法法〉导读与释义》，中国民主法制出版社2015年版，第101页。
[2] 苏元华：《立法法授权立法制度若干问题研究》，载周旺生主编《立法研究》（第4卷），法律出版社2003年版，第335—348页。
[3] 安晶秋：《关于我国税收授权立法制度的法律思考》，《税务研究》2007年第6期。
[4] 祝灵君：《政治授权：理论与实践》，《政治学研究》2005年第2期。

关暂时将权力授出,以更好地行使管理国家和社会的职能,保障人民的合法权益,但不会允许该国家机关无限期地授出权力或放弃权力,这就要求该特定国家机关在授出权力时必须设定或明确期限,防止变相放弃权力。

立法机关可以在一定条件下按照法定的程序授出一定范围内的立法权,"但危险在于授与的权力可能被滥用"①,与此同时各国也通过多种方式对其保持适度的警惕,以防止授权立法失控而带来社会危害,为授权立法设定授权期限范围便是这种有效的措施之一。设定授权立法的期限范围,便明确了所授出立法权的有效存续期间,在该有效期间范围内,被授权主体在被授予的立法权限范围内行使立法权,这是确保被授权主体实施的授权立法行为具有有效性的重要依据。因此,授权立法期限对授权立法制度而言,很重要的一项意义就在于对授权立法的合法存续期间提供了依据。

第二,有助于督促授权主体及时收回立法授权,积极履行立法职责。从具体形式上来看,一个完整的授权立法过程是授权主体基于特定情形将属于自己一定范围内的立法权授予他人,接受授权的机关独立地完成立法行为。在这一过程中需要注意的是,所授出的立法权仍属于授权主体,被授权主体只能在授权期限范围内按照授权法的要求享有授权立法权。因此,从立法授权的行为过程来看,授权立法仅仅是特定范围内的立法权在一定期限范围内在授权主体和被授权主体之间的流动,这种流动并不改变权力的归属,其所属主体并未发生根本性的变化,即被授出的立法权仍然归属于授权主体。

授权立法并未发生立法权归属的移转,那么"法律的立法者仍有决定国家法律秩序的责任""不能推卸立法之职责,否则构成所谓的'立法怠惰'"②。"议会不能通过制定法规命令的授权来逃避自身作为立法者的责任。"③ 如果不明确授权立法的期限范围,授权主体则无及时收回所授出立法权的时间压力,无形之中会导致授权主体疏于行使所授出的立法权。我国授权立法中就存在授权无期限、长时间不收回立法权的典型问

---

① [英]戴维·米勒、韦农·波格丹诺:《布莱克维尔政治学百科全书》,邓正来等译,中国政法大学出版社1992年版,第187页。

② 陈新民:《中国行政法学原理》,中国政法大学出版社2002年版,第118页。

③ [德]米夏埃尔·博伊尔勒:《德国的行政立法》,载中国政法大学中德法学院主编《立法权限划分——中德比较》,中国政法大学出版社2015年版,第168—175页。

题。1984年的《全国人民代表大会常务委员会关于授权国务院改革工商税制发布有关税收条例草案试行的决定》（已于2009年6月废止）实行了25年之久；[1] 全国人大对国务院在1985年的授权决定已经实施了30多年（目前依然有效）。这两项授权决定使与公民切身利益相关的税收主要由国务院进行立法，而且无期限范围的授权立法施行时间之长也实属罕见，这无形之中已经表现出最高立法机关具有"立法惰性"[2]，为使税收法定变为现实，必须使税收立法回归人大立法。

设定授权期限不仅仅是从制度规范层面提出的要求，更重要的是对授出权力的监督和控制；如果因为权力的流转而使其失去控制，则需要反思制度本身设置的价值和意义。为授权立法设定具体明确的时限范围，不仅是出自制度本身的具体要求，而且也是规范和监控该项行为恰当实施的必须路径。在规定了明确的期限范围后，对授权主体意味着存在继续履行立法职能的要求，一旦授权期限届满，授权主体应当收回所授出的立法权，并评估授权的效果，以做出是否需要制定法律或继续授权的判断。期限范围的要求，对于授权主体克服立法怠惰，及时回收立法权，督促其及时履行自身的立法职能具有积极意义。

第三，有助于防止被授权主体延迟立法。"我国授权立法存在的一个问题是，授权决定（特别是针对特定事项的法条授权）早已作出，但被授权机关却迟迟不行使授权立法权。甚至有的授权最终成为废弃条款""这种现象直接与授权机关不严谨授权、在授权时没有监督控制的措施（如没有规定行使授权的时间）相关"[3]。法理上，在公权力领域，与权力相伴随的不仅仅是允许权力主体可以干什么而且包含权力主体应积极承担的职责。"立法中的授权属于赋予被授权者立法'权力'"[4]"拥有和

---

[1] 有学者就认为，该项授权作为一项权宜之计，在长达25年的时间里，国务院既未依要求将哪怕是一项税收法规"提请"全国人大常委会制定，全国人大常委会也未及时将该项授权撤回，已有"立法懈怠"之嫌。参见袁明圣《税收法定原则在中国：收回税收立法权没有时间表》，《江西财经大学学报》2014年第4期。
[2] 阿计：《税收立法权遭遇拷问》，《人民之友》2013年第5期。
[3] 李步云、汪永清主编：《中国立法的基本理论和制度》，中国法制出版社1998年版，第316页。
[4] 李步云、汪永清主编：《中国立法的基本理论和制度》，中国法制出版社1998年版，第316页。

行使国家权力者，行使权力是他应尽的职责。有一份权力就有一份责任，既不能违法行使，否则必须承担法律责任；也不能擅自放弃行使，否则就是失职，要承担政治或法律责任"[1]。在授权立法中，授权主体对被授权主体授予立法权，被授权主体除了获得授权范围内的立法权限，同时还需要承担立法的职责，即按照授权立法的要求在授权范围内及时完成立法任务。为授权立法设定期限范围要求，被授权主体就能够清楚地了解在多长时间范围内获得了立法权，[2] 有助于督促被授权主体在期限范围内及时履行立法职责，防止立法延迟。

许多国家在本国授权立法制度中已经明确提出了授权的期限要求。我国《立法法》在2015年修正时已经将原先忽视的期限问题加以改正，明确设定了具体的授权期限要求，使我国授权立法的期限范围更加符合要求；法国《1958年宪法》中也明确提出在进行授权立法时需要规定授权期限；[3]《西班牙王国宪法》第82条[4]规定"必须清楚地对政府立法授权规定明确的方式和固定的时间，以限制其权力的行使""凡为隐含方式或无确定期间的，均不得被认为是授权"；澳大利亚的授权立法中虽然没有明确规定授权期限的要求，但在其《立法文书法案》中规定了"实施期已满10年的现行立法文书的阶段性撤销或'日落条款'"[5] 等。在设定了明确的授权立法的期限范围后，被授权主体则须按照授权期限的规定及时履行立法职责，这对于监控被授权主体积极履行授权立法职责，防止立法迟延将会产生积极的效果。

第四，有利于及时检验授权立法目的是否实现。授权立法总是伴随有特定的授权目的，或为制定法律积累经验，或为保障法律的具体实施，或为经济和社会发展的需要等，没有目的的授权立法在理论上是不存在

---

[1] 郭道晖：《社会权力与公民社会》，译林出版社2009年版，第66页。
[2] 柳砚涛、刘宏渭：《立法授权原则探析》，《法学论坛》2004年第4期。
[3] 法国《1958年宪法》第38条。参见孙谦、韩大元主编《立法机构与立法制度：世界各国宪法的规定》，中国检察出版社2013年版，第118页。
[4] 孙谦、韩大元主编：《立法机构与立法制度：世界各国宪法的规定》，中国检察出版社2013年版，第232页。
[5] 贾宸浩：《澳大利亚授权立法的运行与监督机制研究》，博士学位论文，山东大学，2014年，第55页。

的。由于"具有时间性的特点"①，期限届满有助于督促立法权力授出主体及时检验目的是否实现。

目的是否实现是检验授权立法行为成败与否的重要标准。需要明确的是，授权主体在何时检验授权立法目的是否实现；如果授权主体没有及时检验，是否会对授权目的实现与否产生误判。就第一个问题，笔者认为，检验授权立法目的是否实现的时间应以授权期限届满作为首选时间点。因为，授权主体在进行立法授权时应进行过较为周全的考虑，在做出授权决定时，授权期限理应也必须是授权决定要考虑的重要内容之一，"如果没有明确的事项范围和时限范围，是十分危险的"②，在经过慎重考虑后，授权主体将一定范围内的立法权在一段时期内授予被授权主体。易言之，授权主体在授出立法权时对授权期限范围内是否能够实现授权目的是经过慎重考虑的。授权期限届满后即评估授权立法目的是否实现不仅是授权机关的职责也是授权立法的应有之意。就第二个问题，如果授权期限届满而授权机关没有及时评估授权目的是否实现，失职的同时更重要的是会错失评估时机，将会对授权立法目的是否实现产生误判。社会生活和特定的社会关系会随着时间的流逝而发生改变，且法律的制定具有一定的周期性，一旦法律应对的特定社会关系发生变化则又需要重新对相应的规则进行评估和调整，如此反复必然对整体的法制建设造成不利影响。

明确具体的时间期限，不仅能够督促被授权机关按照要求及时实施授权立法行为，而且也便于主体双方明确立法授权结束的具体时间。在期限届满以后，授出立法权力的一方可以根据具体实施的效果以决定是否需要制定有关法律或是否需要继续实施授权。无期限的授权客观上对双方主体均无时间约束，很有可能会导致授权主体的"立法怠惰"及被授权主体的"迟延立法"。在2015年《立法法》修正之前，有人大代表就建议"建立定期评估机制"③以防止出现最高立法机关在实施立法授权后对所授出的立法权和具体效果不闻不问，致使到期后可以收回的立法权没有及时收回，应当制定法律时却一拖再拖，延误了立法时机或怠于

---

① 朱力宇、吴纪奎：《论我国授权立法的监督》，《天津行政学院学报》2003年第3期。
② 周旺生：《立法学教程》，北京大学出版社2006年版，第338页。
③ 梁国栋：《授权立法收紧》，《中国人大》2014年第19期。

对所授出权力的监控，最终影响国家法治建设。因此，明确具体的期限范围，不仅有利于督促授出立法权力者及时检验实施授权立法的目的是否实现，而且从制度本身来说对其发挥应有的效果具有重要的意义。

综上所述，授权期限范围不仅仅是该项制度本身明确性原则的具体要求，同时对于其合法有效存续、督促主体双方积极履行立法职责、防止延迟立法以及对及时检验授权目的是否实现等都具有非常重要的实践价值。

第二节　中西方国家授权立法期限的实践

一　部分西方国家授权立法期限范围的实践考察

（一）不规定授权立法的期限范围

西方国家在实践中对授权期限范围的规定各不相同。其中，部分国家对其期限范围并未明确规定，以德国和英国为典型代表。

德国在其宪法中对授权有着具体的明确性要求，但仔细分析相关宪法条文，从中却并不能发现德国对授权期限的要求，而且从德国联邦宪法法院关于授权立法的典型判例中也未发现有关授权期限的相关解释性说明或要求。有学者认为，在没有规定授权期限范围的情况下，"议会可以随时收回授权"[①]。对此，相关的疑问是，德国如何克服没有规定授权立法期限范围的要求而可能产生的弊端。笔者认为，这主要归功于德国较为完善的授权立法制度。首先，德国授权立法制度中确立的明确性原则从宪法的高度对授权立法的内容、目的和范围作出了原则性的规定，而且宪法也明确要求授权要有法律授权根据，这就确保了被授权机关只能在授权框架内制定规则，否则就可能因为违宪而被撤销授权；其次，德国对授权立法有严格的程序要求。如《各部共同程序规则》中就明确规定了授权立法的制定程序，并且要求"授权的措辞必须精确，使得在任何情况下、为何目的的授权行政机关立法清楚明了，使人们能够预测将发布的法规的内容；授权法案必须明确规定授权的限度"[②]；最后，良好

[①] ［德］哈特穆特·毛雷尔：《行政法学总论》，高家伟译，法律出版社2000年版，第59页。

[②] 刘兆兴、孙瑜、董礼胜：《德国行政法——与中国的比较》，世界知识出版社2000年版，第139页。

的司法监督机制确保德国授权立法的良性运行。德国联邦宪法法院可以通过对制定法实施最主要的司法审查、直接的司法审查或抽象的司法审查方式,从授权立法是否超越了基本法规定的权限或规章是否超越了授权决定或基本法规定的权限,以决定一切有关超越授权立法权的问题。① 需要提及的是,近些年,德国在一些立法中也引入了"日落法则",在部分立法中变相设置了授权立法的期限范围。例如,在反恐怖立法中就存在,如果没有经过再授权,有关授权相关执法机构扩大权力的条款应当在"5年后自动失效"的规定;② 另外,受"更好的规制"这一国家范式和行政改革理念的影响,德国在法律和国家有关政策的制定中反复就"日落立法"等有关问题进行着论证,③ 等等。

英国授权立法也回避了授权期限范围问题,但这并不妨碍英国授权立法制度的良好运行。④ 在具体实施过程中,英国对实施授权的内容、程序、监督等多个环节进行了较为详细的规定,⑤ 以尽可能使其能够受到有

---

① [印]M. P. 赛夫:《德国行政法——普通法的分析》,周伟译,山东人民出版社2006年版,第49—51页。
② 张献勇、吕洪雁:《"日落规则"对税收授权立法的规制》,《税务研究》2014年第6期。
③ [德]维尔纳·杨:《德国的国家范式和行政改革》,夏晓文译,《德国研究》2012年第4期。
④ 通常情况下英国的授权立法一般对授权期限范围中并无特别规定,但紧急事态或紧急状态下的授权立法除外。1920年,英国制定的《紧急权力法》(Emergency Powers Act,该法已被2004年制定的《国内紧急事件法》替代)中规定"行政部的命令权只能在法律限定的时期内行使,过了这个时期便不能再发布命令了"。参见陈之迈《英国宪法上的两大变迁——"委任立法"及"行政司法制"》,《清华学报》1934年第4期。2004年英国制定的《国内紧急事件法》(Civil Contingencies Act)对紧急情势下的授权立法规定了明确的生效限制并建立了自动失效制度,即如果没有法定理由则期限届满授权制定的规章即自动失效;但如果有法定理由时,可以重新制定规章来延长授权期限。参见顾林生、刘静坤《英国紧急权立法解析及借鉴》,《北京政法职业学院学报》2004年第3期。"没有议会的准许,紧急规则最多适用7天,如果一直未得到许可规则至此失效。议会也可以对其进行修改。一旦获得议会许可,规则可以在30天内有效,除非被废除,但也可以被再延长最多30天。"即,按照《国内紧急事件法》的规定,行政机关因紧急状态基于《国内紧急事件法》而获得的授权立法期限范围分别为7天和30天,特殊情况下还可以再延长30天。A. W. Bradley and K. D. Ewing, *Constitutional and Administrative Law* (Fourteenth Edition), Harlow: Pearson Education Limited, 2007, p. 638. 关于英国行政立法中的"紧急处置权",William Wade and Christopher Forsyth, *Administrative Law* (Eighth Edition), NewYork: Oxford University Press, 2000, pp. 846-847. 关于英国"战争与和平时期的紧急权力"和英国"2004年《国内紧急事件法》",A. W. Bradley and K. D. Ewing, *Constitutional and Administrative Law* (Fourteenth Edition), Harlow: Pearson Education Limited, 2007, pp. 635-639。
⑤ 王名扬:《英国行政法 比较行政法》,北京大学出版社2016年版,第104页。

效约束，防止其失去控制而造成不良社会后果，如此一来，虽然没有明确的期限约束，但整体实施效果却比较良好。从英国授权立法的实践来看，虽然授权期限范围在授权法中几乎被忽略，但却很少发生因为授权期限范围规定的缺乏而导致产生较为突出的社会矛盾。笔者认为最主要的理由可能是，一方面，较为健全和完善的议会监督机制在很大程度上能够防止因未规定授权期限范围而可能产生的问题。英国对授权立法的议会监督主要有两种方式，一种是规定政府制定行政管理法规必须在一定时间以内提交议会审查；另一种是法定条规联合委员会对授权立法的审查。其中，法定条规联合委员会的审查会涉及"政府部门的不合理延迟（在出版、提交议会或提交议会之前给予实施的通知方面）"[1]问题。议会通过对授权立法的监督，能够避免因缺乏期限范围的明确规定而出现的被授权机关延迟立法或怠于立法的情形。另一方面，法院依据越权原则对其进行的监督也能够保障在没有规定期限范围的情况下该行为的规范实施。在法院审查过程中，如果授权立法违反了越权原则就会被法院认定为无效。例如，当缺乏议会明确授权而声称具有溯及力的法定条规则会被法院宣告无效。[2]综合这些因素，虽然英国的授权立法并未将授权期限范围作为明确的授权要素，但较为完善的议会和法院监督机制却能够在很大程度上保障授权立法的良好运行。

(二) 明确规定授权立法需授权期限范围

法国、西班牙和意大利等国是在本国宪法等相关法律法规中对授权期限问题提出具体要求的代表性国家。法国在《1958年宪法》中对授权立法提出了"一定期限内"的要求，但"一定期限"到底具体为多长时间却并未说明。法国学者认为，按照1960年2月4日的法律规定，权力是授予现任政府的，这便意味着，政府一更换，授权即失效；共和国一换总统，授权亦失效；相关议会一解散，授权也被

---

[1] A W Bradley and K D Ewing, *Constitutional and Administrative Law* (*Fourteenth Edition*), Harlow: Pearson Education Limited, 2007, p. 685.

[2] A W Bradley and K D Ewing, *Constitutional and Administrative Law* (*Fourteenth Edition*), Harlow: Pearson Education Limited, 2007, p. 688.

推翻。① 实践中，法国议会在立法权力授出时会就具体的时间问题规定明确的范围，而且还会对受权机关据此制定的规范限定具体的效力存续时间。设定这样一个时间范围在客观上对被授权机关据此所制定的规范的效力具有非常大的影响，具体表现为：在规范的效力存续期间到期前，被授权机关可以向议会申请使其法律地位上升为等同于立法机关自己制定的规范的层次；如果没有及时提出该项申请，则规范到期而自然地丧失其约束力；如果及时提出了申请但议会没有及时答复，此时规范依然保持其相应的约束力；如果申请获得批准，此时需要特别注意的是，规范就已经升格为法律，其修改就需要按照规定的程序和要求实施而不能再由被授权机关随意而为。② 可以认为，法国授权立法中对期限范围的规定有两种方式：一种是基于宪法的规定在具体的授权法案中明确规定授权的期限；另一种则是根据议会、总统和政府任期的授权，一旦议会解散、总统和政府更迭，相应的授权立法因自然到期而失效。

西班牙对授权立法的期限范围也提出了明确的要求。《西班牙王国宪法》第 82 条第 3 款规定，议会对政府的立法授权必须规定固定的时间，无确定期限的立法授权不能被认可。不过，其尽管在宪法中对授权立法的期限范围提出了明确的要求，但与法国《1958 年宪法》相同的是并没有对期限到底有多长进行规定。实践中，对授权立法具体期限的规定主要由有关授权立法的基本法律来完成。③

意大利对其授权立法中有期限范围的要求，其在宪法中明确要求将时间范围作为授权立法有效成立的必备要素之一；④ 第 77 条对必要和紧

---

① [法] 让·里维罗、让·瓦利纳：《法国行政法》，鲁仁译，商务印书馆 2008 年版，第 372 页。
② 王名扬：《法国行政法》，北京大学出版社 2016 年版，第 112 页。
③ 《西班牙王国宪法》第 82 条第 4 款规定，基本法应当明确规定立法授权的目的和范围及其实施时所应遵循的原则和标准。参见孙谦、韩大元主编《立法机构与立法制度：世界各国宪法的规定》，中国检察出版社 2013 年版，第 232 页。
④ 孙谦、韩大元主编：《立法机构与立法制度：世界各国宪法的规定》，中国检察出版社 2013 年版，第 250 页。

急状态下的临时授权决定也提出了具体的时间要求。① 所以，审视和分析意大利宪法中的相关条文可以发现，无论是一般性的还是特殊状况下的授权立法都对期限范围有着明确要求。这也表明了在意大利的制度设计中，授权的期限问题是授权立法有效的必要条件之一。

（三）授权立法期限范围特殊形式之"日落法则"

"日落法则"（Sunset Law）是西方国家规定授权立法期限范围的一种较为特殊的方式。"日落法则"又称为"日落法""日落法案""日落条款""落日法则"等，其核心要义在于为法律规定一定的生效期限，期限届满法律失效；如需继续生效，则需对该部法律重新履行相关程序。美国是较早树立法律规范的效力应具有期限理念的国家。在他们看来，任何事物都有生命周期，根植于人类社会且与之密切相关的法律也是如此，一部法律的约束力不可能无限期持续下去，当孕育规范的社会环境发生变化时，相应的制度规范也应随之改变，这样二者之间才可互相匹配。所以，制定规范时应当对其约束力设置相应的有效周期，一旦规定的时间达到，应当重新评估以决定是否对其进行延期，如果不予延期则就应当在时间临界后宣告其效力结束。② 在这一理念的引导下，美国率先开启了"日落法则"在实践中的应用。1976年，科罗拉多州通过了第一部"日落法"，在之后的短短五年间，美国所有州的议会以及国会都已正式审议通过"日落法"草案，截至1981年年底，共有36个州制定了"日落法"③。其后，这一做法被众多的国家以及国际社会所借鉴。④

---

① 《意大利共和国宪法》第77条：①政府在未经议会两院授权时不得颁布具有法律效力的法令。②如果在必要且紧急的特殊情况下，政府在其职责范围内采取了具有法律效力的临时措施，必须在同日内提交议会两院转化为法律。即使议会已被解散，也应因此而予以特别召集，并在5日内举行会议。③如果该临时措施在其公开发表后60日内未获议会批准转化为法律，则自始丧失其法律效力。议会两院可用法律对基于此项未被转化为法律的临时措施所产生的法律关系予以调整。参见孙谦、韩大元主编《立法机构与立法制度：世界各国宪法的规定》，中国检察出版社2013年版，第250页。

② 张献勇、吕洪雁：《"日落规则"对税收授权立法的规制》，《税务研究》2014年第6期。

③ 冯洋：《美国"日落立法运动"的理念、过程与得失》，《地方立法研究》2017年第2期。

④ 陈书全：《论立法后评估常态化启动机制的构建》，《现代法学》2012年第2期。

在授权立法中,"日落法则"的一般做法是,授权机关在一定权限范围内进行立法授权时,会在决定中规定时间范围,被授权机关在规定的时间范围内行使该项权力;一旦时间届满,权力的归属即复原到授出之前的状态,若被授权机关要想继续获得并实施该项权力就必须重新进行立法授权。① 通过这种形式,授权主体为被授权主体限定了授权立法的行使期限,一方面被授权主体在规定的期限范围内可以合法地享有被授予的立法权;另一方面也预示被授权主体依照授权法在授权范围内制定的法律规范只能在规定的期限范围内有效。有效期限届满,被授予的立法权自动消失,该法律规范归于无效;如果需要继续延长其有效期,则被授权机关需要重新提出申请并由授权机关进行评估,以决定是否继续授权并延长有效期限。"从本质上说,'日落法'是立法机构对授权立法的一种限制。"② 立法机关通过"日落法则"对授权立法进行限制,其中一个很重要的价值就在于能够利用时间范围这一约束机制督促授权主体及时对授权立法的运行情况进行监督,同时还可以从规则本身对"怠于立法"或"延迟立法"建构起防控措施。③

在具体表达上,"日落法则"主要有如下几种常见的表述方式:一是规定该部法律具体的到期时间。例如,美国1798年制定的《惩治煽动叛乱法》(*The Sedition Act of 1798*)④ 规定,法令的有效期截至1801年3月3日。⑤ 二是规定法律法规的具体生效期限范围。例如,WTO关于反

---

① 木落:《日落法:授权立法的紧箍咒》,《民主与法制时报》2011年5月2日第A03版。
② 木落:《日落法:授权立法的紧箍咒》,《民主与法制时报》2011年5月2日第A03版。
③ 张献勇、吕洪雁:《"日落规则"对税收授权立法的规制》,《税务研究》2014年第6期。
④ 1798年,美国国会通过了四项法令,分别为《归化法》(《国籍法》)、《客籍法》(《处置外侨法》)、《敌对外侨法》(《处置敌侨法》)和《惩治煽动叛乱法》,这四项摧残人权的法令统称为《关于处置外侨和煽动叛乱的法令》(*The Alien and Sedition Acts*)。四项法令中,尤其以《惩治煽动叛乱法》给当时美国的社会和政治都产生了重要影响。参见张友伦主编《美国通史(第2卷):美国的独立和初步繁荣(1775—1860)》,人民出版社2002年版,第86页;李龙《试论美国1798年〈惩治煽动叛乱法案〉》,《株洲师范高等专科学校学报》2004年第6期。
⑤ 董瑜:《一七九八年〈惩治煽动叛乱法〉与美国"公共领域"的初步发展》,《历史研究》2011年第2期。

倾销税征收的相关规定。① 三是规定法律的失效条件，待条件满足，则法律失去效力。例如，德国《联邦基本法》第 146 条的规定。②

美国从国会到各州都在立法中广泛采用"日落法则"制度。国会立法早在 1787 年制定的联邦宪法中就采用了"日落法则"规定；③ 州一级的立法中，采用"日落法则"的典型当属科罗拉多州在 1976 年通过的"日落法"；授权立法中，"日落法则"的运用较为学界称道的乃是 1978 年美国国会制定的《从政道德法》④ 中的"日落条款"规定。⑤ 除了这些代表性的"日落法则"的运用，美国还在多个法律领域中适用"日落法则"制度，如反恐领域、国际贸易领域等。

澳大利亚在国内的授权立法⑥中也广泛采用"日落法则"。2003 年，澳大利亚联邦议会通过的《立法文书法案》（*Legislative Instruments Act*）中对授权立法期限范围的规定就采用了"日落法则"。按照《立法文书法案》的规定，联邦的授权立法在制定 10 年后即失效，除非经过联邦司法部长同意延期；联邦大部分行政区域则都载明了关于实施期已满 10 年的现行授权立法阶段性撤销的"日落条款"，其目的在于确保制定法不会滞

---

① 《关于实施 1994 年关税与贸易总协定第 6 条的协议》（《反倾销协议》）第 11 条主要是关于"反倾销税和价格承诺的期限及复审"的有关内容，其第 3 款规定，"尽管有第 1 款和第 2 款的规定，任何最终反倾销税仍应自起征之日起（或者，如果最近的复审同时涉及倾销和损害，便自按第 2 款规定的最近复审之日起，或者自按本款规定的复审之日起）5 年之内终止，除非当局在于此日期之前主动进行的或根据国内该产业或代表国内该产业在此日期之前的一段合理时间内提出的理由充分的请求所进行的复审中认定，终止该税很可能导致倾销和损害的继续或再度发生。在复审结果出来之前，该税可保持有效"。
② 《联邦基本法》第 146 条："在完成德国之统一与自由后适用于全体德意志人民之基本法，于德意志人民依其自由决定制定之宪法生效时失其效力。"
③ 1787 年美国《联邦宪法》第 1 条第 9 款第 1 项规定，现有任何一州认为应予接纳的人员移居或入境时，国会在 1808 年以前不得加以禁止；但对入境者可征收每人不超过 10 美元的税金或关税。参见孙谦、韩大元主编《立法机构与立法制度：世界各国宪法的规定》，中国检察出版社 2013 年版，第 394 页。
④ 国内又译为《政府道德法》《政府官员行为道德法》等名称。
⑤ 张献勇、吕洪雁：《"日落规则"对税收授权立法的规制》，《税务研究》2014 年第 6 期。
⑥ 澳大利亚的授权立法也称为"委任立法""次级立法"或"立法性文件"。参见金梦《澳大利亚授权立法的范围与监督机制》，《学术交流》2015 年第 10 期。

后或重复;① 除此以外,澳大利亚的许多行政区域对特定形式的授权立法也规定了分步撤销的日落条款,即可以由国家立法机关通过决定使该项规范继续有效,否则期限届满后该项规范将失去其效力,但如果客观情况需要则该项规范还可以被再次制定。②

二 中国授权立法期限范围的具体实践

(一) 法律的具体规定

我国授权立法的期限范围问题长期没有得到重视。以 2015 年修正《立法法》为界限,在此之前,授权立法期限范围问题只是停留在学术讨论范围内,立法中并未受到关注。

在 2000 年制定的《立法法》中,与授权立法有直接关联的第 9 条、第 10 条和第 11 条都对授权立法的期限范围问题采取了回避的态度。如果非要说这三个法律条文和授权期限有关联的话,则只能认为是第 11 条中"制定法律的条件成熟时"和"制定法律后"的表述。③ 按照第 11 条的规定,立法事项的授权终止从时间上来看,具有两项关联的时间节点要求:一是条件成熟;二是制定法律后。接下来的问题是,如何界定"制定法律的条件成熟"和"及时制定法律后"。按照官方人士的解释,判断制定法律的条件是否成熟可从两个方面考虑,一是看由授权立法所调整的特定社会关系是否定型;二是看授权立法是否为制定相应的法律积累了一定的经验。④ 对于这一解释,从授权期限的角度检视,笔者认为,判断"制定法律的条件成熟"在实践中的可操作性非常不明确,最终可能还是由全国人大及其常委会决定,即全国人大及其常委会是"制定法律

---

① 贾宸浩:《澳大利亚授权立法的运行与监督机制研究》,博士学位论文,山东大学,2014 年,第 55 页。

② 贾宸浩:《澳大利亚授权立法的运行与监督机制研究》,博士学位论文,山东大学,2014 年,第 89 页。

③ 全国人大在制定《立法法》时对授权立法的期限问题正是采取了这一考虑。"没有明确规定授权期限,并不意味着没有期限。《立法法》采取间接规定期限的办法,对授权期限做了限制。按照《立法法》的规定,在应当制定法律的时候,由全国人大及其常委会及时制定法律。法律制定后,相应立法事项的授权终止。"参见乔晓阳主编《立法法讲话》,中国民主法制出版社 2000 年版,第 96 页。

④ 乔晓阳主编:《立法法讲话》,中国民主法制出版社 2000 年版,第 96—97 页。

的条件成熟"标准的决断者,对于被授权机关而言就会存在立法授权随时被收回的可能性。如果"制定法律的条件成熟"按照上述解释可以勉强接受为时间范围的话,"全国人大及其常委会及时制定法律"作为时间要求就更加不具可操作性,特别是与授权立法的期限范围相关联使用。因此,用"制定法律的条件成熟"和"全国人大及其常委会及时制定法律后"这种模糊且充满不确定性的表述作为对授权期限的要求,无论在立法技术还是立法语言上等于没有规定且无意义,反而易造成实践中的混乱。

授权立法中是否需要明确授权期限范围,学术界曾有深入的讨论和分析。杨海坤教授建议"应作出时间上的规定"[①],不可实施无时间限制的授权;范忠信教授等认为,我国的授权法案"没有明确授权的有效期限,这样的授权立法实在无异于立法权的转让、放弃"[②];徐向华教授认为,《立法法》中对授权立法制度的规定"'整体粗疏'依然相当突出,授权期限的不确定"是其重要表现形式之一,尽管《立法法》中对此有所谓的间接性规定,但这只是体现了立法不可能无限制的授权,对具体实践却并无任何实际意义的指导价值。[③]《当代中国立法》中指出,"缺乏授权时限的限制"是我国该项制度的主要问题之一,应当"规定授权立法的期限"使其进一步完善,以使授权立法"摆脱随意性"[④]。就我国授权立法期限范围存在的问题,权威意见认为,由于"经验不足"而使立法中对该项制度的设计比较粗疏,致使制度本身缺乏事项、期限、原则等具体内容的要求,实践中也会导致产生些许问题。[⑤]

针对 2000 年《立法法》中对授权立法期限范围规定存在的不足,最高立法机关在修正前的调研和审议过程中收集了相关的意见和建议,也认识到了"授权立法通常是试验性、先行性的事项,经过实践检验条件

---

① 杨海坤:《试论我国的授权立法》,《新疆社会科学》1988 年第 2 期。
② 范忠信、范沁芳:《论对授权立法中授权行为的监控——各国现制比较及我国现制之反省》,《法律科学》2000 年第 1 期。
③ 徐向华:《国家治理现代化视角下的〈立法法〉修改》,《交大法学》2014 年第 3 期。
④ 郭道晖主编:《当代中国立法》,中国民主法制出版社 1998 年版,第 906—907 页。
⑤ 梁国栋:《授权立法收紧》,《中国人大》2014 年第 19 期。

成熟时，应当及时制定法律，因此，授权立法应当有期限要求"①。于是在 2015 年《立法法》修正时对授权立法期限范围作出了明确规定，同时增加了被授权机关的报告义务和继续授权的有关规定。② 这一条款的修正，被认为是"新《立法法》的一个突出亮点"③ 且"具有积极作用"④。另外，针对法条授权中可能出现立法迟延的现象，修正后的《立法法》新增加了第 62 条的规定，避免法条授权无法规定授权期限范围，防止因缺乏规定授权期限范围而导致的延迟立法或不履行立法职责的行为。

比较修正前后的《立法法》对授权期限范围的规定可以发现，修正后的《立法法》对授权期限范围的规定不仅明确了授权立法的具体期限范围，而且对被授权主体积极履行法条授权义务也明确了时间要求，同时对期限届满后授权主体和被授权主体的立法履职义务有了更加明确的规定，使授权立法在实践中更具可操作性。

（二）现实中的具体做法

由于对授权立法期限范围的立法规定在 2015 年《立法法》修正后，因此，对授权立法期限范围的实践情况需以 2015 年为界进行考察。

在 2015 年《立法法》修正之前，我国通过授权决定形式实施的授权立法共有 17 次，授权期限范围的实践情况主要呈现如下态势：第一，从授权决定看，大部分授权决定没有规定授权立法的期限范围（在 17 项授权决定中，12 项授权决定没有明确规定授权期限范围，5 项授权立法决定有明确的授权期限范围）；第二，从授权终止时间看，在 12 项未规定授权期限范围的授权决定中，1 项授权决定被明确终止，4 项授权决定为授权任务完成而自然终止，7 项授权决定目前一直有效；第三，从授权期限的持续时间看，在 12 项未明确规定授权期限范围的授权决定中，授权

---

① 全国人大常委会法制工作委员会国家法室编：《中华人民共和国立法法释义》，法律出版社 2015 年版，第 66 页。
② 2015 年修正后的《立法法》第 10 条第 3 款规定，被授权机关应当在授权期限届满的六个月以前，向授权机关报告授权决定实施的情况，并提出是否需要制定有关法律的意见；需要继续授权的，可以提出相关意见，由全国人民代表大会及其常务委员会决定。
③ 刘继虎：《〈立法法〉修改背景下我国税收授权立法制度的改革》，《湖湘论坛》2016 年第 2 期。
④ 张维静：《对授权立法中授权行为的监控——基于比较法视角的分析》，《湖北警官学院学报》2015 年第 9 期。

期限最短的为 3 个月，最长的有近 36 年且目前继续生效，绝大部分授权持续期间目前均已超过 20 年；在 5 项明确规定了授权期限范围的授权决定中，授权期限最长为 3 年，最短为 2 年；第四，从发展趋势来看，我国的授权立法已经开始注意规范授权立法的期限范围，从 2012 年的授权决定开始，5 项授权决定均明确规定了期限范围；第五，"日落法则"在我国授权立法中开始得到运用。

为了更直观地说明 2015 年《立法法》修正前的实践情况，笔者梳理了有关的授权决定，具体见"《立法法》修正前授权立法期限实践情况统计表"（表 4-1）。另外还需注意的是法条授权中授权立法期限范围的实施情况。总体来说，我国法条授权中对授权期限范围均无明确的规定，实践中有些部门会根据法条授权及时实施授权立法，而有些部门则迟迟不履行法条授权赋予的立法义务，致使延迟立法等问题比较突出，这是一个"非常显著和普遍的问题"[1]。

表 4-1　　《立法法》修正前授权立法期限实践情况统计表

序号	授权时间	授权主体	被授权主体	授权决定	授权期限规定	终止时间	备注
1	1955 年 7 月 30 日	全国人大	全国人大常委会	《中华人民共和国第一届全国人民代表大会第二次会议关于授权常务委员会制定单行法规的决议》	无	1975 年 1 月 17 日	本项授权决定基于 1954 年《宪法》第 31 条第 19 项的规定。1975 年 1 月 17 日，中华人民共和国第四届全国人民代表大会第一次会议通过了新的宪法，该项授权随着宪法的失效而自然终止

---

[1] 王压非：《我国配套立法问题研究》，法律出版社 2014 年版，第 97—98 页。关于法条授权中授权期限范围的实践情况，王压非博士进行了详细的统计分析。参见王压非《我国配套立法问题研究》，法律出版社 2014 年版，第 97—101 页。

续表

序号	授权时间	授权主体	被授权主体	授权决定	授权期限规定	终止时间	备注
2	1959年4月28日	全国人大	全国人大常委会	《第二届全国人民代表大会第一次会议关于全国人民代表大会常务委员会工作报告的决议》	无	1982年12月4日	1982年12月4日第五届全国人民代表大会第五次会议通过了新的宪法,其中规定全国人大常委会在全国人大闭会期间可以修改法律。因此,该项授权因新宪法的规定而自然终止
3	1981年12月3日	全国人大	全国人大常委会	《第二届全国人民代表大会第一次会议关于全国人民代表大会常务委员会工作报告的决议》	无	1982年3月8日	1982年3月8日第五届全国人民代表大会常务委员会第二十二次会议通过了《中华人民共和国民事诉讼法（试行）》,该项授权随着授权任务的实现而自然终止
4	1981年11月26日	全国人大常委会	广东省、福建省人民代表人会及其常务委员会	《全国人民代表大会常务委员会关于授权广东省、福建省人民代表人会及其常务委员会制定所属经济特区的各项单行经济法规的决议》	无	/	
5	1983年9月2日	全国人大常委会	国务院	《全国人民代表大会常务委员会关于授权国务院对职工退休退职办法进行部分修改和补充的决定》	无	/	

续表

序号	授权时间	授权主体	被授权主体	授权决定	授权期限规定	终止时间	备注
6	1984年9月18日	全国人大常委会	国务院	《全国人民代表大会常务委员会关于授权国务院改革工商税制发布有关税收条例草案试行的决定》	无	2009年6月27日	2009年6月27日第十一届全国人民代表大会常务委员会第九次会议通过《全国人民代表大会常务委员会关于废止部分法律的决定》
7	1985年4月10日	全国人大	国务院	《全国人民代表大会关于授权国务院在经济体制改革和对外开放方面可以制定暂行的规定或者条例的决定》	无（经过实践检验，条件成熟时由全国人民代表大会或者全国人民代表大会常务委员会制定法律）	/	
8	1987年4月11日	全国人大	全国人大常委会	《全国人民代表大会关于〈中华人民共和国村民委员会组织法（草案）〉的决定》	无	1988年6月1日	1987年11月24日第六届全国人民代表大会常务委员会第二十三次会议通过了《中华人民共和国村民委员会组织法（试行）》，该法从1988年6月1日起试行。该项授权因授权任务的实现而自然失效

续表

序号	授权时间	授权主体	被授权主体	授权决定	授权期限规定	终止时间	备注
9	1988年4月13日	全国人大	海南省人民代表大会及其常务委员会	《全国人民代表大会关于建立海南经济特区的决议》	无	/	
10	1992年7月1日	全国人大常委会	深圳市人民代表大会及其常务委员会和深圳市人民政府	《全国人民代表大会常务委员会关于授权深圳市人民代表大会及其常务委员会和深圳市人民政府分别制定法规和规章在深圳经济特区实施的决定》	无	/	
11	1994年3月22日	全国人大	厦门市人民代表大会及其常务委员会和厦门市人民政府	《全国人民代表大会关于授权厦门市人民代表大会及其常务委员会和厦门市人民政府分别制定法规和规章在厦门经济特区实施的决定》	无	/	

续表

序号	授权时间	授权主体	被授权主体	授权决定	授权期限规定	终止时间	备注
12	1996年3月17日	全国人大	汕头市和珠海市人民代表大会及其常务委员会、人民政府	《全国人民代表大会关于授权汕头市和珠海市人民代表大会及其常务委员会、人民政府分别制定法规和规章在各自的经济特区实施的决定》	无	/	
13	2012年12月28日	全国人大常委会	国务院	《全国人民代表大会常务委员会关于授权国务院在广东省暂时调整部分法律规定的行政审批的决定》	三年	2015年12月28日	本授权决定自2012年12月29日起实施，在三年内试行
14	2013年8月30日	全国人大常委会	国务院	《全国人民代表大会常务委员会关于授权国务院在中国（上海）自由贸易试验区暂时调整有关法律规定的行政审批的决定》	三年	2016年9月30日	本授权决定自2013年10月1日起施行，在三年内试行
15	2014年6月27日	全国人大常委会	最高人民法院、最高人民检察院	《全国人民代表大会常务委员会关于授权最高人民法院、最高人民检察院在部分地区开展刑事案件速裁程序试点工作的决定》	二年	2016年6月26日	本授权决定自2014年6月27日实施，试点期限为二年

第四章 授权立法期限范围:授权立法的期限要求 / 143

续表

序号	授权时间	授权主体	被授权主体	授权决定	授权期限规定	终止时间	备注
16	2014年12月28日	全国人大常委会	国务院	《全国人大常委会关于授权国务院在中国（广东）、中国（天津）、中国（福建）自由贸易试验区以及中国（上海）自由贸易试验区扩展区域暂时调整有关法律规定的行政审批的决定》	三年	2018年2月28日	本授权决定自2015年3月1日起施行，在三年内试行
17	2015年2月27日	全国人大常委会	国务院	《全国人民代表大会常务委员会关于授权国务院在北京市大兴区等三十三个试点县（市、区）行政区域暂时调整实施有关法律规定的决定》		2017年12月31日	本授权决定采用"日落法则"，规定授权在2017年12月31日前试行

2015年修正的《立法法》对授权立法期限范围有了明确的立法要求，实践中具体呈现如下态势：第一，由于修正后的《立法法》对授权立法的期限有了明确规定，因此除两项特殊的授权立法之外，其余12项授权立法均对授权期限有明确的规定；① 第二，在规定了授权期限范围的授权决定中，均要求被授权主体向授权机关提交授权实施情况报告，忠实于

---

① 此处特殊的授权立法主要是指《全国人民代表大会常务委员会关于军官制度改革期间暂时调整适用相关法律规定的决定》和《全国人民代表大会常务委员会关于中国人民武装警察部队改革期间暂时调整适用相关法律规定的决定》。之所以说该授权决定是特殊的授权立法，主要是由于该项授权决定以配合国防及军队改革和武警部队改革的需要为出发点，被授权主体是中央军事委员会和武警部队。因此，该授权决定相对于其他领域的授权而言具有适用对象的特殊性；从实际出发，该授权决定在设定授权期限范围方面也存在一定难度。

《立法法》修正后第 10 条的规定;① 第三,《立法法》修正后对授权期限的设定均严格遵守了不超过五年的法律规定;第四,从发展趋势看,《立法法》修正后对授权立法期限范围的规定更加规范。

为了更好地检视《立法法》修正后授权立法期限范围的实践情况,笔者对相关的授权决定进行了梳理,具体可参看"《立法法》修正后授权立法期限实践情况统计表"(表 4-2)。

表 4-2 　　　《立法法》修正后授权立法期限实践情况统计表

序号	授权时间	授权主体	被授权主体	授权决定	授权期限规定	终止时间	备注
1	2015 年 4 月 24 日	全国人大常委会	最高人民法院	《全国人民代表大会常务委员会关于授权在部分地区开展人民陪审员制度改革试点工作的决定》	二年	2017 年 4 月 23 日	本授权决定自试点办法印发之日起算,试点期限为二年
2	2015 年 7 月 1 日	全国人大常委会	最高人民检察院	《全国人民代表大会常务委员会关于授权最高人民检察院在部分地区开展公益诉讼试点工作的决定》	二年	2017 年 6 月 30 日	本授权决定自公布之日起算,试点期限为二年
3	2015 年 11 月 4 日	全国人大常委会	国务院	《全国人大常委会关于授权国务院在部分地方开展药品上市许可持有人制度试点和有关问题的决定》	三年	2018 年 11 月 4 日	本授权决定自 2015 年 11 月 5 日起施行,授权的试点期限为三年

---

① 2015 年 4 月 24 日全国人大常委会作出的《全国人民代表大会常务委员会关于授权在部分地区开展人民陪审员制度改革试点工作的决定》和 2017 年 4 月 27 日全国人大常委会作出的《全国人民代表大会常务委员会关于延长人民陪审员制度改革试点期限的决定》是具体实践这一规定的两项授权,具有一定的代表性。

续表

序号	授权时间	授权主体	被授权主体	授权决定	授权期限规定	终止时间	备注
4	2015年12月27日	全国人大常委会	国务院	《全国人民代表大会常务委员会关于授权国务院在广东省暂时调整部分法律规定的行政审批试行期届满后有关问题的决定》	/	2018年1月1日前	本授权决定采用"日落法则",规定在2018年1月1日前未提出修改有关法律的议案的,恢复施行有关法律规定
5	2015年12月27日	全国人大常委会	国务院	《全国人民代表大会常务委员会关于授权国务院在实施股票发行注册制改革中调整适用〈中华人民共和国证券法〉有关规定的决定》	二年	2018年2月28日	本授权决定自2016年3月1日起施行,实施期限为二年
6	2015年12月27日	全国人大常委会	国务院	《全国人民代表大会常务委员会关于授权国务院在北京市大兴区等232个试点县(市、区)、天津市蓟县等59个试点县(市、区)行政区域分别暂时调整实施有关法律规定的决定》	/	2017年12月31日前	本授权决定采用"日落法则",规定在2017年12月31日前试行

续表

序号	授权时间	授权主体	被授权主体	授权决定	授权期限规定	终止时间	备注
7	2016年9月3日	全国人大常委会	最高人民法院、最高人民检察院	《全国人民代表大会常务委员会关于授权最高人民法院、最高人民检察院在部分地区开展刑事案件认罪认罚从宽制度试点工作的决定》	二年	2018年9月3日	本授权决定自2016年9月4日起施行，试点期限为二年
8	2016年12月25日	全国人大常委会	中央军事委员会	《全国人民代表大会常务委员会关于军官制度改革期间暂时调整适用相关法律规定的决定》	无（改革措施成熟后，及时修改完善有关法律）	/	本授权决定自2017年1月1日起施行
9	2016年12月25日	全国人大常委会	国务院	《全国人民代表大会常务委员会关于授权国务院在河北省邯郸市等12个试点城市行政区域暂时调整适用〈中华人民共和国社会保险法〉有关规定的决定》	二年	2019年12月31日	本授权决定自2017年1月1日起施行，实施期限为二年

续表

序号	授权时间	授权主体	被授权主体	授权决定	授权期限规定	终止时间	备注
10	2016年12月25日	全国人大常委会	国务院	《全国人民代表大会常务委员会关于授权国务院在部分地区和部分在京中央机关暂时调整适用〈中华人民共和国公务员法〉有关规定的决定》	二年	2018年12月25日	本授权决定自2016年12月26日起施行,试点期限为二年
11	2017年4月27日	全国人大常委会	最高人民法院	《全国人民代表大会常务委员会关于延长人民陪审员制度改革试点期限的决定》	一年	2018年4月27日	本授权决定自2017年4月28日起施行,试点期限为一年
12	2017年11月4日	全国人大常委会	中国人民武装警察部队	《全国人民代表大会常务委员会关于中国人民武装警察部队改革期间暂时调整适用相关法律规定的决定》	无(改革措施成熟后,及时修改完善有关法律)	/	本授权决定自2017年11月5日起施行
13	2017年11月4日	全国人大常委会	国务院	《全国人民代表大会常务委员会关于延长授权国务院在北京市大兴区等三十三个试点县(市、区)行政区域暂时调整实施有关法律规定期限的决定》	一年	2018年12月31日	本授权决定自2017年11月5日起施行

续表

序号	授权时间	授权主体	被授权主体	授权决定	授权期限规定	终止时间	备注
14	2017年12月27日	全国人大常委会	国务院	《全国人民代表大会常务委员会关于延长授权国务院在北京市大兴区等二百三十二个试点县（市、区）、天津市蓟州区等五十九个试点县（市、区）行政区域分别暂时调整实施有关法律规定期限的决定》	一年	2018年12月31日	本授权决定自2017年12月28日起施行

（三）存在的有关问题

我国授权立法中原先存在的无明确期限范围问题随着2015年《立法法》的修正在制度规定层面已经得以改正。目前在授权立法期限范围中存在的主要问题，笔者认为主要有以下几个方面：

第一，《立法法》第10条关于授权期限规定自身存在的问题。笔者认为，虽然修正后提出了强制性的五年要求，较之于之前《立法法》中对授权立法无期限的规定前进了一大步，但该条规定还存在着不足。一是没有对被授权机关及时实施授权立法提出要求。第10条规定了授权期限为五年，对被授权机关而言只要在五年内任何一个时间段实施了授权立法即符合法律的规定。如果被授权机关在授权决定做出后的第四年才实施授权立法，至少从《立法法》对授权期限规定的要求来看是不违法的，但却无助于授权立法的实施。因此，在规定授权期限的同时也应当对被授权机关及时履行授权立法权提出要求。二是《立法法》第10条第2款中的"但是授权决定另有规定的除外"这一规定有画蛇添足之嫌。分析该条文，笔者认为，之所以在"授权的期限不得超过五年"的后面有此但书规定，很大程度上是考虑在某些特殊情况下需要规定超过五年的立法授权期限。① 但联系下文就会发现，这一规定显然多余。因为，在第 10 条的第 3 款中已经规定了特殊情况下若要超过五年授权期限时的处理办法。理解此条文的含义，可以认为，如果需要超过五年授权期限的，可以按照第 2 款规定的五年期限先行立法授权，如果需要再授权，可向全国人大及其常委会提出，由全国人大及其常委会根据前期授权情况评估后再继续授权。如此一来，既可以避免立法中但书的多余之嫌，也可以使全国人大及其常委会能够及时掌握授权立法的实施情况，避免长期授权带来的弊端。

第二，《立法法》修正前后授权立法实践中授权期限范围的衔接规定不明确。这一问题主要是《立法法》修正前的无期限授权和《立法法》修正后规定的五年授权期限之间的衔接。从表 4-1 中可以看到，《立法法》修正前的授权决定大部分为无期限授权，大部分授权立法的授权时间已经远远超过了五年的规定且一直有效。那么，在《立法法》规定了五年授权期限的要求下，目前一直有效的无期限授权应当如何处理？是按照修正后《立法法》的规定自然终止授权期限还是继续保持其无期限有效的状态？如果自然终止，那么基于这些授权决定而制定的相应法律规范其有效性如何认定，是继续有效还是随着授权决定的自然失效而终止效力？如果继续有效的话其依据是什么？如果被终止效力，相应社会关系的调整规范由谁制定，何时制定？另外，退一步讲，按照"法不溯及既往"原则继续保持《立法法》修正前无期限授权立法决定的有效状态也有道理，但是在这种情况下就需要考虑这些无期限授权立法决定的退出机制，毕竟在修正后的《立法法》已经明确规定授权立法需要明确授权期限的背景下，继续保持无期限的授权立法决定与现行的法律规定

---

① "授权的期限不得超过五年，但是授权决定另有规定的除外。"这一规定中的但书规定不外乎有两种情况，一种是在某些特定场合下需要进行无期限授权，另一种是在某些特定场合下需要给予超过五年的立法授权。对于《立法法》修正后还继续规定可以实施无期限授权，实属于典型违反《立法法》的行为，全国人大及其常委会不应采取此种做法；另外，从条文规定来看，该但书规定是紧接在"授权的期限不得超过五年"的表述之后，从逻辑上可以推定为是在某些特定情况下有可能需要规定超过五年的授权期限，因此此条文的规定中就在授权期限不超过五年的规定之后为特殊情况下的授权期限进行了预留，从立法技术上来看，这也是法律规定灵活性的体现。因此，笔者认为，该但书规定最大的可能性是第二种情况，即在某些特定场合下需要给予超过五年的授权立法期限。

不相符。因此，笔者认为，应该还需就《立法法》修正前后授权立法实践中的授权期限范围的衔接问题做出明确说明。

第三，《立法法》修正后的第 10 条和第 11 条的规定存在重复之嫌。在《立法法》修正之前，由于对授权期限范围没有明确的规定，第 11 条具有"间接规定期限，对授权期限进行限制"[①] 的作用。在《立法法》修正后的第 10 条已经对授权期限范围有明确要求的前提下，再继续保持第 11 条间接规定授权期限的做法就不太妥当。从立法技术角度讲，对同一事项的法律规定，既然已经存在了直接明确的规定就无须再对其进行间接和模糊的规定，否则不仅显示出立法技术的不足，也会使立法实践产生混乱。另外，第 10 条和第 11 条在内容上也存在重复规定的问题。第 10 条已经明确规定被授权机关有向授权机关提出是否需要制定有关法律的意见的义务。按照这一规定，基于授权立法的特点，如果被授权机关提出了需要制定有关法律的意见，授权机关就应当根据被授权机关的意见及时准备制定有关法律；如果被授权机关认为暂时还不具备制定有关法律的条件，则需要再继续授权的就继续授权，认为没必要再继续授权的就终止授权。这实际已经为授权后是否需要制定法律提供了解决方案，所以没有必要就第 11 条第 1 句条文所描述的情形再单独作出规定。同时，第 11 条第 2 句条文的规定也有重复之嫌。因为，第 10 条中已经规定了立法授权要明确授权期限，如果授权到期，相应立法事项的授权就应当自然终止；如果需要延长授权期限，则需按照第 10 条第 3 款的规定，提出再授权的意见并由最高权力机关决定是否继续授权。因此，不需要也没必要再单独制作第 11 条并要求"法律制定后，相应立法事项的授权终止"。

第四，法条授权中授权立法期限的问题。《立法法》修正后，关于法条授权的最大变化是新增加了第 62 条的规定，要求被授权的有关国家机关应当自法律施行之日起一年内制作授权立法。毫无疑问，这一规定对于督促被授权机关及时制定配套规定具有积极的意义。但需注意的是第 62 条所存在的问题：一方面，本条文第一句要求在法律施行之日起一年内制作授权立法，是否在时间要求上不太切合立法实际，规定得比较理

---

① 乔晓阳主编：《立法法讲话》，中国民主法制出版社 2000 年版，第 96 页。

想化？众所周知，法律或法规的制定必须履行法定的程序，一部履行全部立法程序的法律或法规是否能够在一年时间内制定出来，对此笔者持怀疑态度，特别是和公民权利或利益密切相关的法律或法规制定的时间只能更长；另一方面，本条文第二句规定，相关被授权的国家机关如果没有及时按照时间要求制定规范的，只需要向全国人大常委会提交说明。那么，从法律规范的逻辑构成分析，该项规定存在明显的缺陷。按照我国法理学界的通说，法律规范的逻辑构成要求，一项完整的法律规范通常由假定、处理和制裁三部分构成，特别是对于具有约束或限制功能的规范而言，对所调整的行为及其后果的规定应当是该项规范必备的构成要素（规范构成中的制裁部分）。[1] 然而，从规范的构成要素分析，如果被授权的国家机关并未按照时间要求制定相关规范的话，下一步该怎么办？对此，法律并未规定。从法律实践效果角度分析，缺乏行为后果的法律规范与具有明确后果的法律规范相比，其权威性明显较低，甚至可

---

[1] 关于法律规则的逻辑构成，我国法理学界有两种观点，一种是三要素说，另一种是两要素说。三要素说认为，法律规则的构成要素包括假定、处理和制裁三项；两要素说认为，法律规则的构成要素主要是行为模式和处理后果。在我国学界，占据主流地位的通说是法律规则的三要素说。对比两种观点可以发现，无论是三要素还是两要素，均要求法律规则的构成要素中应当包括行为结果，这一要素可以说是法律规则的必备要素。马长山教授就认为，"每一个完整的法律规则都必须包含一个明确、具体的后果，这也恰恰体现出法律这种行为规范的特征"。参见马长山主编《法理学导论》，北京大学出版社2014年版，第32页。当然，也许有人会认为，因为法律规范与法律条文在现实中并非一一对应关系，有时候可能需要集合多项法律条文才可能将一个法律规范完整的表达出来；又或者出于立法技术的考虑，在法律条文中会将部分法律规范的构成要素省略，在具体适用过程中通过正常的逻辑推理使其呈现完整的状态。笔者认为，这种观点是成立的，但该观点并非能够适用于所有的法律规范，而是需要结合具体情况进行具体分析。具体到本条文来看，一方面，结合《立法法》上下文的规定看，对未能按照规定及时制定相关规则的国家机关的未履职行为，并未对该未履职行为应承担的法律后果有任何具体的规定。也许有人会说，该条文中已经规定了需要向最高立法机关提交说明的这一行为后果。客观地讲，如果这也能认为是对国家机关不按法律规定履行职责行为所需要承担的法律后果的话，那么这种行为后果可以认为是没有法律意义的，因为对不履职的国家机关没有任何强制性的约束力的规定，在现实中并没有任何实际意义。另一方面，对法律规范部分构成要素的省略，在笔者看来，其前提条件是可以通过正常的逻辑推理然后形成一般性的认识，使法律规范在实践中能够得以完整和恰当的适用，所以，最有可能省略的构成要素只能是假定，即该项规范可以适用的具体现实条件，而处理（行为方式）和制裁（法律后果）只能由法律进行明确具体的规定而不能省略。因此，省略构成要素的情形不能用来分析该项条文的构成要素的缺失，即不能以要素的省略为理由来掩饰本条文构成要素的欠缺或不完整。综上所述，《立法法》第11条第二句条文规定是一项不完整的法条表述，严格地讲，该句法律条文规定存在明显缺陷。

以说在实践中被严格遵守的可能性非常值得怀疑。因此，基于上述认知，笔者认为，《立法法》第62条对法条授权的期限规定还不够严谨和完善。

第五，对于不遵守授权期限规定的国家机关应当如何处理，修正后的《立法法》中未加以规定。《立法法》第10条中对此并未规定，第62条也仅仅是要求向全国人大常委会说明情况。笔者认为，按照《立法法》的规定，如果被授权机关不遵守授权期限范围的时限要求，至多被收回立法授权，在法条授权的情况下甚至连授权都无法收回，而被授权主体却不需要承担任何法律责任。这种状况显然不合理，一方面，从法理上讲，法律的强制性规定必须遵守，如果不遵守就应当承担相应的法律责任。从《立法法》对授权期限的规定来看，其当属于强制性规定，要求被授权主体必须遵守，如果不遵守该项法律规定理应承担法律责任。然而，立法本身却对此种不遵守法律的情况未要求其承担法律责任；另一方面，被授权机关被授予立法权，同时也是被授权主体的一项立法义务，被授权主体未及时履行法定义务难道不需要承担法律责任？但按照《立法法》的规定，被授权主体如果未在授权期限范围内履行授权立法义务恰恰却是没有法律后果的。因此，现有立法尽管对授权期限有了明确的要求，但却未能对不遵守授权期限规定的行为做进一步的约束，实为立法上的缺憾。

第三节　授权立法期限届满后的处理方式

关于授权立法期限届满后的处理模式，不同国家在其本国的授权立法制度中对此有不同的规定，总结来看，主要有如下几种方式：

第一，授权期限届满后，被授权机关基于授权制定的法律规范失效。授权期限届满，立法授权自然终止。部分国家规定，被授权机关依据立法授权制定的相关法律规范因为授权的终止而失去法律效力。法国是采取此种模式的典型国家。法国的授权立法制度规定，在授权期限届满之前，如果政府不提请议会继续批准该项授权立法，则政府所制定的法令就会因为授权期满而失效。英国在紧急情况下实施的授权立法也采用了此种模式。针对战争时期所进行的特别授权立法，学者认为"这种战时权力显著的特征是临时性的措施,战争结束后应立刻废除"①。另外,2004 年《国内紧急事件法》规定,在必要阻止、控制或减缓紧急状态的影响时可以制定规则,且提出解决问题的措施和计划处理的情形应相"匹配"。此种条例的期限一般为 7 天、30 天,以及可以再延长最多 30 天。② 一旦期限届满,条例即自然失效。在实行"日落法则"的国家中,如果"日落法则"中明确规定了授权立法具体的到期时间或规定了授权立法的生效期间,则授权期限届满后,相应的授权立法失去法律效力。例如,《中华人民共和国反倾销条例》第 48 条的规定;③ 又如,《石家庄市行政规范性文件管理规定》第 20 条的规定。④

第二,授权期限届满后,被授权机关制定的相关法律规范继续有效。即授权期限届满,立法授权自然终止,但被授权机关制定的有关法律法规却并不自然终止。部分国家规定,期限届满后,所授出的立法权自然结束,但所制定的法律法规仍继续生效。比如,在法国的授权立法中,被授权的国家机关在授权终止时间来临之前被允许提请议会对其所制定的法律法规进行审批并做出是否允许其继续生效的决定;在政府提出请求后议会未做决定的,法令继续有效。又如,在我国早期的授权立法实践,即 1981 年和 1987 年全国人大对全国人大常委会进行的两次授权立法中,在授权终止后,全国人大常委会所制定的法律继续有效。在笔者看来,这种模式中的期限更多承担的是一种督促和约束作用,即要求被授

---

① A W Bradley and K D Ewing, *Constitutional and Administrative Law* (*Fourteenth Edition*), Harlow: Pearson Education Limited, 2007, p. 637.

② A W Bradley and K D Ewing, *Constitutional and Administrative Law* (*Fourteenth Edition*), Harlow: Pearson Education Limited, 2007, p. 638.

③ 《中华人民共和国反倾销条例》(2001 年 11 月 26 日中华人民共和国国务院令第 328 号公布,2004 年 3 月 31 日修订)第 48 条:反倾销税的征收期限和价格承诺的履行期限不超过 5 年;但是,经复审确定终止征收反倾销税有可能导致倾销和损害的继续或者再度发生的,反倾销税的征收期限可以适当延长。

④ 《石家庄市行政规范性文件管理规定》(2006 年 10 月 18 日石家庄市人民政府令第 151 号公布,2006 年 12 月 1 日起施行)第 20 条:规范性文件应当规定有效期;有效期自规范性文件发布之日起最长不得超过五年;有效期届满,规范性文件的效力自动终止;规范性文件有效期届满前六个月,制定部门认为该文件需要继续实施的,应当对规范性文件的实施情况进行评估,根据评估情况重新修订;政府规范性文件的评估,由原起草部门负责;重新修订的规范性文件为新制定的规范性文件,由原起草单位按照本规定的要求重新报送审查。

权机关应当及时履行相应的立法职责。授权明确具体的期限，那么在规定的期限内被授权机关应当按照时间要求及时完成立法义务，授权期限届满则授权终止，但被授权机关依据立法授权制定的法律规范则继续保持有效状态。最为典型的是我国立法中大量存在的法条授权，以及各国立法机关授权本国行政机关为实施法律所制定的行政规章条例等。

第三，根据需要，延长授权立法期限，继续实施授权立法。在授权期限届满后，根据需要再继续实施授权立法也是各国在授权立法期限届满后的一种常见处理模式。因为，授权立法通常是为了实现某种特定的目的，在授权期限届满后，授权目的可能尚未达到或经验积累尚显缺乏，为了继续完成授权目的或充分积累经验，在对前期的授权立法效果进行评估后由授权机关再继续进行立法授权。例如，我国现行《立法法》第10条规定的情形。实践中，全国人大常委会已有此先例。[①] 澳大利亚规范授权立法的《立法文书法案》中有授权立法期限和期限届满授权立法失效的规定，但同时规定了"除非司法部长同意该时限延期"[②]，即经过司法部长的同意，澳大利亚的授权立法在授权期限届满后也可以继续延长其授权期限，使授权立法继续有效。联邦各州也同样有此相类似的做法。

第四，授权期限届满后，由立法机关制定相关领域的法律。此种模式通常是针对立法机关通过授权立法已经积累了一定的立法经验的情况而采取的一种做法。在各国的立法实践中，立法机关在制定有关领域的立法时通常存在时机不成熟或缺乏立法的经验的情况，于是就将此领域立法权先行授予有关机关进行试验性立法，待授权期限届满，立法时机

[①] 在2012年12月28日《全国人民代表大会常务委员会关于授权国务院在广东省暂时调整部分法律规定的行政审批的决定》的基础之上，2015年12月27日全国人大常委会在《全国人民代表大会常务委员会关于授权国务院在广东省暂时调整部分法律规定的行政审批试行期届满后有关问题的决定》中继续授权广东省就有关法律法规进行先行先试，对尚未修改有关法律规定的，在广东省继续试行；2018年1月1日前未提出修改有关法律的议案的，恢复施行有关法律规定。另外，在2015年4月24日《全国人民代表大会常务委员会关于授权在部分地区开展人民陪审员制度改革试点工作的决定》的基础之上，2017年4月27日全国人大常委会作出了《全国人民代表大会常务委员会关于延长人民陪审员制度改革试点期限的决定》，就人民陪审员制度的改革继续授权最高人民法院进行先行先试。

[②] 贾宸浩：《澳大利亚授权立法的运行与监督机制研究》，博士学位论文，山东大学，2014年，第55页。

成熟或积累了一定的立法经验后，立法机关就可以适时制定相关法律。我国《立法法》第 10 条、第 11 条就此种情况进行了规定，如果授权机关认为制定法律的时机成熟，则需要相应启动有关领域的立法程序。英国的授权立法中也存在为了积累立法经验而实施立法授权的情形。[①] 在法国的授权立法中，按照法律规定议会能够对由政府提请的在授权时间临近届满时就自己制定的法规升格为法律的申请进行审批，如果议会做出肯定的决定，此时该项政府法令便可具有与议会制定的法律同等的效果。而且，法国《1958 年宪法》第 38 条第 3 款[②]就明确规定，议会批准的法令生效后，只能以法律加以修改。这实际上等于是议会接受了政府制定的法令，通过议会的认可将政府制定的法令转化成议会制定的法律，在结果上和授权期限届满后由立法机关制定法律具有同质的效果。

[①] 王名扬：《英国行政法 比较行政法》，北京大学出版社 2016 年版，第 99 页。
[②] 法国《1958 年宪法》第 38 条第 3 款规定，法令介入立法范围的事项，在本条第 1 款规定的期限届满后，只能以法律加以修改。参见孙谦、韩大元主编《立法机构与立法制度：世界各国宪法的规定》，中国检察出版社 2013 年版，第 118 页。

第 五 章

超越授权立法范围的控制:法律监督

授权立法应当限定在恰当的范围内,才能保证其正确实施。一旦超越范围,不仅会影响其实践的具体效果,也会对立法权威和法制统一带来极大的负面效应。因此,应该加强对授权立法的监督,防控超越授权立法范围行为的发生,使授权立法在恰当的范围内实施。

第一节　超越授权立法范围的类型及控制理据

一　超越授权立法范围的几种类型

以授权立法范围的内容为标准来进行划分,超越授权立法范围的情形主要分为以下三类:

第一,超越主体范围。授权立法关系中存在授权主体和被授权主体两方,缺乏任何一方均不能构成有效的授权立法关系。对合法有效的授权立法关系而言,在主体层面,必须要求双方均不能超越主体范围,否则会使授权立法的有效性受到影响。对此,在超越主体范围的类型中,根据具体表现形式可以分为超越授权主体范围和超越被授权主体范围。

超越授权主体范围主要是指不在法定授权主体范围内的国家机关将立法权授予其他国家机关行使的情形。从世界范围来看,只有按照本国授权立法制度的规定,处在法律允许范围内的主体才可以按照规定的程序和要求授出立法权。如果不在法定授权主体范围内的立法主体将自己的立法权授出就超越了授权主体范围的要求。

授权立法中对被授权主体的选择应当是限定在一定条件范围内或

满足特定条件要求的主体。只有符合要求的被授权主体才能作为立法授权的对象，超越被授权主体范围的授权立法将会导致授权立法无效。

第二，超越授权权限或事项范围。授权立法只能在特定的权限或事项范围内进行。一国在规定本国授权立法制度时，通常会对本国授权立法的权限或事项范围予以规定，比如，我国《立法法》第8条、第9条。在实践中，超越授权权限范围的情形主要表现为不规定具体的权限范围、主体超越自身的立法权限随意滥用授权以及受权主体超越具体的权限范围实施立法行为等几类常见情形。

不规定授权立法的权限范围主要是指在授权立法中对授权权限范围不作规定或进行空泛的、不明确的范围规定，此种现象通常称为"空白授权"或"一揽子授权"。在空白授权中，授权权限范围或授权事项处于空泛模糊状态，被授权机关实施授权立法没有边界限制，实践中极容易导致被授权机关"任意地制造法律"[1]，立法机关也难以判断被授权机关的立法是否越权，从而可能会造成被授权机关对授权立法的滥用，进而影响和"破坏法的安定性"[2]。

授权主体超越授权立法权限范围进行立法授权主要是指在明确规定了授权立法权限和事项范围的前提下，授权主体超越范围对被授权主体授予立法权。依照授权立法的基本原理，授权主体只能在授权权限范围内就可授权的事项进行立法授权，如果授权超过了权限范围则构成越权授权。对于越权授权，各国均予以禁止，相应的立法行为一般均认定为无效行为。

被授权主体超越授权立法权限范围实施授权立法是指在授权主体明确规定了授权立法权限范围和事项范围的情况下，被授权主体超越权限或事项范围实施授权立法。在授权法明确了授权的权限或事项范围的前提下，被授权主体理应只能在规定的范围内实施授权立法，如果被授权主体超越范围实施授权立法显然也属于越权立法行为，按照授权立法的

---

[1] 安晶秋：《关于我国税收授权立法制度的法律思考》，《税务研究》2007年第6期。
[2] 钱建华：《简论授权明确性原则——兼议我国〈立法法〉中授权立法规定之完善》，《甘肃政法学院学报》2005年第1期。

制度要求，这种越权实施的立法行为也属于无效的立法行为。

第三，超越授权期限范围。超越授权期限范围的情形，在笔者看来，主要有两种类型，一种是没有规定授权期限范围；另一种是虽然规定了授权期限范围，但却未遵守授权期限范围的要求。

对于未规定授权期限范围的情形，从当前各国授权立法的实践来看，要区分不同的情况对待。按照授权立法的一般理论，期限范围理应是其重要的内容构成，对接受授权的一方起着直接的督促作用，要求其在规定时限内及时履行职责。但各国的实践表明，并非所有国家的授权立法制度均对期限范围提出了必须具有的明确要求，并非所有的授权决定都规定了期限范围，也并非所有的无授权期限范围的授权立法均被认为是无效的立法行为。

部分国家授权立法制度中对授权立法的期限范围并无要求，如德国和英国等国家。在这些国家中，其授权立法往往是由被授权机关根据法律的规定来制定具体的实施细则或规章，此种授权立法中被授权机关所获得的授权立法权实质上是一定权限范围内的规章或法规的制定权，除非授权母法发生改变，否则依据该授权立法权所制定的法规或规章将一直存在。[1] 在此种授权立法模式中，授权期限范围并不作为授权立法的构成要素，授权法或授权条款中对授权立法的期限范围通常也无具体的规定；但需注意的是，此种类型的授权立法中存在另外一种情况，即尽管授权主体在进行立法授权时并未规定授权期限范围，但会规定被授权机关应当在限定的期限范围内实施授权立法。从性质上来看，该期限更多的是对被授权机关实施授权立法行为的期限约束，对授权机关则无期限范围的限制。此时授权立法中超越授权期限范围的情形主要是被授权主体不及时或怠于履行授权立法职责。

在未规定授权期限范围中还存在本应当规定授权期限范围，但却在授权法中不进行规定，导致授权立法由有期限的授权变为无期限的授权

---

[1] 毛雷尔教授在此以德国的一项授权立法作为例证。"原旅店法第 14 条即 1970 年旅店法第 18 条授权制定有关警察时间和禁止时间的法规命令。现行的以原旅店法第 14 条为根据的法规命令可以继续适用，因为两个授权根据实质上一致；如果原旅店法第 14 条被删除，并且没有替代性规定，该法规命令即失去效力。"参见［德］哈特穆特·毛雷尔《行政法学总论》，高家伟译，法律出版社 2000 年版，第 336 页。

的情形，这类当属较为典型的超越授权期限范围的行为。在本应当规定授权期限范围的授权立法中，授权期限不仅是授权立法的重要组成，而且也决定着所授出立法权的有效期限，如果对授权期限没有明确规定或根本就没有规定的，这同样构成"空白授权"。就授权主体而言，本应规定却未对授权期限进行规定的，其行为可以认为是一种消极的超越授权立法期限范围的行为，其授权决定因缺乏有效要件而应归于无效；对被授权主体而言，在本应规定授权期限范围而实际上却未规定的情况下实施授权立法，由于实施授权立法的授权依据本身不合法，其所实施的行为也应当认定为无效。

授权法的内容中就期限提出具体要求的，它对主体双方均具有约束效果。一方面，授出立法权力的一方需按照时间要求在转移权力的同时做好对受让方实施情况的监督以及在期限届满时收回所授出的权力；另一方面，接受权力的一方必须按照授权法中对时限的要求在限定的期限内积极主动地实施立法行为，与此同时也应当接受出让主体的监督，待期限届满后则会根据不同情形采取不同的处理方式。在此类授权立法中，超越授权期限范围的情形通常表现为未按照授权法中规定的授权期限实施授权立法或未履行法定程序而超期或延迟实施授权立法等。

二 超越授权立法范围的控制理据

（一）超越授权立法范围的控制的理论依据

第一，从法理层面来看，授权立法的核心是立法权力，立法权力的行使应当有范围边界，同时也应接受监督和约束。超越授权立法范围的行为均为越权行为，现代法治理论认为，公权力的行使必须依法而行，任何越权行为均属违法且无效的行为。因此，为防止超越授权立法范围，减少和避免对立法以及社会造成危害，就必须对授权立法中的越权行为加以控制，以促使授权立法的良性运行。

第二，从立法理论层面来看，授权立法法律关系中接受授权的主体通常为法律的具体执行机关或实施机关，如此一来，法律的执行机关或实施机关在授权立法中既是法律的制定主体又是实施主体，容易形成国家权力的专断。"权力不论大小,只要不受制约和监督,都可能被滥用。"[①] 为避免权力的专断和滥用,一定范围内所授出的立法权力也必须得到控制,使其在符合授权自身属性要求的范围内运行。

第三,从授权立法本身来看,对范围的注重是其内在属性和外在程式的必然要求。授权主体和被授权主体应当具有范围限制,并非所有的立法主体都可以进行立法授权,也并非任何主体都可成为被授权主体;授权立法的权限或事项也有范围的约束,授权主体可以授出的立法权只能限定在一定的权限和事项范围内,不能将自己的全部立法权和所有的立法事项都予以授出;而授权期限范围则是来自时限范围的约束和限制。超越范围而实施的授权立法行为,不仅违背了该制度自身的内在要求,也违反了授权内容的具体规定。因此,为使授权立法行为符合授权立法自身制度的要求,防止超越范围实施授权立法,理应对超越授权立法范围的行为进行控制和监督。

第四,从授权主体的角度来看,对超越授权立法范围行为的控制是其应有职责。授权主体在授出立法权后虽然不再亲自实施立法行为,但却负有监督被授出的立法权正确实施的职责,对不依照授权范围而实施的授权立法行为必须及时予以纠正,以保障授出的立法权能够正确实施。应该说,作为授权主体,其对超越授权立法范围的控制是其作为立法权力主体保证其授出的立法权力能够正确实现的必要措施。因为,授权主体所授出的是归属于自己的立法权,权力授出后应当努力确保其正确实施;如果对其放任自流而不加控制,将会使所授出的立法权失控,最终将会给社会带来不良后果。

第五,从被授权主体的角度来看,被授权主体获得了一定范围内本不属于自己的立法权,被授权机关理应在既定的范围内行使该项权力,这既是立法授权的要求也是对被授权主体行使权力的要求。如果不对被授权主体超越授权立法范围的立法行为进行控制,则会导致被授权主体对权力的滥用以及滋生其他一些社会问题。因此,从被授权主体的角度来说,对超越授权立法范围实施监控是授权立法正确实施的重要保障。

---

① 习近平:《改革党的纪律检查体制,完善反腐败体制机制》(2014年1月14日),载习近平《论坚持全面深化改革》,中央文献出版社2018年版,第77页。

(二) 超越授权立法范围的控制的现实依据

授权立法本身所具有的"危害性"[①]，使得人们对授权立法始终保持着戒备心理，希望通过一定的方式对授权立法实施有效的监控，以减少或避免授权立法带来的危害。

国外授权立法实践中存在许多因为授权立法超越范围而给公民个人或社会发展带来危害的现实例证。作为现代授权立法制度的起源国家，两次世界大战时期的英国在紧急状态下的广泛授权立法使行政权力急剧膨胀，引发了民众的质疑和惶恐。除此以外，英国授权立法制定的法律文件还会超越授权事项范围，"不再只是简单地执行政府政策的具体细节，法定条规有时会是以我们想象不到的方式越来越多地改变政策"[②]，以至于社会对英国和平时期的授权立法感到恐慌，形成了议会丧失立法权而行政机关实现立法权和执法权的高度集中的忧虑。[③] 德国曾经是遭受超越授权立法范围危害最为典型的国家之一。从1919年的《魏玛宪法》到1933年的"授权法"，德国授权立法实践中屡屡出现超越授权立法范围的情形，给德国乃至世界范围带来了巨大危害。《魏玛宪法》使立法机关能够将自身的权力全部转移给行政机关，行政机关不仅可以制定法律，甚至可以修正宪法；而1933年纳粹政党通过的"授权法"更是利用授权立法范围的漏洞，不仅造成了德国社会的巨大灾难，也引发了全人类的浩劫。在《魏玛宪法》的负面社会效应中积累了足够的经验后，德国有了对授权立法进行控制的充分理由，并最终在《联邦基本法》中建立了较为完善的授权立法制度。1949年的《联邦基本法》对授权立法提出了明确的范围要求，从宪法层面上坚决杜绝超越授权立法范围的行为。而

[①] 邓世豹教授认为，授权立法对宪政的危害性主要体现在：①授权立法导致行政集权；②授权立法威胁到公民的自由权利；③授权立法破坏立法民主；④授权立法威胁法制的统一性。参见邓世豹《授权立法的法理思考》，中国人民公安大学出版社2002年版，第165—167页。西方国家普遍认为，授权立法的危害主要表现为：①委任立法直接破坏了三权分立原则；②委任立法违反了法治原则；③委任立法违背了被授予的权力不得再委任的原则；④委任立法是一种新的专制主义；⑤委任立法破坏了国会至上原则，助长官僚制度，践踏民主和人权等。参见吴大英、任允正、李林《比较立法制度》，群众出版社1992年版，第332—333页。

[②] A W Bradley and K D Ewing, *Constitutional and Administrative Law* (*Fourteenth Edition*), Harlow: Pearson Education Limited, 2007, p. 676.

[③] 陈伯礼：《授权立法研究》，法律出版社2000年版，第47页。

且，在德国的司法实践中，"授权立法不具备合法要件的，即构成违法，违法的授权立法无效，没有约束力，行政机关不得适用，公民也不必遵守"①，如 1957 年德国联邦宪法法院宣布《一九五五年所得税法实施细则》第 49 条第 1 项第 1 款因为超越了规定的授权立法权限范围而无效。②

我国的授权立法实践中也存在因为超越授权立法范围而引发社会问题的例证。全国人大 1985 年对国务院的授权决定一方面对授权的权限范围规定得非常宽泛，使国务院在实施该项立法授权的实践中几乎可以制定所有经济体制改革和对外开放方面的行政法规；另一方面该项授权对授权期限也无规定，使得这一对社会发展产生巨大影响的立法授权持续存在了多年，目前仍然处于有效状态。除此以外，超越授权立法范围在现实中也会对公民的合法权利或利益造成较大的损害。如立法机关在部分法律中以法条授权的方式授予某些国家机关制定相关规范的立法权力，但被授权的国家机关因种种原因迟迟不制定有关规范，产生了"立法空白"。"立法白条"问题是近些年表现比较突出的超越授权期限范围的行为，因为立法的空白而使公民的合法权益受到了较大的损害。③ 除此以外，还存在大量超越授权主体范围的情形，如有些地方性法规或规章授权地方政府的有关部门制定实施细则，甚至有些还授权县级人民政府制定规范性文件。法理上，任何权力的行使必须保证主体的适格才能够保障权力的权威性和实践的结果得到社会的认可和尊重，对立法权力也必然有如此要求。古往今来，无论是理论上的讨论还是管理国家和社会事务的实际需求，立法权力在任何一个国家的权力体系中都占据着极其重要的地位，对行使权力的主体及作为主体的资格也均有严格的限制和要求。授权虽然是一种特殊的立法形式，但其并不能脱离这一约束，而且在具体要求上只能更加严格，以防止可能出现因权力随意授

---

① [德] 哈特穆特·毛雷尔：《行政法学总论》，高家伟译，法律出版社 2000 年版，第 340 页。

② [印] M. P. 赛夫：《德国行政法——普通法的分析》，周伟译，山东人民出版社 2006 年版，第 52 页。

③ "立法白条"的危害显而易见。首先，已经确立的立法决策长期无法兑现，势必损害法制尊严。更重要的是，一些妨碍社会公平、公正及时实现的"立法白条"，将严重伤害公共利益和公民权益，无论是"包头空难案"还是"江宁拆迁案"，我们都不难发现这种危险的后果。参见阿计《"立法白条"：法制的隐疾》，《江淮法治》2007 年第 4 期。

出或滥用给社会造成损失的情形。尽管理论上能意识到对主体范围严格限制的重要意义，然而授权立法的现实却并非如此理想，在我国实践中通过立法而为"拓展部门利益"[①]的现象依然存在，因为随意授权且掌握规则制定权的主体的立法能力有限致使规范之间相互抵触或矛盾的情形还继续存在，这些缺陷必然在很大程度上会破坏国家法制建设及阻碍社会发展。

从授权立法的演变中可以看出，它的产生和发展具有必然性。从具体实施的效果分析，其相较于立法机关直接制定法律而言具有很大的灵活性，实施过程中能够很好地协助立法机关实现立法的结果，而且由被授权的机关制定相关具体规定还可以增强法律的实践性，对于立法机关而言也是乐见其成。如果立法权力不能被授出，现实中就可能存在另外一种情形，如在应当制定法律时可能会因诸多障碍而不能实现，又或虽然法律被制定了出来，但却因其规定的笼统而未能被普遍地接受和适用，从而影响其实施效果最终使社会民众对法律权威的感知与法律理应具有的地位出现偏差，所以，立法权的授出客观上可以帮助立法机关克服在现实社会实际中所遇到的部分行使职能受阻的情况。但同时必须要注意的是，授出立法权并不意味着对其放任，它还必须要"受法定的目的、方式甚至细节的制约，或者受授权范围的制约"[②]，其效果和权威性才能得到普遍的认可。为此，除接受来自授权决定的约束和限制之外，有效的监督机制也是确保其能够在范围内恰当运行和实施的重要途径和方式。授权立法范围作为授权立法制度的重要组成部分为授权立法的实施划定了主体、权限和期限的范围界限，为在授权立法范围内实施合法有效的授权立法行为提供了保障。故而，为保障授权立法的正确实施，将授权立法约束在恰当的范围内，对超越范围的行为必须加以控制。

[①] 俞荣根、陶斯成：《地方性法规授权立法研究——以重庆地方立法为例》，《重庆行政》2008年第4期。

[②] [美]伯纳德·施瓦茨：《行政法》，徐炳译，群众出版社1986年版，第32—33页。

第二节　西方国家对超越授权立法范围的监督机制

"由于授权立法蕴含着专制的萌芽,要尽可能地设计好防护措施。"①为实施对授权立法的监督,各国采取了不同的监督机制。

一　立法监督

从形式上观察,授权立法是所有者将一定范围内的权力转移给适格的接受者并由接受者以自己的名义行使,这一过程中权力的权属属性并未发生改变,变化的仅是实施主体。对所有者而言,不能因为权力已交由其他主体行使而失去对其的监控。实际上,作为所有者,无论是自己还是授权其他主体行使该特定范围内的权力,均有使其得以正确实施的职责,所不同的是由自己行使需要接受别人监督而授权其他主体行使则要由自己进行监督,即在监督权力的运行方面一个是被动的接受者另一个则是主动的实施者。因此,可以认为,由立法机关实施立法监督以防止超越授权立法范围是授权主体的职责之一。就具体的监督方式而言,各国采取了不同的监督措施。

(一) 英国对超越授权立法范围的立法监督

在英国,议会对授权立法的监督主要通过程序控制和审查监督来实现。

1. 程序环节的监督

在具体实施授权立法的过程中,议会通常会在程序上设定一些要求,以便能够实现对授权立法实施过程的监督和控制。这些程序主要有:②

(a) 向议会提交法规草案时,法规制定前需要得到肯定性决议;

(b) 法规制定并提交后,得到肯定性决议批准时才能生效;

---

① Cecil T. Carr, *Delegated Legislation: Three Lectures*, London: Cambridge University Press, 1921, p. 26.

② A W Bradley and K D Ewing, *Constitutional and Administrative Law (Fourteenth Edition)*, Harlow: Pearson Education Limited, 2007, pp. 683 – 684.

(c) 法规提交时即刻生效，但需要由肯定性决议在规定的期限批准其持续有效；

(d) 法规提交时即刻生效，上下两院任一院的决议均可对其废除；

(e) 提交草案，受制于没有采取进一步行动的决议，相当于要求大臣不得制定该规范；

(f) 法规提交议会之前，缺乏进一步的监控条款。

《1972年欧洲共同体法》有一项新的条款规定，在第2条第2款下制定法规应当受两院中任一院决议的约束，除非法规草案在制定出来之前已获得任一院的许可。无论政府会选择适用积极或消极程序。

这些程序的一个共同特征是除非母法明确授权可以修正的极少数情况下，上下两院均不得修改。如果这种情况发生，可能需要两院对议会已经授权给大臣的事项进行仔细的考虑。两院对法规均不满意时，大臣必须撤回并重新制定。

在遵循上述程序要求的同时，还需要遵照《法定条规法》在程序方面对授权立法提出的要求。该法第4条规定，若一个法律文件必须在制定后提交议会，那么一般而言，它必须在其生效前提交；此类法律文件每一份副本都必须在封面上标出三个日期，分别显示其制定、提交和生效的时间。如何构成向议会的提交，这要取决于每个议院的惯例或指示，而且法律文件可以在议会休会期提交。法律文件必须在生效前提交这一规则是明确的：尽管在这一事项上不存在有约束力的司法权威，但人们都认可，不进行提交将使该文件无法生效。① 第5条规定，对于一个适用上述（d）程序，经废除即告失效的法律文件，请求废除的申请可以在连续的40天内提出，这一期限包括议会4天以上的延期、议会休会或解散。在程序（e）中，法律文件可以以草案形式提交，适用消极程序，有同样的40天期限可以做出决议。对于那些需要在生效前通过赞成决议的法律

---

① 从该程序性监督规定中可以看出，在英国授权立法中，法定条规的"提交"非常重要。如何界定提交？1948年《法规备案（解释）法》[The Laying of Documents (Interpertation) Act]允许议院按照立法的目的自己给出"提交"的解释；随后，议院制订了长期有效的命令，即议会在法定存续期内的任何时间送交副本到他们的办公室都包括在"提交"内，即使当时它处于休会或延会时期。See William Wade and Christopher Forsyth, *Administrative Law* (*Eighth Edition*), New York: Oxford University Press, 2000, p. 874.

文件［程序（b）］，则没有固定的期限，而是由政府来决定每个法律文件的紧急程度。在程序（c）中，在多长时间内必须获得赞成决议由其母法做出决定。

2. 审查环节的监督

在对授权立法的监督中，英国议院的审查监督主要依赖于由恰当人选组成的委员会的工作建议。与其他法定命令一样，所有的一般性法定条规在提交议会之前，都会受到来自法定条规联合委员会的审查，该委员会由上下两院各自任命7名成员组成。来自下院的成员还要单独审查只提交给下院的那些条规。联合委员会也会由议长的法律顾问和委员会主席的法律顾问给予建议。委员会在进行审查时必须考虑议院是否注意到一项条规的一些合法性和程序性依据。概括而言，主要有以下事项：

（a）一部条规在公共税收上强加了一项负担或需要向任何政府部门的组成机构或公共部门支付费用或规定了这些负担或支付的数量；

（b）基于一部对其排除了来自法院的挑战的法案而制定；

（c）它声称具有溯及力然而母法并未对此进行授权；

（d）由相关部门造成了不合理的延误（印刷出版、提交议会或在提交议会前就已经开始实施需要提请注意的通知）；

（e）对其是否在权限范围内或存在不正常或滥用授权的情形保有怀疑；

（f）形式或目的需要说明理由；

（g）它的起草存在缺陷。[①]

然而，联合委员会不会对其道德或政策取向进行审查。偶尔，这些问题会在两院举行赞成或废除决议的辩论时进行讨论，但一般情况下由授权立法常设委员会举行此类辩论。常设委员会的辩论能使这些重要的问题得到通报，但更多的时候这些辩论是一种形式。

一项新近发展的需要议会特别关注的识别措施与一种新的"超肯定"

---

① A W Bradley and K D Ewing, *Constitutional and Administrative Law* (*Fourteenth Edition*), Harlow: Pearson Education Limited, 2007, p.685.

法规有关，它使大臣修正基本法律的"亨利八世"权力①的行使合法化。比如下述两项规定：

（1）政府通过《1998年人权法》第10条下的"救济命令"来修改基本法律以消除与公约权利不一致的规定；

（2）在《2001年监管改革法》下，修改基本法律可以减轻监管计划的负担。

为了使制定的命令符合两院所许可的法定情形，每一部母法与通常相比需要提供更为严格的程序。议会的期限可以超过40天而达到60天。针对（1）的情形，人权联合委员会承担主要的审查工作；针对（2）的情形，权力被授予监管改革委员会（下院）和授权及监管改革委员会（上院）。②

（二）德国对超越授权立法范围的立法监督

《联邦基本法》是德国实施监督的根本依据，它既是议会实施授权立法的依据也是对其进行监督的依据。按照该法的规定，德国议会可以从以下方面对授权立法进行宪法层面的监督：①授权依据只能是议会制定的法律。此处的"法律"仅限于成文法，习惯法或普通法不能成为行政机关制定法规的依据。③②授权的法律必须在行政法规发布时生效，不能通过后来制定的法律为没有充分授权根据的行政法规提供依据。即使授权的法律后来发生了变更或消灭，只要变更或消灭的法律不关涉现行的行政法规，则依该法律为授权依据的法规的效力不受影响。④③只有联邦

---

① 在英国立法史上，都铎王朝亨利第八时期，1539年议会通过公告法授权国王为了治理国家和维持秩序所发布的公告，效力和议会所制定的法律相等。行政机关享有的这一立法权可以称为"亨利八世权力"。该授权法在1547年取消，但实际中都铎王朝君主继续以公告方式制定法律。在斯图亚特王朝时期，英王和议会在立法权力上进行了长期斗争，直到17世纪末期才确立议会的最高立法权。在英国授权立法中，有时规定行政机关可以制定条例修改授权法本身或者其他法律，这种授权规定被称为"亨利第八条款"参见王名扬《英国行政法 比较行政法》，北京大学出版社2016年版，第97页，第103—104页。

② A W Bradley and K D Ewing, *Constitutional and Administrative Law (Fourteenth Edition)*, Harlow: Pearson Education Limited, 2007, pp. 685-686.

③ 刘兆兴、孙瑜、董礼胜：《德国行政法——与中国的比较》，世界知识出版社2000年版，第138页。

④ ［德］哈特穆特·毛雷尔：《行政法学总论》，高家伟译，法律出版社2000年版，第336页。

和州一级的政府以及联邦的部长能基于立法授权而制定相应的法规,其他机关则不能直接基于法律而获得授权立法权。当然,基于授权法律的规定,可由上述机关在行政法规中进行再授权。④授权的内容、目的和范围必须明确。⑤被授权的机关在制定的行政法规文本中必须指明其制定行政法规的法律依据来源。

除了上述内容的监督外,程序控制也是德国议会监督授权立法的重要途径。议会对授权立法的程序性控制,主要有两个方面:一是在各个授权法中具体规定实施程序;二是在《联邦基本法》中对授权立法的一般性程序规定要求。

《联邦基本法》中对授权立法的程序性控制主要有:

(1) 参与。在德国授权立法中,通过参与程序实现对授权立法的监督主要有两种方式:一种是议会对行政法规动议阶段的参与;另一种则是听取有关团体对所制定的行政法规的意见。通常而言,行政法规的动议权属于各自的主管机关,但《联邦基本法》规定,联邦参议院对于须经其同意的行政法规具有提案权。因而,在此范围内,联邦参议院也享有法律动议法第76条第1款规定的行政法规动议权。①依照有关法律规定,被授权机关在制定行政法规的过程中需要听取意见建议。这一做法的目的在于充分利用这些机构或人员的专业知识,以及充分听取相关人员的利益诉求。但需注意的是,征求意见建议并非是制定行政法规的必须要求,只能算作是一种建议;当然也有相关机关具有这项权力存在的可能性,并且利用一定的途径或方式将其实现。②

(2) 批准。按照《联邦基本法》的规定,五项事务的立法授权必须经过批准。③ 此外,联邦众议院经常在授权法律中保留法规命令的批准权。其程序分为三个步骤:联邦参议院授权,联邦政府制定法规命令,联邦众议院批准。虽然宪法没有明确规定这种批准要求,但一般性地从

---

① [德] 哈特穆特·毛雷尔:《行政法学总论》,高家伟译,法律出版社2000年版,第337页。

② [德] 哈特穆特·毛雷尔:《行政法学总论》,高家伟译,法律出版社2000年版,第338页。

③ 该五项事务见之于《联邦基本法》第80条第2款所规定的事项。参见孙谦、韩大元主编《立法机构与立法制度:世界各国宪法的规定》,中国检察出版社2013年版,第109页。

这一点来看，批准是适法的：制定需要批准法令的授权只是无限制授权的"一个限制"而已。①

（3）签署。《联邦基本法》第82条第1款规定，行政法规由颁布机关签署。②

（4）公布。《联邦基本法》第82条第1款规定，除法律另有规定外，行政法规应在联邦法律公报上予以公布。③ 如果法律有规定，则在《联邦政府公报》上公布。实际上，一切重要的规章和永久性规章都公布在《联邦法律公报》上面；不够重要的、临时性规章则刊登在《联邦政府公报》上面。地方政府发布的规章和其他转委托机关发布的规章，必须公布在《联邦法律公报》上面；混合型规章既必须公布在《联邦法律公报》上面，也必须刊登在与该规章有关的邦的政府公报上面。④

（5）规定生效日期。按照规定，这一要求是授权立法的必须程序。⑤

另外，需要单独说明议会对自治性机构按照授权制定自治性规章的监督途径和措施。虽然《联邦基本法》第80条关于授权立法的规定并不适用于德国国内自治组织根据议会授权进行的自主性立法即制定规章，⑥但这并不意味着议会对自治机构依据授权制定规章的授权立法行为没有监控。联邦宪法法院已经提醒说，就授权自治机构制定干涉个人自由权，尤其是个人基本权利的规章而论，根据民主原则与法治原则，立法机关

---

① ［德］哈特穆特·毛雷尔：《行政法学总论》，高家伟译，法律出版社2000年版，第337—338页。

② 孙谦、韩大元主编：《立法机构与立法制度：世界各国宪法的规定》，中国检察出版社2013年版，第110页。

③ 孙谦、韩大元主编：《立法机构与立法制度：世界各国宪法的规定》，中国检察出版社2013年版，第110页。

④ ［印］M. P. 赛夫：《德国行政法——普通法的分析》，周伟译，山东人民出版社2006年版，第47页。

⑤ 孙谦、韩大元主编：《立法机构与立法制度：世界各国宪法的规定》，中国检察出版社2013年版，第110页。

⑥ 规章是由邦认可的法人或法律机构制定的从属法律，其目的是使乡、大学、专业团体、广播机构、德国联邦银行等机构在法律许可的自主权范围内管理自己的事务。立法授权一般是制定规章必不可少的条件。因为规章只适用于特定的地区，或者适用于受自治的机构管辖的成员与个人，自治机构不属于邦行政机关的组成部分，所以基本法第80条第1款规定的对发布法规立法权的委托进行限制，不适用于制定规章的委托。参见［印］M. P. 赛夫《德国行政法——普通法的分析》，周伟译，山东人民出版社2006年版，第54—55页。

有义务只制定客观上可以识别的委托权限。① 这表明，立法机关授权自治性机构制定自主性规章这一授权本身必须在法律所限定的范围内，而且立法机关所进行的授权是具体明确的，以便使人们能够清楚地了解授权制定规章的内容。除对其在内容上有上述要求外，就相关规章的制定程序也会在授权法中予以规定；以及，按照《联邦基本法》第28条第1款的要求，各乡均须通过在普遍的、直接的、自由的、平等的和秘密的选举中所产生的机构来代表人民制定各种规章；规章应当公布在乡的公报上。②

（三）美国对超越授权立法范围的立法监督③

美国国会对授权立法的控制措施主要是从程序上对行政机关制定法规进行监督和控制。从程序上对授权立法权力进行限制，"保证行政机关公平地行使权力，听取有关人士的意见，由公正的人做出决定"④。

在授权范围内，美国三权分立中的法律执法机关制定的行政管理方面的法规按照不同的标准可以分为多种类型。⑤ 就行政法规的制定程序而言，1946年的《联邦行政程序法》是一个分水岭。在1946年以前，联邦政府对法规的制定程序并无统一要求，部分散见于国会进行立法授权的各个不同的上位母法中。1946年以后，美国对行政管理方面法规的制定提出了统一的要求，从而使国会对联邦政府制定行政法规实现了在立法程序环节上即可达到良好的监督和控制效果。

《联邦行政程序法》对行政法规的制定程序规定了非正式程序和正式程序两大类。其中，非正式程序属于一般性普遍适用的法规制定程序，但有些法规需要适用规定的全部程序，而有些法规则只适用其中的一部

---

① ［印］M. P. 赛夫：《德国行政法——普通法的分析》，周伟译，山东人民出版社2006年版，第55—56页。
② ［印］M. P. 赛夫：《德国行政法——普通法的分析》，周伟译，山东人民出版社2006年版，第56页。
③ 本部分有关内容主要参考王名扬教授所著《美国行政法》第八章、第二十章及附录部分的内容。
④ 王名扬：《美国行政法》（上），北京大学出版社2016年版，第233页。
⑤ 王名扬教授对美国行政机关制定的法规进行了分类并指出，不同种类的法规在制定程序上、法律效果上和受法院监督的程度上不一样。参见王名扬《美国行政法》（上），北京大学出版社2016年版，第261页。

分程序，这种情形又称为例外程序；正式程序主要是在法律有特别规定时需要适用的程序。除了《联邦行政程序法》中规定的这些程序要求，其他法律、行政机关等也会自行规定法规的制定程序，由此便形成了行政法规制定的另一种程序即混合程序。另外，行政机关在行政法规制定过程中又发展出了协商程序。总体而言，国会对行政机关制定行政法规的程序监督和控制在措施上较为常用的主要有三种。

一是非正式程序。除非有特别要求，所有行政法规的制定均按照此程序要求进行。故而可以说，该程序是国会对联邦行政机关制定的绝大部分行政法规最主要的控制和监督程序。按照《联邦行政程序法》第553节的规定，非正式程序主要有：

（1）发布制定有关法规的公告；

（2）收集有关制定该部规范的意见建议；

（3）公布，即由联邦行政机关将最终法规的文本公布在《联邦登记》上，不经公布，行政法规不能生效，对他人无法律拘束力；

（4）生效。第553节将法规的生效分为即时生效和延迟生效两种情形。延迟生效为一般情况，法规必须在其按规定公布或送达30天以后生效；即时生效为延迟生效的例外，即法规一旦公布即刻生效。

二是正式程序，即按照要求不得适用非正式程序，而必须采取听证方式制定规范的一种程序性要求。

《联邦行政程序法》关于这一问题的规定主要见之于第556节和第557节。第556节主要对法规制定过程中的听证、听证主持人、权力和责任、举证责任、证据、记录作为裁决的根据进行了规定；第557节主要对听证后的初步决定、结论、行政复议、当事人的意见、决定的内容、案卷进行了规定。作为制定行政法规的正式程序，其主要特点是采用了一种司法化的程序方式，将听证所获取的事实作为制定法规的依据，而且正式程序是来自国会制定的法律的特别要求。

三是混合程序，是在规范制定的过程中所适用的兼具非正式性和正式性的程序。实践中，非正式性程序简捷、迅速的特点提高了立法的效率，但也带来民众参与程度不够，立法民主性不强，对公共利益考虑不够等缺陷；而正式性程序虽然能够充分听取民众意见，但却存在立法效率不高等不足。因而，两种程序的混合使用可以相互取长补短，能够相互弥补各自不足。

实践中适用混合程序的场合主要来自三类情况。一是国会有时会在制定的法律中对行政机关实施授权立法不同程序环节提出采用混合制程序的要求；二是法院从正当程序原则出发，利用法律解释权要求采用混合制。司法实践中，法院的部分判例对采取非正式程序制定行政法规持怀疑态度，认为采取非正式程序不能为法规制定过程提供充分的程序保障，为了让更多的公众积极参与法规制定过程和提供更充分的参考意见，法院提出了增加法规制定程序的要求，以至于有学者就认为"法院是混合程序的积极倡导者"[1]；三是行政执法机关为了使民众增强对规则的认可和接受，也会在制定其内部规范时采取混合制程序的做法。

在美国国会对行政机关制定法规的监督历史中还曾经存在过"立法否决制度"。立法否决制度是英国议会控制授权立法的一种方式。美国借鉴英国的立法否决制度最早出现在1932年国会制定的《立法拨款法》中，其授权时任总统胡佛改组行政机构，同时规定总统提出的改组应在实施前送达国会，在送达后60天之内，国会可以经过两院讨论或任何一院单独决议的方式否决该项改组计划，由此产生了美国的立法否决制度。[2] 美国立法否决制度诞生后，从1932年至1983年最高法院对移民和规划局诉查德哈案之前的这一段时期，立法否决制度在美国得到广泛应用，使国会能够以更加简便和快捷的方式来控制行政机关的行政立法行为。

立法否决制度不能简单地理解为对某项制度的否定，就制度内涵来说，其本质是国会拥有的对规范的审查权。国会将立法权授予法律执行机关，行政机关在依据授权制定规范后还应当接受国会的审查，经审查如果符合授权决定的要求且无其他违法情势，则该项规范即可被认可；如果发现存在不符合授权决定要求或有其他不合法的情势，则国会即可行使该项权力使规范无效。[3] 从形式上看，对执法机关而言，其依据授权所做出的决定或制定的法规在一定时期内是不发生法律效力的，如果国

---

[1] 王名扬：《美国行政法》（上），北京大学出版社2016年版，第277页。
[2] 陈伯礼：《授权立法研究》，法律出版社2000年版，第316页。
[3] 王名扬：《美国行政法》（下），北京大学出版社2016年版，第678页。

会在这期间对其做出的决定或制定的法规没有行使否决权则该项决定或法规开始生效;对国会而言,对执法机关做出的决定或制定的法规,如果国会中的两院共同做出否决决定或任何一院做出否决决定或国会中的有关委员会做出否决决定,则表示该项决定或法规已经适用了立法否决,将不具有法律效力。从具体构成看,行使立法否决权应当具备法律授权行政机关、行政机关实施了法律的授权以及国会保留对行政机关做出决定的否决权力三项要素。从适用范围来看,立法否决不仅可以适用于行政机关针对某项具体事项做出的特定具体行政决定,也适用于行政机关制定的普遍适用的行政法规。

对立法否决制度做出颠覆性改变的是 1983 年的移民和规划局诉查德哈案。[①] 在本案中,最高法院认为,按照联邦宪法所确立的三权分立原则,尽管联邦立法权的行使归属于国会,但国会授权行政机关制定的法规须经国会和总统的双重审查,即国会对经过其审查通过的行政法规还应当再由总统签署同意与否的意见,尽管通常情况下总统可能不会反对国会已经同意的行政法规但也不排除其就某部法规行使否决权的可能性。因此立法权力由国会两院和总统共同行使,立法否决允许国会单独行使立法权力,不受总统否决权的限制,违背了宪法的分权原则。[②] 最高法院的判决从根本上否定了国会的立法否决权,也否定了立法否决制度。尽管国会丧失了立法否决权,但"对国会控制行政的力量并无多大影响,因为国会还有其他控制方式,效果和立法否决相同而不引起宪法问题"[③]。

国会除了上述对行政机关制定法规的控制措施,还可以通过预算控制、调查、弹劾等多种控制措施来实现对行政机关制定法规的监督。

(四)澳大利亚对超越授权立法范围的立法监督

议会监督是澳大利亚授权立法制度的重要组成部分。在议会授权行政机关实施授权立法,以完成议会自身"不可能"之立法任务后,议会

---

① 关于"移民和规划局诉查德哈案"可参见王名扬《美国行政法》(下),北京大学出版社 2016 年版,第 680—681 页。
② 王名扬:《美国行政法》(上),北京大学出版社 2016 年版,第 284 页。
③ 王名扬:《美国行政法》(下),北京大学出版社 2016 年版,第 683 页。

还需要通过监督制度加强对授权立法的控制，以"保证授权立法质量，提高立法效率"①。就具体途径和措施来看，澳大利亚议会采取的措施主要有程序控制和备案审查。

1. 程序控制

在制定程序环节，2003 年澳大利亚通过的《立法性文件法》对程序提出了明确要求，被授权主体在实施授权立法时必须遵循该程序规范，否则会导致无效的结果。概括而言，澳大利亚议会实施的程序性控制措施主要有：

（1）起草阶段。按照《立法性文件法》的要求，由行政机关起草的授权立法必须附带解释说明文字；同时，司法机关还应当承担相应的立法准备工作以及以多种途径和方式向社会公众传递所制定的规范的有关信息等。②

（2）听取意见。根据法律要求，被授权主体在实施授权立法时，应当吸收相关人员的立法建议。实践中，授权立法的实施机关听取的意见或建议主要来自有关专家团体或提出授权立法动议的第三方。如果授权法规定行政机关在实施授权立法时应当听取有关专家的咨询意见，相关机关在法律制定过程中应当考虑咨询报告的建议或意见。而如果授权立法是由第三方发出的立法动议，则在实施过程中应当充分考虑其立法建议；如果缺乏这一环节，则该项立法将会因为程序存在瑕疵被认定为无效。③

（3）备案登记。该项程序性规定为强制性措施，未按规定要求履行的，所制定的授权法律规范属无效规范，④且不具有任何法律效力。⑤ 登记备案的目的在于议会能够及时对被授权机关所制定的法律文件进行审查。

（4）公布和出版。按照规定，授权立法规范在生效以前必须公布，否则不能生效，这一程序是"必要条件"，至于具体方式既可以全文公布

---

① 金梦：《澳大利亚授权立法的范围与监督机制》，《学术交流》2015 年第 10 期。
② 贾宸浩：《澳大利亚授权立法的运行与监督机制研究》，博士学位论文，山东大学，2014 年，第 53 页。
③ 贾宸浩：《澳大利亚授权立法的运行与监督机制研究》，博士学位论文，山东大学，2014 年，第 66 页。
④ 金梦：《澳大利亚授权立法的范围与监督机制》，《学术交流》2015 年第 10 期。
⑤ 贾宸浩：《澳大利亚授权立法的运行与监督机制研究》，博士学位论文，山东大学，2014 年，第 54 页。

也可以只发布有关通知。① 同时，按照要求，所有规范性法律文件都必须面向社会公开出版。②

（5）特别规定。《立法性文件法》对于其生效之前所制定的授权立法引入了一项独特的控制制度，即"效力重获"制度。该项制度主要针对《立法性文件法》生效之前的授权立法规范的备案登记问题规定了两种具体的处理措施。③

2. 备案审查

澳大利亚议会对授权立法的备案审查监督除了议会本身在程序上的控制，"真正优势在于各类专业性的立法审查机构"④ 来实现监控，其中最主要的是联邦参议院于1932年成立的"法规命令常务委员会"（Senate Standing Committee on Regulations and Ordinances）和1981年成立的"法案审查常务委员会"⑤。

《参议院议事规则》第23条第3款对法规命令常务委员会履行审查监督职能规定了四项基本的原则，这四项审查原则也构成了法规命令常务委员会审查授权立法的基本内容，具体有：①合法性原则，即审查提交的每一份授权立法规范不得违反法律规定；②保护性原则，即虽然立法权被授出，但依法保护个人权利和自由的原则不变；③禁止随意干预原则，即对公民权利和自由的保护应当防止缺乏法律依据的行政决定随意实施侵犯；④不适合立法事项原则。与议会制定法律相比，该事项更适合授权立法。⑥

1981年成立的法案审查常务委员会按照参议院的要求从五个方面⑦检

---

① 贾宸浩：《澳大利亚授权立法的运行与监督机制研究》，博士学位论文，山东大学，2014年，第75页。
② 金梦：《澳大利亚授权立法的范围与监督机制》，《学术交流》2015年第10期。
③ 贾宸浩：《澳大利亚授权立法的运行与监督机制研究》，博士学位论文，山东大学，2014年，第54—55页。
④ 贾宸浩：《澳大利亚授权立法的运行与监督机制研究》，博士学位论文，山东大学，2014年，第103页。
⑤ 朱应平：《澳大利亚委任立法制度研究》，《人大研究》2004年第5期。
⑥ 贾宸浩：《澳大利亚授权立法的运行与监督机制研究》，博士学位论文，山东大学，2014年，第113—127页。
⑦ 贾宸浩：《澳大利亚授权立法的运行与监督机制研究》，博士学位论文，山东大学，2014年，第128页。

查授权立法是否符合要求。与法规命令委员会的审查相比，法案审查委员会的审查不仅在具体数量上有所增加，而且审查内容也更加精细。比如，对公民基本权利的保护在保留原审查内容的基础上就增加了防止含混不清的行政权力实施侵犯的内容。另外，也增加了对审查机关工作不周密的考虑等。

3. 人权审查机制

近些年，澳大利亚授权立法的立法监督中产生了一项较为新颖的监督方式，即以人权原则为标准来对授权立法实施监督审查。从澳大利亚议会监督的实践来看，人权审查机制对授权立法的监督主要是利用有关人权方面的立法来衡量授权立法是否符合有关规定，如果与其相悖，该授权立法就可能会被认定为无效立法。目前，在澳大利亚主要有三个地区的议会利用人权审查机制对授权立法进行监督。[①]

二 司法监督

司法机关的监督也是各国对授权立法实施监督的主要方式。在具体监督过程中，司法机关按照既定的标准和内容，实施对超越授权立法范围行为的监督。在具体的监督方式和监督内容上，各国对授权立法的司法监督表现各异，下面仍以上述四个国家为例来具体考察其运作方式。

（一）英国对授权立法的司法监督

在英国，仅有女王和两院的立法可以免受司法审查，[②] 议会授权行政机关进行立法的行为属于司法机关审查监督的范围。英国司法机关对授权立法的审查主要以被授权机关实施授权立法时是否超越了授权机关对被授权机关所确定的授权立法范围为标准，这一标准在实践中逐渐演变成为不得越权原则，具体包括不得超越程序性权力原则和不得超越实质性权力原则。

1. 不得有程序性越权

正如上文所述，英国议会为监督控制授权立法而对其设置了具体的

---

① 贾宸浩：《澳大利亚授权立法的运行与监督机制研究》，博士学位论文，山东大学，2014年，第132—134页。

② William Wade and Christopher Forsyth, *Administrative Law* (*Eighth Edition*), New York: Oxford University Press, 2000, p. 854.

程序性要求，行政机关在实施授权立法时必须遵守程序规定，超越程序规定而实施的授权立法会被司法机关以该授权立法存在程序性缺陷而宣告为无效。在司法机关对授权立法进行程序性审查时，英国采取了区别对待的做法，即如果程序属于强制性的程序，那么不遵守该程序规定将必然会导致授权立法的无效；如果程序属于指导性的，则不会影响授权立法的效力。

2. 不得有实质性越权

不得有实质性越权的核心要求是被授权机关的授权立法不得超越授权法的授权范围。如何审查授权立法是否有实质性越权行为，英国司法机关采取的审查标准主要有：

（1）遵循宪法性原则。基于判例法的传统，英国虽然没有成文宪法，但这丝毫不影响其在长期的法治传统中已经形成和确立的一些基本的宪法性原则以及这些原则在英国法律体系中所具有的重要地位。比如，自然公正原则、税收法定原则、保护公民基本权利原则、寻求司法救济原则等，"即使是在《1998 年人权法案》之前，法官也经常将基本权利作为不可侵犯的权利，除非议会清楚明确地对此进行了说明"[1]。在英国法院实施司法监督的实践中，诸多案例表明，因为授权立法违反了这些宪法性原则而被法院认定授权立法无效。[2] 另外，在遵循宪法性原则的标准下，未经议会明确批准，授权立法不具有溯及既往的法律效力。

（2）遵循授权法标准。行政机关实施授权立法的权力源自议会的立法授权，"如果议会为授权设置了明确的限制，法院就会通过审查这些限制条件是否得到遵守来实施监督"[3]。被授权机关所制定的行政法规必须和授权法保持一致，司法机关在进行判断时，"法院不得不按照通常的方式寻求授权法的真实意图"[4] 以确定法规的范围和授权法的范围保持一

---

[1] 《1998 年人权法案》进一步增强了这种保护的力度。See William Wade and Christopher Forsyth, *Administrative Law (Eighth Edition)*, New York: Oxford University Press, 2000, p. 856.

[2] See William Wade and Christopher Forsyth, *Administrative Law (Eighth Edition)*, New York: Oxford University Press, 2000, pp. 856–857.

[3] Cecil T. Carr, *Delegated Legislation: Three Lectures*, London: Cambridge University Press, 1921, p. 31.

[4] William Wade and Christopher Forsyth, *Administrative Law (Eighth Edition)*, New York: Oxford University Press, 2000, p. 854.

致。实践中,司法机关往往会因为被授权机关制定的法规或条例与授权法不一致或不明确而将其判定为无效。①

(3) 合理性标准。"在审查授权立法时,法院不会轻易推翻一部法定条规,但该项法规如此不合理以至于议会不可能把它当作按照授权法制定的已授权法规来讨论看待,必要时法院可能会进行'不合理性'检查"②。"不合理标准"是司法机关以被授权机关制定的法规或条例不合理为理由而否认其效力,司法机关通常将"不合理"解释为"专横和反复无常""无意义的或无根据的""反复无常的和无根据的"③"具有歧视性或排除司法审查的内容"等。议会授权行政机关制定行政法规的目的之一是希望行政机关能够发挥其专长实施更好的行政管理职能,理论上应该"不会有使授权立法不合理实施的想法"④。故而,被授权主体应当对所制定规范的合理性担负首要责任,在立法时应尽可能使其符合合理性的要求。无论是在理论还是实践中,不符合合理性标准的法规一般均会被司法机关认定为无效,其目的在于防止被授权机关对立法权力的滥用。

(4) 目的性标准。立法具有目的性已成为基本共识,授权立法作为立法的一种特殊类型在是否具有目的性上也不例外。立法机关通常基于某种特定的目的而将其一定范围内的立法权授出,而被授权机关应围绕该目的实施立法行为,任何违背该特定的授权目的、为了其他目的或某些恶意的目的等而实施议会所授予的立法权,一般均不会得到司法机关的认可。

(5) "再委任须经许可"标准。授权立法中有一项基本的规则,即禁止授权立法的再授权或转授权,但这一禁止并非绝对。在英国的授权立法中,虽然也坚持再转让需要经过同意,然而在一些紧急情况或特殊时期这一原则并没有得到很好的遵守。在英国,"被授予的权力禁止再授出"的法谚意味着一个被授予权力的人禁止将他或她的权力再次进行授

---

① See William Wade and Christopher Forsyth, *Administrative Law* (*Eighth Edition*), New York: Oxford University Press, 2000, p. 855.

② A W Bradley and K D Ewing, *Constitutional and Administrative Law* (*Fourteenth Edition*), Harlow: Pearson Education Limited, 2007, p. 689.

③ 邓世豹:《授权立法的法理思考》,中国人民公安大学出版社2002年版,第195页。

④ William Wade and Christopher Forsyth, *Administrative Law* (*Eighth Edition*), New York: Oxford University Press, 2000, p. 860.

出，然而母法可以通过允许再授权而推翻这一禁止性规定，1939 年的《紧急状态权力（防御）法》[Emergency Powers (Defence) Act 1939] 就采取了这样的做法。在母法中如果没有表明这一授权，再授权的立法权毫无疑问是无效的。而且，2004 年《国内紧急事件法》中的紧急规则允许"制定由议会法规定的任何条款" [S22 (3)]，这一权力的范围就包括了授权立法权的再授权。①

英国法院通常会以上述标准来审查授权立法是否存在实质性越权情形，但议会有时为了实现其某种目的而设置一些障碍以限制司法机关对授权立法的司法审查。比如，通过授予行政机关以宽泛的权力来达到其限制司法审查的目的。此种做法越来越受到质疑和批评，而法院"长期的政策是抵制各种确认无限行政权企图，以及尽全力坚持越权无效原则"②。另外需要注意的是，一部授权立法若存在部分无效部分有效的情况，如果废除无效部分不会影响有效部分法律的实施和效果或整部法律的连贯性，则应当继续保持有效部分的法律效力，而不应当整体废除。

（二）德国对授权立法的司法监督

德国法院对授权立法的司法监督分为直接审查和间接审查（或附带审查）两种类型。

直接审查是由联邦宪法法院直接对被授权机关制定的法规或条例的合法性进行审查。直接审查可以由联邦宪法法院直接发起，也可以应联邦政府或各邦政府的请求或联邦议会三分之一议员的请求，或者个人针对其权利受到授权立法的侵害而提起的请求，当自治机构认为其自治权受到侵犯时也可以向联邦宪法法院提起审查诉求。一旦法规或条例生效即可提请审查，而不需有具体的诉讼案件或实际的纠纷发生。间接审查（或附带审查）指在具体的诉讼过程中涉及需要对某法规或条例是否越权进行审查，此时由行政法院将需要审查的法规或条例提交给联邦宪法法院实施司法审查。

---

① A W Bradley and K D Ewing, *Constitutional and Administrative Law* (Fourteenth Edition), Harlow: Pearson Education Limited, 2007, p. 678.

② William Wade and Christopher Forsyth, *Administrative Law* (Eighth Edition), New York: Oxford University Press, 2000, p. 869.

司法机关对授权立法的审查按照审查内容可以分为程序越权审查和实体越权审查。程序越权审查主要是审查授权立法在实施过程中是否违反了基本法（如果是邦的立法则是否违反了邦的宪法）、授权法所规定的程序要求。程序越权审查的具体标准以授权法或基本法或邦的宪法所规定的具体程序性要求为准，违反了制定程序要求即构成程序越权。实体越权审查主要看是否存在违反基本法或授权法给定的立法事项范围，其审查的标准主要有以下几个方面：①

（1）宪法标准。该项标准主要看授权立法是否违反了《联邦基本法》中的实体性规定。从德国司法审查的实践来看，已经存在有因违反授权立法的明确性原则、平等原则等宪法标准而致使授权立法被宣告无效的案例。

（2）无授权而实施立法。如《道路许可证条例》因没有依照《道路交通法》的授权规定而被宣布为无效。

（3）超越授权范围立法。如《一九五五年所得税法实施细则》第49条第1项第1款因为超越授权范围而被联邦宪法法院宣布无效。

（4）无法律依据不得制定溯及既往的立法。

（5）无授权不得转委任授权立法权。如《道路许可证条例》第4条属于无法律依据所实施的再授权立法权而被联邦宪法法院认定为无效。

对于自治机关被授权制定的自主性立法，司法机关对其的审查方式和标准与对行政法规的审查方式和标准基本一致。

（三）美国对授权立法的司法监督

司法审查是美国法院监督授权立法的主要方式。美国法院对授权立法的司法审查是一种附带性审查，即只是在具体的案件中对涉及的问题进行审查，而"不专门或应其他机关的请求"②实施。

美国法院对授权立法的审查主要是针对其合宪性和合法性的审查。合宪性审查主要是审查授权法及授权立法是否符合宪法规定；合法性审查主要看是否符合授权法的规定，有无存在违反授权法要求的越权情形。从美国法院审查授权立法的实践来看，联邦和州一级的审查标准基本一

---

① ［印］M.P.赛夫：《德国行政法——普通法的分析》，周伟译，山东人民出版社2006年版，第51—54页。
② 邓世豹：《授权立法的法理思考》，中国人民公安大学出版社2002年版，第176页。

致，主要有：

1. 合宪性标准

任何授权法和依据授权制定的法规必须符合宪法原则和宪法规范，这是授权立法必须坚持的基本原则，超越宪法而实施的授权立法必然因为违宪而会被法院宣告为无效。

2. 授权明确性标准

虽然在美国授权立法的司法审查实践中因为授权缺乏明确的标准而被法院宣告无效的判例较少，[①] 但法院还是坚持授权立法应当具有明确具体的标准这一原则。如果真存在缺乏具体明确授权标准的情形，法院采取的方法是尽量通过解释的办法来阐明标准，防止导致宪法层面的纠纷或使最高立法机关的授权目的不能实现，以及因为缺乏标准而导致所制定的法律失效。[②]

3. 不得越权标准

授权法规定了授权立法的范围，行政机关在制定法规或规章时必须遵守授权范围的规定，超过授权法范围所制定的授权立法规范将会因为超越授权范围而被法院宣告为无效。

4. "不专横或不合理"标准

遵守授权法标准所制定的行政法规或规章如果内容专横或不合理，同样也可能会被法院宣告为无效。"如果一部规章太专横或不合理，即便它所涉及的问题在行政机关的委任权之内，也是无效的"，至于是否专横或不合理"应当由法院判断某个特定规章与授权制定此规章的法律之间是否有合理的联系"[③]。

5. 程序标准

被授权机关在制定有关法规时应当严格遵循程序要求，否则司法机关就会因为程序瑕疵而宣告其无效。

---

① 发生在1935年的"巴拿马案"和"谢克特案"是美国最高法院以授权法中没有规定适当的标准为理由而否认国会委任立法权力的为数不多的两个判决。参见王名扬《美国行政法》（上），北京大学出版社2016年版，第223—224页。

② 王名扬：《美国行政法》（上），北京大学出版社2016年版，第231页。

③ ［美］伯纳德·施瓦茨：《行政法》，徐炳译，群众出版社1986年版，第142页。

（四）澳大利亚对授权立法的司法监督

在澳大利亚，对授权立法的司法监督是法院的一项重要职能，而且法院具有"法定权力"以判定授权立法的合法性。[①] 在具体对授权立法进行司法审查时，澳大利亚法院以越权原则为根据，一旦授权立法被认定为越权，则会被宣告无效。在具体认定授权立法是否越权时，澳大利亚法院以下列情形为审查标准：

1. 程序性越权审查标准

授权立法的制定如果不符合有关授权立法的强制性程序要求而构成程序性越权，则会被宣告无效。

2. 实体性越权审查标准

在实体性越权中，根据具体情形又分为如下不同类型：

（1）超越被授权主体的范围，即授权主体在进行立法授权时将授权立法权授予了不恰当的被授权主体而引起的无效授权立法行为。

（2）授权法或授权立法不得违反宪法。授权法以及根据授权法所制定的授权立法必须遵守宪法的规定，如果违反了宪法则导致授权法和授权立法的全体无效。

（3）依据授权法所制定的授权立法不得违反授权法及立法机关制定的其他法律或澳大利亚的普通法。依照法理，立法权的行使均应在其明确的权限范围内，任何立法行为不得违背立法权限的明确规定，否则构成越权立法而必然导致规范的无效，授权立法也是如此。除此之外，澳大利亚法院在对授权立法进行司法审查时还会看其是否存在不符合法律规定的情形，如果违反了立法机关自己制定的法律也一样会构成越权行为，"除非允许授权立法可修改或废除原议会法某一不适当的规定"[②]。此外，授权立法是否违反澳大利亚普通法中确立的一般性法律原则也是司法机关实施司法审查所采用的标准，如果违反了这些原则同样构成越权。

（4）授权目的标准。如果授权立法不符合授权法的授权目的，澳大

[①] 贾宸浩：《澳大利亚授权立法的运行与监督机制研究》，博士学位论文，山东大学，2014年，第135页。

[②] 姜明安：《澳大利亚委任立法制度的理论与实践》，《中国法学》1995年第1期。

利亚法院也会因此而宣告授权立法的无效。

3. "不合理"标准

澳大利亚法院在对授权立法进行司法审查时，如果认定授权立法"不合理"也会宣告其无效。当授权立法规范因为"不合理"而导致授权可能被滥用时，该标准也可以作为独立的审查依据。① 这一审查标准的具体要求和英、美对授权立法的司法审查中的不合理标准相似。

4. 未经授权不得对授权立法权再转让

一般而言，未经许可授权立法禁止再转让，擅自转让授权立法权构成"越权再委托"，由此而制定的法律规范属于无效规范。但如果经过法律的许可，允许对授权立法权再委托，此时的再委托属于合法行为，所制定的法律规范合法有效。

第三节　中国对超越授权立法范围的监督②

一　监督方式及适用标准

不同于西方国家的法律监督机制，我国的法律监督主要是以立法机关为主的立法监督机制，这一监督方式同样适用对授权立法的监督，同时在这一过程中也能够实现对超越授权立法范围的监督。依照《宪法》《立法法》《监督法》等有关法律的规定，我国的立法监督主要有批准、备案和审查等具体实现方式，其中尤以审查监督最为关键。依照《立法法》等有关法律规定，立法机关在实施审查监督时依照的标准主要有：

---

① 贾宸浩：《澳大利亚授权立法的运行与监督机制研究》，博士学位论文，山东大学，2014年，第139页。
② 李步云教授和汪永清教授认为，我国没有统一的监督授权立法的法律规定，法条授权中的情况分为两种：一是在向国务院各部委的授权中，只是规定了国务院的内部监督（需要经过国务院的"批准"）；二是在向地方的授权中，监督的方式与宪法中规定的监督地方法规的形式相同，即向全国人大常委会和国务院备案。在特别授权决定中，监督方式的规定与上述监督方式无大的区别，只是在向国务院授权时，规定国务院根据授权制定的行政法规要向全国人大常委会备案。参见李步云、汪永清主编《中国立法的基本理论和制度》，中国法制出版社1998年版，第331页。笔者在梳理中国对授权立法的监督有关资料的过程中所形成的认知与两位前辈的结论相同，即我国现行对授权立法的监督与现行的立法监督方式基本保持一致。因此，我国对超越授权立法范围的监督和我国的立法监督是一致的。

第一，合宪性标准。《立法法》第87条①对此有明确规定。按照一般法理，任何法律法规均不得与宪法相抵触或有违反宪法之规定。因此，授权立法中如果存在违反宪法的情形，必然导致授权立法的无效。

第二，不得越权标准，即不得超越立法权限进行授权。无论是立法机关的授权法还是授权立法规范都必须在立法权限范围内做出，超越立法权限的授权法或授权立法规范当属无效立法行为。

第三，不得违反授权法的规定或其他上位法的规定。授权立法权源于授权法，因此，只有符合授权法规定的授权立法规范才符合授权立法的要求。另外，依照授权而制定的授权法规范也必须符合法律的位阶原则，即授权立法规范不得和其上位法发生抵触或矛盾，一旦违反了法律位阶原则，有关机关则可以撤销或改变该授权立法规范。

第四，"适当"标准。《立法法》第96条以及《法规规章备案条例》第10条、第14条分别对适当性进行了规定。在我国审查监督实践中一般认为，不适当就是不合理、不公平，如法律规定的某些措施或要求明显不符合实际情况脱离现实客观基础，规范中设定的权利义务之间明显不平衡、责罚失衡等。②

第五，程序标准。立法必须遵循法定的立法程序。对于不遵守法定立法程序而制定的法律规范，《立法法》和《法规规章备案条例》等法律法规可予以改变或撤销。

二　立法监督存在的问题

笔者认为，我国授权立法监督的具体规定和实践运行还存在以下问题：

第一，批准监督存在的问题。就批准监督的性质而言，其"属于一种事前监督方式"③，能够在法律规范生效前发现问题并予以及时纠正，防止生效后才发现问题从而给公民个人或社会带来损害的弊端，与事中监督或事后监督相比具有先天的优势。按照《立法法》的规定，适用批

---

① 《立法法》第87条：宪法具有最高的法律效力，一切法律、行政法规、地方性法规、自治条例和单行条例、规章都不得同宪法相抵触。

② 乔晓阳主编：《〈中华人民共和国立法法〉导读与释义》，中国民主法制出版社2015年版，第300页。

③ 汪全胜：《制度设计与立法公正》，山东人民出版社2005年版，第350页。

准监督方式的立法主要有设区的市制定的地方性法规、民族自治地方的自治性法规，除此以外国务院授权有关下属部门制定规章的立法授权也采取批准监督的方式。就具体的批准监督来看，尽管已经规定了几种需要批准的立法类型，但批准监督的具体程序如何规定以及批准的法律后果如何界定等问题在《立法法》中并未有明确规定。另外，就批准监督的适用范围来看，其似乎稍显狭窄，比如，对授权立法就缺乏必要的批准制度，"还应该把我国的'授权立法'纳入批准制度的范围"①。在国务院向有关部委的法条授权立法中，虽然规定了批准监督制度，但其监督效果却值得怀疑。在某种程度上，国务院内部所实施的这种批准监督"实践中也只是走过场，流于形式，达不到真正监督审查的目的"②，事实上批准的监督效果有限。

第二，备案监督存在的问题。备案监督是我国立法监督的主要形式之一。对于备案监督，国内学界有两种不同的看法，一种观点认为只要备案就应当审查；另一种观点认为，备案并不意味着必须审查，只是在需要的时候进行审查。从当前我国法律备案监督的具体实践来看，基本上采取了第二种观点，即"备案就是存档备查"③，按照法律法规对备案的要求完成备案形式即可。作为事后监督方式之一，④ 备案监督在现行制度设计中规定得比较模糊，还存在以下几个问题：一是备案的强制力度不够。尽管现行有关法律中规定了备案监督方式，且"现行的备案报送制度为备案报送者设定的义务是：按时报送，按备案机关的要求改正或

---

① 汪全胜：《制度设计与立法公正》，山东人民出版社 2005 年版，第 345 页。
② 王压非：《我国配套立法问题研究》，法律出版社 2014 年版，第 139 页。
③ 乔晓阳主编：《〈中华人民共和国立法法〉导读与释义》，中国民主法制出版社 2015 年版，第 301 页。
④ 对于备案是否属于立法监督的具体方式，学界存有争论。有学者认为，备案是立法监督的环节，是立法机关行使立法监督的基础或手段、方式，不能单独成为立法监督的方式，必须和审查合并使用才可以成为完整的立法监督方式；也有学者认为，备案和审查同属于并列的立法监督方式，因为备案并不代表必然的审查，而对行政法规、地方性法规、自治条例和单行条例、规章而言，备案是必须遵守的步骤。而且，《监督法》第 28 条规定，行政法规、地方性法规、自治条例和单行条例、规章的备案、审查和撤销，依照立法法的有关规定办理。其对备案和审查采取并列的方式进行规定。因此，笔者也赞同备案是一种独立的立法监督方式。另外，汪全胜教授对备案作为一种独立的立法监督方式的缘由进行了较为详细的论述，可参见汪全胜《制度设计与立法公正》，山东人民出版社 2005 年版，第 335—337 页。

答复，改变不合理、不合法的法规规章等"①，但实践中备案报送者对备案机关提出的审查意见不及时反馈、甚至不按照规定履行备案报送义务等违背法定义务的行为在立法上却并无规定，从而导致备案的监督效果大打折扣。二是多元备案和多元审查的问题。按照《立法法》第98条的规定，地方性法规、自治条例和单行条例、规章均存在报送两个备案机关的规定，这就产生了多元备案的问题。同时，《立法法》第99条第3款又规定了主动审查制度，如此一来便会存在因为多元备案而导致的多元审查问题。应该说，主动审查制度的设置是我国法律监督制度中的一大进步，但立法者却忽视了上下法律条文规定之间的协调，导致在解决了旧问题的同时却又产生了新的问题。三是对于授权立法备案后的审查未作强制性规定。《立法法》对授权立法作出必须备案的要求，同时也规定了接受备案的机关可以主动审查。笔者认为，对于授权立法必须进行主动审查而非可以主动审查。因为，授权立法是立法机关对立法权的授出，被授权机关是否严格遵循授权法或授权立法条款的规定仅依靠形式备案是无法察觉的，只有进行审查才可以确认授权立法权是否得到正确实施。

第三，审查监督存在的问题。审查监督主要针对已经制定的法律规范的合法性和适当性实施审查。按照《立法法》和《法规规章备案条例》等有关法律的规定，目前我国主要有主动审查和被动审查两种方式。2015年《立法法》修正时，将主动审查以条文的形式加以规定，一改《立法法》修改前有关机关实施主动审查缺乏具体法律依据或法无明确规定的尴尬境地，但具体分析当前的审查监督制度，笔者认为存在弱化审查程序启动的不足。尽管被动审查程序本身即有弱化审查监督的嫌疑，而《立法法》第99条第1款和第2款的规定在一定程度上又增加了弱化审查程序启动的程度。《立法法》第99条第1款规定中的"可以"一词对主体而言具有选择性，意味着有关机构既"可以"提出也"可以不"提出审查建议。在笔者看来，如果上述国家机关认为行政法规、地方性法规、自治条例和单行条例同宪法或者法律相抵触，是"应当"向全国人大常委会提出审查要求而不能允许其对可能影响国家法制统一的现象

---

① 汪全胜：《制度设计与立法公正》，山东人民出版社2005年版，第339页。

进行选择性处理，即应当将其作为这些国家机关的法定义务。原因在于，国家机关不同于一般的社会组织或团体，其自身就有维护国家法制协调统一的责任，这种责任并非是写在文本上的机关职能，而是其作为国家机关内在的自身属性使然。因而，如果上述国家机关认为法律规范同宪法或者法律相抵触，就应该提出审查要求，而不能由其选择提出或不提出。另外，《立法法》第 99 条第 2 款中规定的"必要时"的判断标准目前并无客观统一的意见，虽然"实际工作中，常委会法规备案审查工作机构对公民、组织提出的每一件审查建议都进行认真接收、登记和审查研究"[①]，但最终审查与否仍然由"必要"决定，这必然是对公民或组织提出审查建议权的弱化。

[①] 乔晓阳主编：《〈中华人民共和国立法法〉导读与释义》，中国民主法制出版社 2015 年版，第 310 页。

第六章

我国授权立法范围的完善建议

第一节 统一授权立法的概念范畴

授权立法按照授权类型可以分为专门授权立法和一般授权立法。《立法法》仅对专门授权立法进行了规定,却对现实中大量存在的法条授权以"配套立法"这一"非法律概念"对待,使《立法法》中关于授权立法的有关规定不适用于法条授权。笔者认为,《立法法》的此种立法思路不妥,应当将法条授权统一在授权立法的概念范畴内,对专门授权立法和法条授权立法进行统一规范。

在统一的授权立法概念范畴之中,笔者建议以下两种立法思路:

第一种思路,在《立法法》中设立授权立法专章。这一思路需要考虑两个方面的问题:一是授权立法是否可以作为专章列入《立法法》?二是如果授权立法作为《立法法》的专门章节,具体应当如何规定?

笔者认为,授权立法可以列入《立法法》并作为专门的一章进行规定。首先,作为立法行为,无论是立法机关行使立法权制定法律规范还是授权立法中被授权机关行使授权立法权制定授权立法,二者都属于立法活动。按照《立法法》"规范立法活动,健全国家立法制度,提高立法质量"等目的,授权立法作为国家立法实践中必将长期存在的立法行为理应可以纳入《立法法》的调整范围,成为《立法法》的调整对象。其次,授权立法是一类特殊的立法行为。授权立法属于一类特殊的立法行为,其特殊性主要表现于立法权的来源。立法机关按照立法权限实施的一般立法行为的立法权来自宪法等法律的直接规定;而授权立法中被授权机关行使的授权立法权则来自有关机关的授权。即使从现有法律规范来看，授权立法的实施和法律、行政法规、地方性法规、规章等的制定也有着明显的差别。因此，从特殊性考虑，授权立法可以自成一类立法行为。最后，《立法法》中对授权立法的规定本身就已说明授权立法可以作为《立法法》的调整对象，由于只认可全国人大及其常委会实施的专门性授权立法，因此并未将其独立成章，只是作为"法律"章节中的部分内容进行规定。

授权立法作为《立法法》的专门章节，在具体规定上，笔者建议可以考虑以下几个方面的内容：

首先，授权立法的一般性规定。在一般性规定部分应当明确授权立法的概念、基本原则及基本制度要求等，这些条款主要是对授权立法做出总体的要求和规定。比如，授权的明确性原则、禁止再转让制度、期限制度等可以普遍适用于各种授权立法形式的一般性制度规定。

其次，对专门性授权立法进行规定。这一部分主要结合专门性授权立法的特殊要求规定概念、授权主体和被授权主体的范围、权限或事项范围、授权的期限范围、位阶、制定程序及相关的限制性要求等内容。

最后，对一般性授权立法进行规定。这一部分主要结合一般授权立法的特点进行规定，其中包括一般授权立法的概念、授权主体和被授权主体的范围、授权立法的权限或事项范围、授权的期限或时间范围、授权立法的制定程序、一般授权立法的限制性要求等。

另外，对于授权立法的监督可以与其他法律规范的监督一起统一规定在专门的备案审查章节。

第二种思路，制定专门的授权立法法律规范。这一思路借鉴有关国家的做法，比如英国为规范授权立法就专门制定了《法定条规法》，澳大利亚为规范授权立法专门制定了《立法性文件法》，美国在规范授权立法方面可以依据《联邦行政程序法》等。我国为了规范法条授权立法，全国人大常委会在2009年2月制定并通过了《关于法律配套法规制定的工作程序》。在笔者看来，一方面，国外有专门针对授权立法的成例可供借鉴；另一方面，我们也针对法条授权制定了专门的规范，因此，制定面向授权立法的专门法律规范也具有可行性。

如果采取制定专门规定授权立法的法律规范这一思路，就具体内容方面，笔者建议从以下几个方面进行考虑：

（1）总则部分。该部分主要规定制定本法的目的、授权立法的概念、授权立法的基本原则、授权立法的基本要求等具有普遍意义的规范内容。

（2）专门授权立法部分。该部分内容主要侧重于专门性授权立法的制度规范，可以规定专门性授权立法的概念、授权主体和该部分被授权主体的范围、授权权限或事项范围、授权期限或时间范围、授权立法的制定程序及授权立法的限制性规定等。

（3）一般性授权立法部分。该部分在内容安排上主要涉及一般性授权立法的有关规定，主要可以包括一般性授权立法的概念、授权主体和该部分被授权主体的范围、授权权限或事项范围、授权期限范围（或实施授权立法的期限要求）、一般性授权立法的程序性要求及其他限制性规定等。

（4）授权立法的监督部分。该部分主要规定授权立法的监督主体、监督程序、监督内容和标准及违反相关法律制度的处理等。

（5）附则部分。该部分主要规定新法制定后对原先已经存在的授权立法的处理、新法和旧法的衔接协调以及新法的生效等。

综上所述，完善我国授权立法范围首先需要统一授权立法的概念范畴，其次是较为全面地思考授权立法的范围问题。在统一的授权立法概念范畴中，就立法而言可以有两种思路，一种是在《立法法》中设立专章；另一种则是学习借鉴国外的经验并结合我国的具体立法实践制定专门的授权立法的法律规范，以实现对授权立法全面系统的规范。

第二节　限定授权立法的主体范围

适格的授权主体和被授权主体是授权立法合法有效的主体因素。我国授权立法在主体选择方面最为典型的不足是缺乏资格条件限制。笔者建议，我国授权立法的主体选择应当明确各自相应的资格条件，从而将授权主体和被授权主体限定在恰当的范围内。

一　明确授权立法主体资格条件

授权立法的主体资格条件是授权主体和被授权主体应当具备的基本

条件，不具备这些资格条件的授权主体或被授权主体所实施的授权立法行为当属无效立法行为。按照我国现行《宪法》《组织法》《立法法》等相关法律的有关规定以及结合我国的立法体制和具体立法实践，对授权立法的主体资格条件建议如下：

(一) 授权主体的资格条件

第一，必须是具有立法权力的国家机关。本条包含了两方面的要求，一方面，授权主体应当具有立法权限；另一方面，授权主体应当是国家机关。

授权立法中的授权主体必须具有相应的立法权限，这是授权立法行为得以展开的前提条件。授权立法是授权主体将一定的立法权授予被授权主体实施立法的一类法律规范制定行为，在这一立法过程中，被授权机关实施立法行为的合法性源于被授予的立法权，这就要求授权机关首先自己需要具有立法权，而且这项立法权应当是法定立法权。按照一般法理，授权机关不能擅自对立法权实施再授权，如果本国法律允许再授权，则授权机关所授出的立法权可以是法定的立法权也可以是其他立法机关所授予的立法权。另外，尽管具有立法权是实施授权立法的前提要件，但并不是说具有了立法权就一定可以实施授权立法，因为，授权立法中对授权机关所授出的立法权还有"可以"的要求，即授权机关授出的立法权按照规定是属于可以授出的立法权。因此，作为授权立法中的授权主体首先应当满足具有一定立法权这一前提条件。

授权主体还应当是国家机关。应该说，授权主体必须是国家机关是授权主体的应有之意。因为立法权属于国家权力，应该由国家机关享有，有些国家甚至规定立法权只能由国家权力机关享有。需要注意的是，立法机关作为授权机关毫无疑问，但授权机关是否只能限定于国家立法机关？从各国立法体制以及授权立法的实践来看，授权主体并非只限于国家立法机关。比如，在英国的授权立法中，行政机关也是一类授权主体；在德国的授权立法中，行政机关也可以作为授权主体；在日本的授权立法中，司法机关依法也是授权主体。具体到我国，以全国人大常委会为代表的权力机关和以国务院为代表的行政机关在其法律规范制定权限范围内也实施了大量的法条授权。因而，授权立法中授权主体必须为国家机关，但并非一定限于立法机关，也可以是行政机关等国家机关。

第二，应当具有相当的组织级别或地位。授权立法中立法权的授出主要是由权力机关向同级行政机关、司法机关或上级机关向下级机关授出，一般不存在行政机关、司法机关向同级权力机关或下级机关向上级机关授出立法权。这种运作特点就要求授权主体在授权立法中必须具有相当的组织级别或地位才可能符合立法权授出的特点。那么，应当将授权主体的组织地位限定在何种级别？按照我国有关法律的规定，目前最低一级的立法主体通常为设区的市的人大及人大常委会和人民政府，[①] 在民族区域自治地方中自治县具有一定的规范制定权，[②] 由此，最低一级的这些立法主体就不能作为授权主体。设区的市如果作为授权主体授出立法权，必然是只能向其下级人大或政府授出立法权，而按照我国的行政区划设置，设区的市的下级行政区划为县级，其是否具有制定法律规范的立法技术和立法能力是非常值得怀疑的。因此，基于我国的实际情况，结合法律的具体规定和授权立法的制度要求，我国授权立法中授权主体的组织级别限定在省级国家机关比较恰当。

（二）被授权主体的资格条件

被授权主体在授权立法中承担着接受行使授权立法权的职能。从各国授权立法的实际情况来看，相对于授权主体，被授权主体的选择范围要比授权主体宽泛，但这并不意味授权立法权的授予对象可以无条件的随意选择。授权立法权也是国家立法权的一种形式，尽管立法中对被授权主体的选任标准或资格条件没有明确规定，但作为授权立法中的被授权主体应当满足一定的条件。根据《宪法》《立法法》等有关法律法规的规定并结合授权立法的制度需要和立法实践，笔者认为，我国授权立法

[①] 按照《全国人民代表大会关于修改〈中华人民共和国立法法〉的决定》（2015年3月15日第十二届全国人民代表大会第三次会议通过）的规定，广东省东莞市和中山市、甘肃省嘉峪关市、海南省三沙市虽然属于未设区的地级市，但也可以比照适用有关赋予设区的市地方立法权的规定享有立法权。

[②] 《中华人民共和国民族区域自治法》第十九条规定：民族自治地方的人民代表大会有权依照当地民族的政治、经济和文化的特点，制定自治条例和单行条例。自治区的自治条例和单行条例，报全国人民代表大会常务委员会批准后生效。自治州、自治县的自治条例和单行条例报省、自治区、直辖市的人民代表大会常务委员会批准后生效，并报全国人民代表大会常务委员会和国务院备案。

中被授权主体应当满足以下资格条件：

第一，必须具有一定的立法技术和立法能力。被授权主体是授权立法权的接受者，需要按照授权要求实施授权立法行为，因此，具有相应的立法技术和立法能力对被授权主体就显得非常重要。但问题是，如何衡量被授权主体是否具有实施授权立法所需要的立法技术和立法能力。立法技术和立法能力本身即是比较抽象的概念，至今为止尚没有权威统一的衡量标准而且实践中也无法采取定量的标准来进行衡量，这就对要求被授权主体具有一定的立法技术和立法能力提出了一个两难的问题：一方面，被授权主体实施授权立法权需要具备相应的立法技术和立法能力；另一方面，又没有标准或无法判断被授权主体是否具备实施授权立法所需要的相应的立法技术和立法能力。事实上，尽管有这两难问题的存在，但并没有对授权立法的实践产生大的影响，授权立法在各国包括我国依然得以有序实施。观察授权立法的实践可以发现，授权主体对被授权主体的选择往往是通过组织地位或级别来实现的。以全国人大及其常委会的专门授权立法为例，在所有全国人大及其常委会的31项专门授权（表2-11）中，授权了4个设置有经济特区的市制定了4项专门在经济特区实施的法规和规章；授权省级人大及人大常委会的有3项，分别是授权广东省、福建省和海南省人民代表大会及其常务委员会制定在经济特区实施的法规；其余24项专门授权均为授权中央级的国家机关。再以法条授权为例，通过梳理可以发现，由全国人大及其常委会制定的法律中的法条授权，其授权的最低级别为省级人大或人民政府；[①] 行政法规中的法条授权最为常见的也是授权省级人民政府；地方性法规或规章中的法条授权通常规定的被授权对象为设区的市的人大或政府。通常情况下的法条授权中对被授权主体的立法授权基本就截至在这一行政级别层面。[②] 基于上述事实，笔者认为，一定的立法技术和立法能力可以通过国

[①] 王压非博士对此有较为详细的统计数据和分析，具体可参见王压非《我国配套立法问题研究》，法律出版社2014年版，第73—80页。

[②] 这里未考虑特殊情况，比如，《中华人民共和国民族区域自治法》中明确规定，民族自治县还可以制定自治条例和单行条例。除这一特殊情况之外，一般在我国的行政区划中，县级人大及常委会和人民政府不具有立法权，即使是授权立法也不应选择县级权力机关或政府作为被授权主体。

家机关的行政级别来进行认知和裁断。在我国授权立法中，被授权机关通常只能到设区的市级的人大及常委会和人民政府。[①]

第二，可以是国家机关或承担社会公共职能的社会组织或团体。在被授权主体的类型上，是否只能是国家机关才可以作为授权立法中的被授权主体？社会组织或团体是否可以具有被授权立法主体的身份？从对部分国家授权立法的考察中可以发现，除了国家机关，部分国家也将承担一定社会公共职能的社会组织或团体纳入被授权主体的范围。观察我国的授权立法，虽然在专门性授权立法中，被授权主体仅限于国家机关，但在法条授权中却存在授权承担一定社会公共职能的社会组织或团体行使授权立法权的情形。例如，《中华人民共和国律师法》第46条就授权律师协会在不与有关法律、行政法规和规章相抵触的前提下制定行业规范和惩戒规则；《中华人民共和国证券投资基金法》第111条授权基金行业协会可以制定和实施行业自律规则、制定行业执业标准和业务规范。因此，笔者认为，承担一定社会公共职能的社会组织和社会团体在各自的领域内也可以作为授权立法的被授权主体。

二 完善现有立法规定的不足

我国现有立法中对授权立法的主体选任还存在其他问题，针对这些问题，建议从以下几个方面进一步完善。

（一）参照授权立法的主体资格条件，完善现有立法的不足

第一，修改《立法法》中仅规定专门性授权立法的做法。由于《立法法》只认可全国人大和全国人大常委会的专门性授权立法，所以对授权主体的规定也仅限于全国人大及其常委会。事实上，除全国人大和全国人大常委会的专门性授权立法之外还大量存在一般性授权立法，在一般性授权立法中全国人大及其常委会只是授权主体的一类，同时还有其他类型的授权主体，如国务院、省级人大及常委会等。笔者认为，应当按照上述统一授权立法概念范畴的思路，对授权立法制度进行系统全面

---

① 这一判断和2015年《立法法》修正后赋予设区的市的人大及常委会和人民政府在一定范围内具有制定地方性法规和政府规章的立法权力的规定保持了一致，也说明了《立法法》对设区的市的人大及常委会和人民政府的立法能力和立法水平的认可。

的规定，避免对法条授权立法的忽视，同时也能够对授权立法的主体范围实现更为全面的规范。

第二，明确规定授权主体和被授权主体的资格条件。限定授权立法的主体范围，应当在立法中对其主体资格进行明确的规定，以防止无明确条件限制下的授权主体和被授权主体范围的失控。我国当前的授权立法对主体的资格条件并无明确规定，致使具体实践中也出现了一定程度的问题。因此，明确规定授权主体和被授权主体的资格条件是完善现有授权立法制度的重要措施，具体资格条件可参见上文论述。

第三，修正授权立法中部分授权主体和被授权主体组织地位偏低的做法。与前述两项不足相关联的是现行授权立法中特别是法条授权中存在大量组织地位偏低的授权主体和被授权主体，这些授权立法主体的存在在很大程度上容易造成授权立法的泛滥和产生较低质量的授权立法。为避免此类情形的发生，可对授权主体和被授权主体的组织地位做出明确规定，将其限定在一定的组织位阶之上，规定低于该位阶的任一授权主体和被授权主体所实施的授权立法行为属无效授权行为。具体可结合上文的有关论述对现行立法中的相关规定进行修正。

第四，针对专门性的授权立法，应当明确全国人大及其常委会二者作为授权主体的界限。按照我国现行的有关规定，无法区分二者作为授权主体的界限，而按照《宪法》和《立法法》等有关法律规定，全国人大和全国人大常委会的立法权限各不相同，因此在二者作为专门性授权立法中的授权主体时理应对其界限加以区分。检视现有的27项[①]（表6-1）专门性授权立法决定，最高立法机关及其常设机关分别作为授权主体做出的授权决定是以会议召开时间为区分标准。通过（表6-1）我们可以清楚地看到，如果授权决定恰逢在全国人大会议期间就由全国人大进行授权立法，如果不在全国人大会议期间则由全国人大常委会做出授权决定。在全国人大和全国人大常委会均有各自立法权限的前提下，以会议召开时间为界分全国人大和全国人大常委会作为专门性授权立法的授

---

① 该27项专门性授权立法决定不包括4项全国人大以全国人大常委会为被授权主体的授权立法决定。

权主体的标准，缺乏法律依据。①

表6-1　　　　全国人大和全国人大常委会作为授权主体
做出的授权立法决定时间统计表

序号	授权主体	被授权主体	授权立法决定名称	授权决定做出的具体时间	备注
1	全国人大	国务院	《全国人大关于授权国务院在经济体制改革和对外开放方面可以制定暂行的规定或者条例的决定》	1985年4月10日第六届全国人大第三次会议通过	全国人大会议期间
2	全国人大	海南省人大及其常委会	《全国人大关于建立海南经济特区的决议》	1988年4月13日第七届全国人大第一次会议通过	
3	全国人大	厦门市人大及其常委会和厦门市人民政府	《全国人大关于授权厦门市人大及其常委会和厦门市人民政府分别制定法规和规章在厦门经济特区实施的决定》	1994年3月22日第八届全国人大第二次会议通过	
4	全国人大	汕头市和珠海市人大及其常委会、人民政府	《全国人民代表大会关于授权汕头市和珠海市人大及其常委会、人民政府分别制定法规和规章在各自的经济特区实施的决定》	1996年3月17日第八届全国人大第四次会议通过	
5	全国人大常委会	广东省、福建省人大及其常委会	《全国人大常委会关于授权广东省、福建省人大及其常委会制定所属经济特区的各项单行经济法规的决议》	1981年11月26日第五届全国人大常委会第二十一次会议通过	全国人大常委会会议期间

---

① 《宪法》对全国人大闭会期间全国人大常委会可履行的职能有明确的规定，其中直接与法律相关的仅为：在全国人民代表大会闭会期间，对全国人民代表大会制定的法律进行部分补充和修改，但是不得同该法律的基本原则相抵触。据此，在全国人大闭会期间，全国人大常委会如果替代全国人大行使授权立法权并不具有宪法依据。

续表

序号	授权主体	被授权主体	授权立法决定名称	授权决定做出的具体时间	备注
6	全国人大常委会	国务院	《全国人大常委会关于授权国务院对职工退休退职办法进行部分修改和补充的决定》	1983年9月2日第六届全国人大常委会第二次会议通过	全国人大常委会会议期间
7	全国人大常委会	国务院	《全国人大常委会关于授权国务院改革工商税制发布有关税收条例草案试行的决定》	1984年9月18日第六届全国人大常委会第七次会议通过	
8	全国人大常委会	深圳市人大及其常委会和深圳市人民政府	《全国人大常委会关于授权深圳市人大及其常委会和深圳市人民政府分别制定法规和规章在深圳经济特区实施的决定》	1992年7月1日第七届全国人大常委会第二十六次会议通过	
9	全国人大常委会	国务院	《全国人大常委会关于授权国务院在广东省暂时调整部分法律规定的行政审批的决定》	2012年12月28日第十一届全国人大常委会第三十次会议通过	
10	全国人大常委会	国务院	《全国人大常委会关于授权国务院在中国（上海）自由贸易试验区暂时调整有关法律规定的行政审批的决定》	2013年8月30日第十二届全国人大常委会第四次会议通过	
11	全国人大常委会	最高人民法院、最高人民检察院	《全国人大常委会关于授权最高人民法院、最高人民检察院在部分地区开展刑事案件速裁程序试点工作的决定》	2014年6月27日第十二届全国人大常委会第九次会议通过	

续表

序号	授权主体	被授权主体	授权立法决定名称	授权决定做出的具体时间	备注
12	全国人大常委会	国务院	《全国人大常委会关于授权国务院在中国（广东）、中国（天津）、中国（福建）自由贸易试验区以及中国（上海）自由贸易试验区扩展区域暂时调整有关法律规定的行政审批的决定》	2014年12月28日第十二届全国人大常委会第十二次会议通过	
13	全国人大常委会	国务院	《全国人大常委会关于授权国务院在北京市大兴区等三十三个试点县（市、区）行政区域暂时调整实施有关法律规定的决定》	2015年2月27日第十二届全国人大常委会第十三次会议通过	
14	全国人大常委会	最高人民法院	《全国人大常委会关于授权在部分地区开展人民陪审员制度改革试点工作的决定》	2015年4月24日第十二届全国人大常委会第十四次会议通过	全国人大常委会会议期间
15	全国人大常委会	最高人民检察院	《全国人大常委会关于授权最高人民检察院在部分地区开展公益诉讼试点工作的决定》	2015年7月1日第十二届全国人大常委会第十五次会议通过	
16	全国人大常委会	国务院	《全国人大常委会关于授权国务院在部分地方开展药品上市许可持有人制度试点和有关问题的决定》	2015年11月4日第十二届全国人大常委会第十七次会议通过	
17	全国人大常委会	国务院	《全国人大常委会关于授权国务院在广东省暂时调整部分法律规定的行政审批试行期届满后有关问题的决定》	2015年12月27日第十二届全国人大常委会第十八次会议通过	

续表

序号	授权主体	被授权主体	授权立法决定名称	授权决定做出的具体时间	备注
18	全国人大常委会	国务院	《全国人大常委会关于授权国务院在实施股票发行注册制改革中调整适用〈中华人民共和国证券法〉有关规定的决定》	2015年12月27日第十二届全国人大常委会第十八次会议通过	全国人大常委会会议期间
19	全国人大常委会	国务院	《全国人大常委会关于授权国务院在北京市大兴区等232个试点县（市、区）、天津市蓟县等59个试点县（市、区）行政区域分别暂时调整实施有关法律规定的决定》	2015年12月27日第十二届全国人大常委会第十八次会议通过	
20	全国人大常委会	最高人民法院、最高人民检察院	《全国人大常委会关于授权最高人民法院、最高人民检察院在部分地区开展刑事案件认罪认罚从宽制度试点工作的决定》	2016年9月3日第十二届全国人大常委会第二十二次会议通过	
21	全国人大常委会	中央军事委员会	《全国人大常委会关于军官制度改革期间暂时调整适用相关法律规定的决定》	2016年12月25日第十二届全国人大常委会第二十五次会议通过	
22	全国人大常委会	国务院	《全国人大常委会关于授权国务院在河北省邯郸市等12个试点城市行政区域暂时调整适用〈中华人民共和国社会保险法〉有关规定的决定》	2016年12月25日第十二届全国人大常委会第二十五次会议通过	

续表

序号	授权主体	被授权主体	授权立法决定名称	授权决定做出的具体时间	备注
23	全国人大常委会	国务院	《全国人大常委会关于授权国务院在部分地区和部分在京中央机关暂时调整适用〈中华人民共和国公务员法〉有关规定的决定》	2016年12月25日第十二届全国人大常委会第二十五次会议通过	全国人大常委会会议期间
24	全国人大常委会	最高人民法院	《全国人大常委会关于延长人民陪审员制度改革试点期限的决定》	2017年4月27日第十二届全国人大常委会第二十七次会议通过	
25	全国人大常委会	国务院	《全国人大常委会关于延长授权国务院在北京市大兴区等三十三个试点县（市、区）行政区域暂时调整实施有关法律规定期限的决定》	2017年11月4日第十二届全国人大常委会第三十次会议通过	
26	全国人大常委会	中国人民武装警察部队	《全国人大常委会关于中国人民武装警察部队改革期间暂时调整适用相关法律规定的决定》	2017年11月4日第十二届全国人大常委会第三十次会议通过	
27	全国人大常委会	国务院	《全国人大常委会关于延长授权国务院在北京市大兴区等二百三十二个试点县（市、区）、天津市蓟州区等五十九个试点县（市、区）行政区域分别暂时调整实施有关法律规定期限的决定》	2017年12月27日第十二届全国人大常委会第三十一次会议通过	

笔者认为，应当对全国人大和全国人大常委会作为授权主体实施授权立法的界限进行明确区分。那么，以何标准为依据进行区分？授权立法的特点之一是授权主体只能在自有的立法权限范围内授出部分立法权，

最高立法机关作为专门性授权立法的授权主体必须遵循这一基本要求。据此，笔者认为，界分全国人大及其常委会作为专门性授权立法的授权主体的依据应当以其各自的立法权限为标准，即涉及基本法律层面且为法律所允许授权立法的事项应当由全国人大进行立法授权，涉及基本法律之外的其他法律且被允许的授权立法事项应当由全国人大常委会进行立法授权。

第五，对被授权主体要有明确的指向。明确性原则是授权立法的一项重要原则，其中被授权主体的具体明确是其基本的要求。在现行《立法法》所规定的授权立法制度中，其对被授权主体均有明确的规定，符合授权立法明确性原则的要求，但散见于法律、法规等文件中的法条授权却存在部分被授权主体指向不明的缺陷，较为典型的即是在部分法条授权立法中，将被授权主体直接规定为"有关部门"或"有关国家机关"等。从授权立法的实践看，无论是何种类型的授权立法，明确被授权主体的指向是授权立法合法有效的必备因素。因此，完善我国授权立法的主体范围，还应当及时完善现行立法的法条授权中对被授权主体指向不明的缺陷。

(二) 完善"先行先试型"授权立法中授权主体的有关规定

"先行先试型"授权立法是一种新的授权立法类型，它的产生与当前我国推进全面深化改革密切相关，能够为进一步深化改革开放提供制度保障。《立法法》在2015年修正时明确规定全国人大及其常务委员会是授权主体，但就该项法律条文看，其对全国人大和全国人大常委会作为授权主体的界限并未进行区分。梳理目前已经实施的19项"先行先试型"授权立法实践，其均由全国人大常委会作为授权主体，涉及的范围不仅包括《立法法》第13条规定的行政管理领域，还涉及国家司法制度等领域的授权立法。《立法法》第13条中规定全国人大和全国人大常委会在作为"先行先试型"授权立法的授权主体时可以对"行政管理等领域的特定事项"做出授权决定，"等"字意味着不仅仅是局限于行政管理领域，也包含了其他领域。问题是，在这些可以实施"先行先试型"授权立法的领域中，是否均可由最高立法机关的常设机构作为权力授出主体进行立法权的授出。

《立法法》第 7 条[①]对最高立法机关及其常设机构的法律制定权限有明确的划分。按照授权立法制度的要求，全国人大和全国人大常委会只能在各自立法权限范围内进行立法授权，这一要求同样也适用于"先行先试型"的授权立法。因此，在"先行先试型"授权立法中，全国人大常委会并不能包办所有的授权立法。当然，可以将当前已经实践的由全国人大常委会作为授权主体的"先行先试型"授权立法理解为尚未涉及应当由全国人大作为授权主体的事项，但这并不妨碍在"先行先试型"授权立法中明确全国人大和全国人大常委会作为授权主体的界限，以防止出现界限不清而导致的超越授权立法权限范围的情形。对于二者授权权限的标准，笔者认为，应当以各自的立法权限为标准来划定二者在"先行先试型"授权立法中的界限。

第三节 厘定授权立法的权限范围

授权立法的权限或事项范围在授权立法中具有双重约束作用，一方面，约束授权主体不得超越权限范围，只能在授权范围内进行立法授权；另一方面，约束被授权主体只能在被授权的事项范围内实施授权立法。鉴于当前我国授权立法权限范围存在的问题，笔者建议从以下两方面厘定我国授权立法的权限范围。

一 完善专门性授权立法权限范围

（一）合理界定可授权事项和不可授权事项

《立法法》第 8 条和第 9 条对专门性授权立法范围进行了明确规定，为全国人大及其常委会向国务院进行立法授权提供了权限依据和授权边界。但分析这一关于专门性授权立法的权限范围不难发现，其对可授权

[①] 《立法法》第 7 条规定：全国人民代表大会制定和修改刑事、民事、国家机构的和其他的基本法律。全国人民代表大会常务委员会制定和修改应当由全国人民代表大会制定的法律以外的其他法律；在全国人民代表大会闭会期间，对全国人民代表大会制定的法律进行部分补充和修改，但是不得同该法律的基本原则相抵触。尽管对这一条文中的"基本法律"还存在认识上的分歧，但对于全国人大和全国人大常委会这两个立法主体而言，第 7 条的规定仍明确了各自的立法权限。

事项和不可授权事项的界分不太合理。从厘定授权立法权限范围的要求出发，应当合理确定《立法法》中可授权事项和不可授权事项的界限。

第一，理顺可授权事项和不可授权事项之间的逻辑关系。在授权立法中，可授权事项与不可授权事项之间有其固定的内在逻辑关系，法律保留理论可以说是这种内在逻辑关系的恰当注解。就法律保留原则而言，有绝对保留和相对保留之分，区分标准的理论依据为"重要性"理论，即在重要程度上绝对保留事项要高于相对保留事项。从《立法法》第8条列举的只能制定法律的事项来看，符合法律保留理论的主张，涉及国家主权、组织机构、税收制度等重要的根本事项，理应由行使国家立法权力的最高立法机关制定法律。然而，就第9条对不可授权事项的规定来看，其违反了"重要性"的逻辑关系，使可授权事项与不可授权事项之间的重要程度出现了混乱，丧失了逻辑上的自洽。因此，完善《立法法》第8条和第9条关于专门性授权立法授权事项的规定，应当按照涉及事项的重要性来重塑可授权事项和不可授权事项之间的逻辑关系，在此基础上来界定可授权事项和不可授权事项的范围。

第二，合理区分可授权与不可授权事项的范围。结合第8条的规定分析《立法法》第9条中的绝对保留事项不难发现，第9条所规定的3项不可授权事项和第8条所规定的8项可授权事项之间的划分存在宽窄失衡的问题。从重要性理论分析，法律不可授权立法的绝对保留事项的重要性程度要高于可授权立法的法律相对保留事项，然而《立法法》第8条和第9条的规定却违背了这一逻辑，使可授权事项和不可授权事项之间的划分在逻辑上出现了混乱。笔者建议，根据我国《宪法》并结合重要性理论，应合理区分可授权与不可授权事项的范围，具体内容有：①国家主权事项的立法只能制定法律，均不得进行授权立法。国家主权是国家对内的最高统治权和对外的独立自主权，在国家事务中必然处于最重要的地位，只应当由最高立法机关制定法律而不能对其他国家机关进行授权立法。②各级国家权力机关、行政机关、审判机关和检察机关的产生、组织和职权只能制定法律不能进行授权立法。一方面，这些国家机关是《宪法》中明确规定的国家组成机构，另一方面，这些国家机关的产生、组织和职权反映了我国国家的本质，决定着我国人民民主专政的社会主义国家性质，只能由代表人民行使国家权力的最高权力机关以法律的形式进行规定,不能进行授权立法。③国家基本的政治、经济、民事等制度也应属于不可授权事项范围。国家的基本制度体现着国家的基本性质,是国家建立并正常运行的制度基础,只能由国家最高权力机关以法律的方式规定,不能授权其他国家机关对其进行规定,否则会损害国家赖以建立和发展的基础。④公民的基本权利也应属于不可授权的事项。公民的基本权利是公民最重要的权利,现代法治国家都高度重视对公民基本权利的立法保护,基本上均会在本国宪法中对其进行明确规定。我国宪法中对此类的规定无论是从具体内容还是从结构安排上都体现了这一基本理念。所以,基于法治原则的基本要求和实际需要,对公民基本权利的保护应当由且只能由法律规定而不能授权其他机关进行立法。① ⑤税收基本制度。"税收法定"是我国一项基本的宪法原则,但长期以来,由于全国人大常委会的立法授权,税收法定在我国并没有得到很好的落实,更多的是"税收行政法规规定"。2015年修正《立法法》时将税收基本制度列入了法律规定事项,但在《立法法》第9条中却又将其排除在禁止授权立法的范围之外。基于税收法定的基本原则和宪法规定,并结合世界各国的普遍经验,税收基本制度也应由法律规定且不能进行授权立法。⑥基本的司法制度。《立法法》第9条规定司法制度属于不可授权立法的事项范围。作为与国家立法制度同等重要的一项基本制度,司法制度"直接体现社会的正义和公道,与全体公民的基本权利和自由密切相关"②,规定对司法制度不得实施授权立法无疑是恰当和正确的。

第三,进一步明晰第8条和第9条中的模糊性规定。《立法法》第8条和第9条在确定授权立法的可授权和不可授权范围时均保留了较为模糊的规定,主要是第8条第11项规定的"其他事项"和第9条排除可授

---

① 《立法法》第8条在只能以法律形式规定公民基本权利中仅列举了政治、经济和人身权利,而按照《宪法》的规定,公民的基本权利包括但不限于上述基本权利,因而,第8条中对公民基本权利的法律保护应该说很不够。另外,在第9条禁止授权立法的事项中仅规定了公民的政治和人身权利。从公民基本权利保护的角度来说,全部公民基本权利应当且只能由法律规定是比较合法合理的。

② 乔晓阳主编:《〈中华人民共和国立法法〉导读与释义》,中国民主法制出版社2015年版,第97页。

权立法事项中所规定的"等事项"。第 8 条第 11 项中的"其他事项"属立法技术上的兜底性条款,按照立法机关的解释,此处的"其他事项"主要包括宪法中规定的 45 处需要但尚未制定法律的事项和其他法律中规定的需要制定法律的事项。这表明,《立法法》第 8 条规定的只能制定法律的事项实际上是一个开放的范围,尽管宪法中规定了 45 处需要制定法律的事项,但还存在现行法律中规定的由其他法律规定的事项以及将来由最高立法机关制定的法律中规定的其他应当制定法律的事项,故而,"其他事项"也是不确定的范围。结合第 9 条中不可授权立法事项的"等事项"规定,第 8 条中规定的开放和不确定的范围很大程度上也给可授权和不可授权事项范围的划分造成了影响,因为无法从第 9 条的规定中判断出第 8 条中的"其他事项"是否还会有不可实施授权立法的事项。对第 9 条中"等事项"中的"等",学者们存在"等内等"还是"等外等"的争论,但据权威解释,最高立法机关比较偏向于《立法法》明文规定的 3 项不可授权事项的"等内等"[①],这无形中就缩小了授权立法中不可授权事项的范围,使专门性授权立法的实践受到影响。笔者建议,应当进一步明晰第 8 条和第 9 条中的模糊性规定,对第 8 条中的"其他事项"尽可能地以列举的方式明确范围,同时结合"重要性"理论对第 9 条中"等事项"进行扩大解释,列举不可授权事项的范围,使第 8 条和第 9 条对可授权和不可授权事项范围的划分更加规范合理。

(二)完善《立法法》对"先行先试型"授权立法范围的规定

按照《立法法》第 13 条的规定,"先行先试型"授权立法的授权范围为"行政管理等领域的特定事项",对此授权范围,权威部门解读为"授权决定的事项限于行政管理等领域,同时必须是改革发展中的特定事项,不能就不特定事项一揽子授权"[②]。按照这一解释,第 13 条规定中的"等"应该是"等内等"且授权范围应当限于行政管理领域中的某些特定事项。然而,"先行先试型"授权立法的实践却并非如此。自 2012 年全

---

① 全国人大常委会法制工作委员会国家法室编:《中华人民共和国立法法释义》,法律出版社 2015 年版,第 60—61 页。

② 全国人大常委会法制工作委员会国家法室编:《中华人民共和国立法法释义》,法律出版社 2015 年版,第 71—72 页。

国人大常委会做出第一起"先行先试型"授权立法起，截至目前，全国人大常委会共实施了19次"先行先试型"授权立法，涉及的事项分别为行政管理领域的特定事项12项、刑事诉讼程序中的特定事项1项、人民陪审员制度改革2项、公益诉讼1项、刑事案件认罪认罚从宽制度1项、军队及武警部队改革2项，虽然大部分（63%）事项集中于行政管理领域，但仍有一部分（37%）授权事项不属于行政管理领域。授权实践和立法规定的脱节表明了立法对"行政管理等领域的特定事项"解释的不足，也反映了立法自身的缺陷。因此，基于全面深化改革的实际需要，应当完善第13条的规定。第13条原本没有明确具体的被授权主体，而是根据每一项具体的授权决定来选择对应的被授权主体，完善本法条中授权事项范围的规定也可以借鉴这一思路，同时考虑到全国人大和全国人大常委会进行"先行先试型"授权立法主要是为了调整或暂时停止法律的适用，建议修改"行政管理等领域的特定事项"这一限制性表述为"法律规定的某些特定事项"，修改完善后该条文可表述为"全国人民代表大会及其常务委员会可以根据改革发展的需要，决定就法律规定的某些特定事项授权在一定期限内在部分地方暂时调整或者暂时停止适用法律的部分规定"。尽管修改后的条文中对授权的事项范围以模糊的方式进行规定，但根据授权立法"一事一授权"的原则，可由全国人大或全国人大常委会依据改革发展的需要在授权决定中明确具体的授权事项范围。

二 规范法条授权立法的权限范围

法条授权立法作为一般性授权立法在我国授权立法实践中广泛存在。从具体授权的内容来看，主要有三种形式：一是就某一具体领域或事项的立法进行授权；二是授权就法律法规中的有关规定作出补充或变通规定；三是授权有关国家机关制定实施细则或实施办法。

第一，对某一具体领域或事项进行立法授权。此类法条授权相对其他两种形式的法条授权，一般均会明确具体的授权事项，其授权权限范围相对比较清晰，被授权主体只需在授权条文规定的事项范围内积极实施立法行为即可。但需要防止一种情形，即根据被授权机关的立法权限，授权事项本身就属于被授权机关立法权限范围内的事项，此时法条授权就显得多余。

第二，在补充或变通型授权立法中，规范授权权限或事项范围需要重点关注两个方面的问题，一是可变通的权限或事项范围，二是权限或事项范围的明确性。对于可变通的权限或范围，《立法法》第75条规定自治条例和单行条例可以对法律和行政法规的规定作出变通规定；然而《立法法》第90条、第98条又规定自治条例和单行条例可依法对法律、行政法规、地方性法规作变通规定。据此，自治条例和单行条例实施立法变通的可变通权限或事项范围在《立法法》中就出现了矛盾。① 另外，就变通的权限或事项范围的明确性来看，无论是自治条例、单行条例还是经济特区法规，在具体实践中"一揽子"变通授权占主要形式，而这又与授权权限或事项的明确性要求不符。解决这些问题，笔者建议，应统一《立法法》中自治条例和单行条例可变通的权限或事项范围。从《宪法》《组织法》《民族区域自治法》以及《立法法》的精神来看，自治条例和单行条例可变通的权限或事项范围可以包括地方性法规。因此，完善《立法法》第75条第2款的规定，建议将其修改为"自治条例和单行条例可以依照当地民族的特点，对法律、行政法规、地方性法规的规定作出变通规定，但不得违背法律、行政法规、地方性法规的基本原则，不得对宪法和民族区域自治法的规定以及其他有关法律、行政法规、地方性法规专门就民族自治地方所作的规定作出变通规定。"此外，对于"一揽子"授权变通问题的完善，应当按照授权明确性原则的要求，将可以补充和变通的权限或事项范围在授权条文中逐项加以明确。

第三，授权有关主体就法律法规的原则性或笼统性规定制定实施细则或办法。此种类型的法条授权主要是为了细化法律规范中比较概括或原则性的规定在实践中的具体贯彻执行而进行的立法授权，《立法法》第65条（行政法规）、第73条（地方性法规）、第80条（国务院部门规章）和第82条（地方政府规章）对此进行了规定。对此类立法条文的定性目前还存在争议，按照权威人士的解释，《立法法》第65条和第73条的规定属于"职权"立法，第80条和第82条的规定属于"授

---

① 经济特区法规实施立法变通的可变通权限或事项范围在《立法法》的规定（第90条和第98条）中是统一的，即可以对法律、行政法规、地方性法规作变通规定。

权"立法。[①] 定性为授权立法就要求必须要有相应的授权条款才可以制定有关的实施细则或实施办法,因而在有关的法律规范中设置授权制定实施细则或实施办法的条款无可厚非甚至是必须之选;而定性为职权立法,在最高立法机关看来,设置制定实施细则或实施办法的条款可以明确相关国家机关根据上位法制定实施细则的职责,有些虽然没有该项规定,"但为实施该法,制定相应的办法或者规定也是可以的"[②]。对"职权立法",笔者认为,完全无须在上位法中再设置实施性规定的立法条款,而只需要相关主体按照《立法法》的规定履行立法职权即可。正如有学者认为,职权性配套立法建立在有上位母法依据,但没有上位母法条款明确要求和授权的前提下,基于自身所具有的立法职权,相关主体为细化和补充上位母法,增强其可操作性而进行的立法活动和现象,可以主动而为。[③]

制定实施细则或实施办法的授权条款又称为综合性配套立法授权条款,[④] 从其授权权限或事项范围来看,最典型的特点即是"综合性"或"一揽子"授权,在形式上似乎和授权立法强调的要有明确的授权权限或事项范围相冲突。此类授权条款的主要目的在于授权有关国家机关为执行法律规范而制定更加详细的实施细则或实施办法,故其授权立法的权限或事项范围聚焦于"实施细则"或"实施办法",笔者认为,这符合授权明确性的要求。规范此类授权立法的权限范围,需要防止被授权主体

[①] 在《〈中华人民共和国立法法〉导读与释义》中,乔晓阳等权威人士指出,"立法法"对国务院制定行政法规的职权采用"职权说",而对制定部门规章采用"依据说";地方性法规制定实施细则或实施办法属于地方人大及其常委会的职责;法律、行政法规和地方性法规明确规定由地方政府制定规章的事项,地方政府可以根据授权,结合本地区的实际情况,就如何执行这些规定制定有关规章。参见乔晓阳主编《〈中华人民共和国立法法〉导读与释义》,中国民主法制出版社2015年版,第249、269、275页。

[②] 乔晓阳主编:《〈中华人民共和国立法法〉导读与释义》,中国民主法制出版社2015年版,第223页。

[③] 王压非:《我国配套立法问题研究》,法律出版社2014年版,第27页。

[④] 综合性配套立法是指对上位母法整部法律文件制定实施细则和办法,细化和补充各项法律规定,使其规定更加周密和具体。例如,2000年国务院颁布《森林法实施条例》就是对1984年《森林法》整部法所作出的综合性配套规定。参见王压非《我国配套立法问题研究》,法律出版社2014年版,第27页。

在制定实施细则或实施办法时出现重复或照抄上位法的现象①以及制定出与上位法冲突的实施细则或实施办法。②

第四节 规范授权立法的期限范围

一 规范专门授权立法中授权期限之规定

2015年《立法法》修正时在第10条中增加了对期限范围的具体规定，同时还要求除授权决定另有规定之外，授权期限不得超过五年。比较以前无期限授权的做法，这一规定非常值得肯定，然而就授权立法实践来看还需进一步完善。

（一）建立"授权的期限不得超过五年"之规定的实施机制

《立法法》第10条中对专门性授权立法授权期限的总体要求是授权的期限不得超过五年。为何是五年？虽然在相关《立法法》释义中没有对为何规定期限不得超过五年的具体解释，但依据《宪法》的有关规定，五年期限和人民代表大会和人民代表大会常务委员会的任期一致，③可以认为不得超过五年的规定是对本届全国人大及其常委会

---

① 有学者指出，随着地方立法数量的增加，地方立法存在一个较为突出的问题即重复立法现象严重，地方立法抄袭上位法大量存在，这不仅损害了法律的权威性而且对立法资源造成很大浪费。参见何晓明《地方立法民主化进程的回顾与展望》，《人大研究》2005年第7期。为此，2015年修正《立法法》时在第73条中新增加了对地方立法的要求，提出了"不作重复性规定"的明确具体的要求。实际上，不光地方存在立法重复问题，国务院在制定实施细则时也存在重复上位母法的现象。如国务院制定的《归侨侨眷权益保护法实施办法（2004）》第13条前两款的规定和其上位母法《归侨侨眷权益保护法（2000年修正）》第12条前两款的规定几乎一模一样，基本属于照抄上位母法条款。王压非博士就认为，配套规定的主要任务是细化和补充上位母法，使其更具可操作性和适用性，配套规定绝不可以简单重复和抄袭上位母法条文，应该从实际出发，以法律实施的现实需要为基础去制定配套规定，注重配套立法的科学性和实施性，否则就违背了授权的初衷。参见王压非《我国配套立法问题研究》，法律出版社2014年版，第103—104页。

② 王压非博士对被授权机关制定的实施细则或实施办法和上位法相冲突的有关问题进行了较为深入的论述，可参见王压非《我国配套立法问题研究》，法律出版社2014年版，第104—109页。

③ 《宪法》第60条第1款规定，全国人民代表大会每届任期五年。第66条规定，全国人民代表大会常务委员会每届任期同全国人民代表大会每届任期相同，它行使职权到下届全国人民代表大会选出新的常务委员会为止。

授权立法的最长期限约束；也可以说，全国人大及其常委会授权立法的期限和其任期有关，若本届全国人大及其常委会任期临界，应不宜做出授权立法决定。另外，《立法法》对授权主体提出了非常具体的授权期限要求，但对被授权主体在接到授权后何时实施授权立法却没有规定。授权立法的完成需要授权主体的授权和被授权主体的履行授权，如果仅存在授权主体的授权而被授权主体在授权期限中不适当履行授权或不履行授权，必然会影响授权立法的实施。理论上，授权立法实施期限的基本逻辑是被授权主体一旦接到授权后应当及时实施授权立法，这样才能从时间层面上保障授权立法的恰当实施。如果授权主体在授权决定中明确规定了授权期限，而被授权主体却迟迟未实施授权立法或在授权到期之前匆忙实施授权立法，显然不利于授权目的的实现。

笔者认为，仅在条文中规定授权期限尚显欠缺，还需要能使期限发挥有效作用的实施机制。笔者建议，第一，限定授权主体距离任期届满不足一年时，原则上禁止实施授权立法决定；第二，规定被授权主体接到立法授权后应当在一个月之内（或更短时间或稍长时间）向授权主体报送实施授权立法的计划进度；第三，授权主体按照进度计划监督被授权主体及时实施授权立法。这一实施机制，首先，考虑到授权主体在任期不足一年时做出授权决定不利于授权立法的实施；其次，可以使授权机关能及时掌握被授权机关实施授权立法的总体进度计划安排以及对时间安排是否合理做出指导；最后，能够使授权主体及时对被授权主体不按时履行授权立法的行为予以纠正。

（二）完善和协调《立法法》第 10 条、第 11 条关于授权期限范围的规定

《立法法》第 10 条和第 11 条中除了授权期限范围不得超过五年的明确要求，还规定了例外情况及授权期限届满时的相关事宜。从形式上看，第 10 条和第 11 条相互配合可以解决授权期限范围中可能出现的例外情况以及授权期限届满后的相关事宜，然而就第 10 条和第 11 条的规定来看却并不协调。笔者建议：

第一，完善第 10 条第 2 款的但书规定。第 10 条第 2 款的但书中规定，在授权决定另有规定的情况下，授权可以超过五年的期限；同时第 3

款又规定，被授权机关在授权期限届满六个月以前提交的授权决定实施情况报告中认为，需要继续授权的，可以向全国人大及其常委会再行提出申请。笔者认为，第 2 款中的但书规定实属多余。按照第 3 款，既然可以在原授权期限临界前由被授权机关基于实施情况提出并由全国人大及其常委会决定是否继续进行授权，那么在第 2 款中仅规定不超过五年的授权期限已经足矣。因为，如果按照实施需要，完全可以在第一次授权期限届满之前由被授权机关按照实施情况和实际需要提出申请，再由国家最高立法机关根据实际情况进行审批，而没必要做出超过五年授权期限的决定，也没必要在第 2 款中进行但书规定。另外，单就该但书规定来看，"授权决定另有规定"在时间维度上不外乎包含两种情形，一种是过去已经存在的超过五年最长授权期限的授权决定，另一种即是针对将来可能存在的某些特殊情况而做出的较长期限的授权决定。针对第一种情形，基于法不溯及既往的一般原则，之前的无期限授权决定作为一种已经客观存在的既成事实，可以不受五年授权期限范围的限定，待制定法律的条件成熟时，在全国人大及其常委会及时制定法律后，原无期限授权自动终止。而第二种情形，正如前面所分析的，完全可以通过提请继续授权的方式实现授权期限的延伸，没必要单独进行条文的规定。况且，这一条文的规定本身也比较模糊，比如，何时或何种情形下能够作出例外的"另有规定"，法律条文规定的语焉不详，反而会破坏对授权期限范围的明确性规定。

　　第二，协调好第 10 条第 3 款和第 11 条之间的衔接。第 10 条第 3 款规定了授权期限届满后的两种处理方式：一种是由被授权机关根据授权决定实施情况提出是否需要制定有关法律的意见；另一种是由全国人大及其常委会对继续授权的申请做出是否给予继续授权的决定。第 11 条同样对授权结束后的处理进行了规定，从其规定的处理方式看应当是包含于第 10 条第 3 款规定的处理方式之中。按照第 10 条第 3 款的规定，被授权机关根据授权决定实施情况提出需要制定法律的意见上报最高立法机关，一般情况下，最高立法机关理应及时进行审查以决定是否制定法律，这是其职权之所在而无论《立法法》是否对此作出规定，故第 11 条第一句之规定已经吸纳于第 10 条第 3 款的规定之中；同理，针对所授权立法事项的法律制定后，授权必然终止，从立法技术角度而言，无须《立法法》对此作出特别规定。

（三）协调《立法法》修正后授权期限范围的要求和既往无期限授权决定的衔接

在 2015 年《立法法》修正之前，最高立法机关已经实施了多项无期限的授权决定，在《立法法》对授权期限范围未做明确要求时，继续保有此类无期限授权立法决定尚可理解，但在修正后的《立法法》对授权期限范围有了明确要求后，继续保有此类无期限授权立法就会影响授权立法期限范围的实施。为使《立法法》修正后授权期限范围之规定和既往无期限授权决定能够有效衔接，笔者建议：

第一，对部分无期限授权决定应及时收回授权并制定法律。早期部分无期限的授权立法决定在很大程度上是因为立法时机不成熟或无充分的立法经验，需要通过授权立法等待时机或积累相应的立法经验。客观地说，这些授权决定在推动社会发展、规范社会秩序及健全国家法制等方面发挥了重要的作用，但长期的无期限授权决定也带来了负面的社会影响。经过长期的授权立法，这些社会领域的事项已经积累了一定的立法经验和具备了制定法律的时机，可以考虑收回授权并及时制定法律。可喜的是，2015 年《立法法》修正时将落实税收法定原则明确规定在《立法法》中，并且按照全国人大的规划，"目标是要在 2020 年之前，全面落实税收法定原则"[1]。

第二，收回对经济特区的无期限授权立法。在现行对经济特区的授权立法决定中，均采取了无明确授权期限范围的授权方式。之所以在最初给予经济特区广泛的授权立法权，可能的原因在于当时的法治发展水平相对较低、理论研究欠缺，又可能是因为当时的思路、经验、政策和改革开放的探索性需要等，[2] 需要经济特区发挥"对外开放窗口和对深化改革试验田"[3] 的作用。不可否认，经济特区在获得了广泛授权立法权之后，"促进了经济特区市场经济和社会主义民主法治建设的

---

[1] 殷泓、王昊魁：《2020 年前全面落实税收法定原则》，《光明日报》2015 年 3 月 5 日第 2 版。
[2] 李林：《关于经济特区授权立法的几个问题》，《海南人大》2004 年第 2 期。
[3] 《全国人大有关部门领导和专家谈经济特区授权立法》，《海南人大》2013 年第 12 期。

发展"①,充分体现了"经济特区不能不特,要特事特办,因而不能没有授权立法"②的意图。当然,一方面为经济特区实施授权立法权而取得巨大成就点赞的同时,另一方面也需正视授权经济特区制定法规和变通立法权所产生的问题。③ 为此,周永坤教授就建议取消经济特区的授权立法。④ 笔者也认为,应当尽快收回经济特区的无期限授权立法权:①有利于《立法法》中授权明确性的落实,使《立法法》中的授权立法制度和既往授权立法实践能有效衔接;②经济特区作为改革开放的"试验田"和"窗口"的价值正逐步或已经成为历史;⑤ ③近些年全国人大及其常委

---

① 据深圳市人大常委会提供的资料,自1992年7月1日全国人大常委会授权以来,截至2014年年底,深圳市共制定经济特区法规120项左右,其中约70%是有关市场经济和城市管理方面的立法。在这些法规中,有三分之一是借鉴香港及国外法律,具有先行性和试验性的;另有三分之一是根据特区实际需要,根据国家法律、行政法规的基本原则,对国家法律、行政法规进行变通、补充和细化的;还有三分之一属于为加强行政法制、环境保护、城市管理和精神文明建设需要而制定的。参见乔晓阳主编《〈中华人民共和国立法法〉导读与释义》,中国民主法制出版社2015年版,第252页。

② 《全国人大有关部门领导和专家谈经济特区授权立法》,《海南人大》2013年第12期。

③ 学者们认为,经济特区的授权立法权所引发的典型问题主要有:①违反授权立法的明确性原则;②明显违反《立法法》;③经济特区获得"一市两制"的双重立法权;④法规冲突比较突出;⑤部分立法有失公平;⑥破坏法制统一原则,有损法律的安定和权威,等等。参见钟晓渝《完善经济特区立法权与立法体制》,《特区理论与实践》2000年第12期;陈俊《经济特区双重立法权论要》,《法学》2001年第9期;刘怡达《经济特区立法的规则检讨与实践检验》,《厦门特区党校学报》2016年第3期;宋方青《中国经济特区授权立法中法规冲突现象之评析》,《法学》2000年第1期;黄喆《论深圳经济特区立法的成果、不足及完善》,《江汉大学学报》(社会科学版)2012年第5期;庞凌《关于经济特区授权立法变通权规定的思考》,《学习与探索》2015年第1期。

④ 周永坤教授认为,经济特区的立法是中国由计划经济向市场经济过渡时期采用的试验性立法,有其合理性,在实践中也取得了积极效果。但是,在同一国家采取不同的经济立法有违公平竞争的要求。同时,在经济高度全球化的今天,全球的重要经济规则正在趋向同 ,国国内的经济规则差异过大是违反时代大趋势的。且我国已于2001年加入WTO,按照国际通行的经济规则办事不仅会给国家带来经济利益,而且也是我国的一项国际义务。从实践上来看,经济特区立法的正效应正在递减,负效应日益增加。所以建议对经济特区立法加强控制,逐步取消这种导致位阶混乱的法源。参见周永坤《法理学——全球视野》(第三版),法律出版社2010年版,第63页。

⑤ 学者指出,"中国经济特区的基本含义是实行特殊经济政策的地区。在1981年中央所规定的《十条政策性意见》中就曾明确指出:它的'特'在于实行国家规定的特殊经济政策和特殊管理体制"。然而,中国《入世工作组报告》中称,"没有计划建立新的经济特区","对特区所适用的优惠政策已经取消"。特区之"特"在中国加入WTO之后已经荡然无存,经济特区已经有名无实;而且,中国加入WTO意味着中国市场经济体制正式与国际接轨,经济特区的"试验田"功能告终。同时"加入WTO"意味着中国全境开放时代的到来,给予外资国民待遇已成定局,经济特区的"窗口"作用弱化。参见苏东斌《中国经济特区的路径依赖——对胡锦涛总书记考察深圳的理论思考》,《学术研究》2003年第7期;吴鹏《经济特区授权立法制度应被废除》,《云南大学学报》(法学版)2007年第1期;杨洪宇《从世界经济特区的演进看中国经济特区的发展》,《特区经济》2002年第10期。

会对自由贸易试验区做出的授权立法决定为收回经济特区无期限授权立法权提供了良好的例证；①④《立法法》赋予设区的市制定地方性法规和政府规章的立法权为收回经济特区立法权提供了契机。

二 完善法条授权中的授权期限范围制度

在我国法条授权中，无论是专门性抑或是综合性的立法授权，均无授权期限范围的规定，此种做法在实践中也导致了相关问题。为此，在2015年《立法法》修正时新增加了第62条，对法条授权中专门事项的授权立法规定了一年之内的时限要求，并建立了实施反馈机制。② 然而就《立法法》的规定来看，其对法条授权中的综合性授权立法的期限问题仍然未作出规定。③

法条授权的目的主要在于细化法律法规中较为原则或笼统的规定，使法律法规在实践中更具可操作性，保证法律法规的实施。从此角度审视，此类授权立法期限的侧重点应更多关注的是对授权实施情况即被授权主体是否能够在授权事项范围内及时制定相关法律法规，不直接设定授权的期间范围反而更切合实际和更具有可行性。④ 国外如英国、德国等

---

① 为进一步深化改革，扩大开放，创新对外开放模式，探索深化改革开放的经验，近些年国家设立了多个自由贸易区。全国人大及其常委会也授权国务院在自由贸易区可以调整有关法律的适用。在全国人大常委会的这些授权中，作为授权主体的全国人大常委会对授权的目的、事项、范围、期限等都进行了明确规定，这充分说明，当前从立法技术上完全可以实现授权立法的明确性，这些授权决定足以成为明确经济特区授权立法的范例。因此，笔者认为，要么尽快收回对经济特区的授权立法权，要么对经济特区的授权立法权按照授权明确性的原则加以改革完善。

② 《立法法》第62条中规定的一年期限，从立法目的看主要是防止被授权机关延迟或怠于立法，并非直接对授权期限的规定。笔者认为，该项限期实施立法的规定虽然和一般意义上授权立法的期限范围要求存在差距，但从另一个角度看也是对被授权主体实施授权立法的时限约束，能够督促被授权主体及时实施授权立法权，可以作为授权立法期限范围的另一种形式。

③ 按照权威解释，《立法法》第62条中规定的"有关国家机关对专门事项作出配套的具体规定"不包括要求有关方面制定的一般性、实时性的配套规定，即综合性法条授权立法。比如，选举法规定，省、自治区、直辖市的人民代表大会及其常务委员会根据本法可以制定选举实施细则，报全国人民代表大会常务委员会备案；再如，预算法规定，国务院根据本法制定实施条例。参见乔晓阳主编《〈中华人民共和国立法法〉导读与释义》，中国民主法制出版社2015年版，第215页。

④ 也有学者指出，在法条授权中不规定"明令"相关规则出台的"时间表"，以致大量的配套文件远远滞后于现实需求甚至久拖不决始终不见踪影，是立法技术的不当。参见徐向华、周欣《我国法律体系形成中法律的配套立法》，《中国法学》2010年第4期。

国家在此种类型的授权立法中同样也采取无期限授权立法的方式进行立法授权，部分国家如美国等则以"日落立法"的形式达到督促实施立法和变相规定授权期间范围的目的。

我国的法条授权立法在2015年《立法法》修正之前均没有明确规定授权的期间范围，也没有对被授权主体实施授权立法的期限做出要求和限制。2015年《立法法》修正时针对法条授权中专门事项的授权立法设置了实施立法的时限要求，但依然未对综合性授权立法的实施规定时限要求。按照授权立法期限明确性的要求并结合法条授权立法的实施目的，笔者建议，完善法条授权中的授权期限范围制度可以从以下方面入手：

第一，推行"日落立法"制度。"日落立法"或"日落法则"可以给予生效的法律法规特定的生效期限，待期限届满将自动失效；若需继续生效，则应当重新履行相关程序。从法条授权立法的角度看，"日落立法"可以使法条授权立法受到期限范围的约束，满足授权期限明确性的要求；也能够督促被授权机关及时立法并实现对其的有效监督；另外还可以及时检讨所立之法的实施效果，"也给行政立法的清理工作带来福音"[1]。我国自在2003年通过的《中华人民共和国行政许可法》中首次引入"日落立法"制度后，近年来在多部法律中包括授权立法中也引入了"日落立法"制度，但就具体适用来看，其作用并未完全发挥。[2] 笔者建议在国内立法中，特别是在当前的法条授权立法中推行"日落立法"制度，使被授权主体实施法条授权立法权能得到有效的期限规范。

第二，健全法律清理制度。法律清理会对一部法律规范的效力产生直接的影响。通常而言，经过清理后，如果该部法律需要继续生效，则继续保留该法律规范；如果需要修改，则该部法律修改后继续生效；如果该部法律已经丧失了继续存在的价值，则可宣布该部法律失效。按照

---

[1] 克林顿担任总统时期，美国联邦政府也曾对设置机构和制定规章采取了"日落法"制度，迫使政府部门定期对它们的活动和规章进行评估。结果，这一措施给政府运转减轻了很多束缚，仅内部规章制度就减少了64万页，大大提高了政府的办事效率和服务水平，收到了意想不到的效果。参见木落《日落法：授权立法的紧箍咒》，《民主与法制时报》2011年5月2日第A03版。

[2] 据侯芳研究，"日落立法"在我国的具体适用中存在着调整对象有限、立法模式混杂和适用范围模糊的问题。参见侯芳《初探"落日条款"的中国立法适用》，硕士学位论文，华东政法大学，2007年，第18—23页。

目前我国法律清理所坚持的"谁制定谁清理"基本原则，只有具有立法权或被授权的国家机关才能够实施法律清理活动。① 因此，我国立法学界通常认为，法律清理也是一种立法行为。②

从效果上看，法律清理能够解决法律体系中不合时宜、法律规范间的冲突等问题，对保持法律体系的协调统一，保障法律规范的有效遵守和适用具有重要的意义。在法条授权中，因无授权期限范围的限制，极易发生被授权机关在上位母法已经修订或修正的情况下不及时修改相关立法或被授权机关不对已经不合时宜的相关立法进行修改从而导致规范之间的抵触等破坏法律权威和法制统一的现象。法律清理恰好可以解决这些典型问题，因此，法律清理制度能够有效弥补法条授权中授权期限范围缺失的弊端。

实施法律清理活动的方式主要有三种，即集中清理、专项清理和定期（常规）清理。③ 就我国法律清理的实施来看，比较常见的方式是集中清理和专项清理，而定期清理却尚未制度化，以至于虽时有清理，但"古董法规、规章打架"④ 的现象依然存在。因此，有必要在我国的法制建设中建立常态化的法律清理机制。建立常态化的法律清理机制可以考虑五年⑤为一个周期，对法律清理的主体、对象、程序、后果等进行制度

---

① 实践中，具体实施清理的主体通常会与规则所要求的主体有所不同。周旺生教授认为，如果由立法主体的某个工作部门具体实施清理，并由立法主体对清理报告或结果进行审查和批准，这符合法律清理的要求；但如果清理结果或报告并非由立法主体最终进行审批或发布，这有悖于法治精神。参见周旺生《立法学教程》，北京大学出版社2006年版，第546页。

② 周旺生：《立法学教程》，北京大学出版社2006年版，第545页。

③ 杨临宏：《立法学：原理、制度与技术》，中国社会科学出版社2016年版，第268页。

④ 阿计：《法律清理，通向法制完善之路》，《人民之友》2013年第7期。王压非博士对法规规章清理缺乏制度保障也进行了较为详细的论述，参见王压非《我国配套立法问题研究》，法律出版社2014年版，第173—177页。

⑤ 2009年6月23日，第十一届全国人大常委会第九次会议在分组讨论《全国人大常委会关于废止部分法律的决定（草案）》和《全国人大常委会关于修改部分法律的决定（草案）》的过程中，部分委员和列席会议的全国人大代表就建立常态化的法律清理制度进行了讨论。参与讨论的人士认为，建立常态化的法律清理制度非常有必要，并认为五年清理一次比较合适。参见李小健《法律清理常态化之议》，《中国人大》2009年第13期。另外，结合《宪法》规定的全国人大及其常委会、国务院、地方人大及其常委会和地方各级人民政府的任期均为五年的规定以及《立法法》对授权立法规定的授权期限一般不得超过五年的时限范围，笔者也认为，五年为一个清理周期既有法律依据也比较合理。

化的规定，确保法律清理依法而行，防止"运动式"法律清理活动的弊端，保障法律清理制度能够产生应有的积极意义。

第三，完善《立法法》第 62 条对"专门事项"一年制定时限的规定。《立法法》第 62 条对"专门事项"限定了一年之内制定相关规范的时限要求，但需要考虑的是，一年的时限要求是否合理。众所周知，在法治社会中，任何法律规范的出台必须履行法定立法程序，而严格遵循立法程序制定法律则需要时间加以保证。从立法实际看，授权机关在法律规范条文中做出授权后，要求被授权主体在一年之内制定相应的法规规章对被授权主体而言比较仓促。笔者建议，首先，法条授权在制定过程中及出台后应由授权机关及时和被授权主体保持沟通和交流，以保证被授权主体能够及时掌握被授权立法的相关信息；其次，由被授权主体及时向授权机关报送相关规范的制定计划，对不合理的立法计划时间表，授权机关应当及时指出并要求被授权主体予以及时改正；再次，将一年的时限要求修改为二年，以保证被授权主体有充分的制定时间，消除因制定时间短促而对立法质量带来的不利影响；最后，对于未在限定的期限内制定出相关立法的，除要求说明情况之外，授权机关还可以根据实际情况下达限时立法命令，督促被授权主体及时制定相关立法。

三 健全超越授权立法期限范围责任追究

当授权立法决定中明确包含了期限范围，而被授权主体超越期限范围时，按照《立法法》第 97 条第 7 项[①]的规定可以由授权机关在必要时撤销对被授权机关的立法授权。按照《立法法》本意，该撤销授权规定只适用于专门性授权立法决定，而法条授权无论是从法律依据还是实际情况均无法适用该项撤销规定。因为，法条授权的目的本身就在于由相关国家机关制定实施细则，保障法律规范的实施，被授权机关的选择是

---

① 《立法法》第 97 条第 7 项规定：授权机关有权撤销被授权机关制定的超越授权范围或者违背授权目的的法规，必要时可以撤销授权。此项规定中的授权范围在笔者看来，不只是包括授权立法的权限或事项范围，也应包括授权的时限范围。当被授权主体未按照授权权限范围或事项范围实施授权立法行为时，授权主体可以基于该项条文撤销对被授权主体的立法授权；同样，若被授权主体存在超越授权立法期限的行为，授权主体也可以基于本项条文规定撤销对被授权主体的授权立法决定。

基于授权条款中规定的事项与相关国家机关之间的对应关系；换言之，法条授权规定的授权权限或事项只能由被授权的国家机关来制定法律规范，其他国家机关则不具备制定此类法律规范的能力。在此种情况下，撤销授权只会让法条授权中规定的授权事项无法落实，反而会影响整部法律规范的实施。考虑到法条授权中授权期限的主要功能在于督促被授权主体及时制定相关法律法规，所以，应当用其他的责任形式对法条授权中的延迟立法或立法怠惰等立法不作为行为实施责任追究，以督促被授权的国家机关及时制定相关法规规章。然而，纵观《立法法》全文，除规定撤销制度之外，对延迟立法或立法怠惰并无责任追究规定，第62条也只是规定向全国人大及其常委会说明情况即可。笔者建议，应当进一步健全超越授权立法时限范围的责任制度，具体如下：

第一，对因延迟立法或怠于立法等立法不作为而使公民、法人等的合法权益受损实施国家赔偿。《国家赔偿法》第2条规定，公民、法人和其他组织的合法权益因国家机关和国家机关工作人员违法行使职权而受损时，可以申请国家赔偿。虽然立法延迟或立法怠惰等行为不同于国家行政机关的行政执法，但立法活动作为国家机关的一项公职行为既是实现国家权力的具体表征也是履行国家公共职责的体现，这是国家机构和国家权力的自然属性，这种属性对行为的承担主体而言不具有选择空间，必须按照规定和要求完全履行，否则就构成失职。失职对国家机关而言相应的就意味着追责，即应当按其失职的性质和造成的后果承担相应的法律或政治责任，其中对"所造成的损害予以赔偿"[①] 就是具体的责任形式之一。只要公民、法人或社会组织的合法权益受损与相关立法机关的立法不作为之间存在因果关系，合法权益受损的主体就具有提请国家赔偿的救济权利。

---

① 日本在20世纪70年代之后的"请求恢复'在宅投票制'""议员定额分配不均衡请求国家赔偿诉讼"以及"限制海外公民投票权诉讼"等案件中，已经逐步肯定了立法的国家赔偿。只是鉴于作为抽象行为的立法所针对的对象人数过于庞大，赔偿金数额也可能太过巨大，并且考虑到赔偿金最终也是来源于国民自己缴纳的税款，因此，为避免无意义的资金转移，赔偿金数额可以适当降低。所以，行政立法不作为的赔偿诉讼，更重要的意义在于通过法院判断确认是否存在行政立法不作为的违宪状态，而非对公民的全面的实际补偿。参见毕雁英《行政立法不作为责任研究》，《法学杂志》2010年第8期。

第二，对延迟立法或怠于立法等立法不作为的国家机关追究政治责任。政治责任的存在对于国家机关而言有其当然的合理性和必要性。作为社会中的政治人，国家机关肩负着特定的社会使命，如果因其不履行其特定的政治职能而影响了社会发展和民众的合法权益，理应在政治上受到否定性的评价。按照法条授权及时制定法律规范，对相关的国家机关而言不仅仅是行使权力，也意味着履行职责。延迟立法或立法怠惰等立法不作为行为对被授权的有关国家机关即属于典型的失职行为，除需要承担法律责任之外，承担政治责任也是应有之意。

第五节　健全授权立法的监督机制

建立完善有效的监督机制是控制超越授权立法范围行为的重要途径和方式。从具体监督过程和效果看，实现对超越授权立法范围的有效控制尚需进一步健全监督机制，笔者建议从以下几个方面具体实施。

一　健全批准监督机制

批准监督作为一种事前监督方式，具有其他监督形式不可替代的优越性，但从具体的监督实践来看并未达到预期的效果，在制度设计上还存在一些不足之处，有待于进一步健全和完善。笔者建议：

第一，理顺批准监督的适用范围。就当前批准监督机制的适用范围看，尽管《立法法》对需要经过批准后才能生效的法律规范有明确的规定，但审视立法批准的适用范围可以发现：①设区的市制定的地方性法规需要经过批准，而设区的市制定的地方政府规章却无此监督程序要求；②在法条授权中，同样是授权国务院有关部门制定相关制度规范，部分综合性法条授权需要经过批准，而专门性授权事项却无须经过批准；[①] ③同样是可以对法律、行政法规进行变通，自治条例和

[①] 《中华人民共和国外资企业法》第24条规定，国务院对外经济贸易主管部门根据本法制定实施细则，报国务院批准后施行。《中华人民共和国归侨侨眷权益保护法》第3条第2款规定，国家根据实际情况和归侨、侨眷的特点，给予适当照顾，具体办法由国务院或者国务院有关主管部门规定。

单行条例进行的变通需要经过批准,而经济特区所进行的变通却不需要经过批准;① ④专门性授权立法未纳入批准的适用范围。

从上述问题看,我国现行的批准监督机制在适用范围上比较混乱,需要进一步理顺适用范围。笔者建议,首先,基于目前设区的市已经具有制定地方性法规和地方政府规章的权限,如果全部采用批准方式无疑工作量巨大,可以考虑采用报送上级部门进行备案备查的监督方式;② 其次,由于法条授权中规定的立法事项较为繁多,如若均采用批准方式同样工作量巨大,因此可以考虑无论是专门性授权规定还是综合性授权规定,均采用报送上级部门进行备案备查的监督方式;③ 再次,就自治条例、单行条例和经济特区立法中的变通立法而言,因其改变了法律和行政法规的有关规定,对其作出了实质性的变更,"需要由上位法制定主体同意"④,因此可统一规定需要经过批准方可生效;最后,对基于专门授权决定而形成的立法,考虑到事前监督能够从源头上较好地预防立法失控行为,具有"最行之有效性"⑤。所以,为防止出现超越授权立法范围的情形,可统一规定需要经

---

① 参见《立法法》第 74 条、第 75 条和第 90 条的规定。

② 是否保留批准这一立法监督程序,2000 年《立法法》制定时就这个问题曾有过论争,最高立法机关经过综合考虑,最终保留了批准程序。2015 年《立法法》修正时,批准问题又被提了出来,但考虑客观现实和法制统一,批准程序依然得以保留。参见乔晓阳主编《〈中华人民共和国立法法〉导读与释义》,中国民主法制出版社 2015 年版,第 245—246 页。笔者认为,随着设区的市获得地方性法规和规章的立法权,如果全部均采用批准方式,无疑会使一级人大常委会的批准工作量激增,必然会导致批准时限进一步延缓;从立法监督的角度看,我国的立法监督方式有多种类型、多种方式,并非只有批准才能够维护法制统一。因此,从地方立法的实践操作角度考虑,对设区的市制定的地方性法规和地方政府规章以备案备查的方式进行监督较为务实。

③ 王压非博士也认为,批准监督制度并不能有效地对现有配套立法进行全面和完整的监督,其作用极为有限。作为配套规定的行政法规、地方性法规以及政府规章只能借助《立法法》以及《法规规章备案条例》所确立的备案机制对其进行监督。参见王压非《我国配套立法问题研究》,法律出版社 2014 年版,第 139—140 页。

④ 邓世豹:《论授予较大市完整立法权》,《暨南学报》(哲学社会科学版)2014 年第 10 期。

⑤ 汪全胜:《制度设计与立法公正》,山东人民出版社 2005 年版,第 346 页。

过批准方可生效。①

第二，设置简捷的批准监督程序。批准监督应当以何种程序进行？纵观《立法法》对批准监督制度的规定，对批准应当采取何种程序并未规定。而大部分省级人大及人大常委会制定的地方立法条例或立法程序规定中对立法的批准程序却有不同程度的规定，主要包括提交有关批准的资料、列入人大常委会的议程、对报批的立法进行审议、决定是否批准等。② 就地方立法中的批准程序看，部分省份误解了设置立法监督程序的真实用意，存在着"把批准程序当成了立法程序"③ 的情形。按《立法法》本意，批准只审查地方性立法的"合法性"④，此"合法性"仅指不得同其上位法相抵触，至于其他方面则不予审查。⑤ 因此，就设置批准

---

① 李步云教授和汪永清认为，批准制度作为一种授权立法的监督方式应该保留，但基于现时所存在的问题应当进行改革。他们建议参照国外实施批准制度的方法，按照法规所针对事项的内容和重要性，进行分门别类的批准。参见李步云、汪永清主编《中国立法的基本理论和制度》，中国法制出版社1998年版，第335页。笔者赞同两位前辈提出的对授权立法保留批准监督制度，但笔者同时认为，两位前辈提出的具体做法有待商榷。因为，对内容和重要程度的区分在理论上较容易把握，但实践操作中却比较困难，如"公民权利和国家重大利益的事项"在实践中就缺乏标准。因此，鉴于授权立法的"授权"属性，笔者认为应当全部由授权机关进行批准在监督效果上会更好。

② 张美荣的研究指出，全国22个省及5个自治区的地方立法，其不仅规定了报批准前的征询意见、报送材料、初步审查、列入会议议程、正式审查、批准时限六种主要程序，与此同时还规定了报批的审查次数及表决、撤回、公布实施等步骤。唐美玲的研究指出，中央立法对立法批准制度的程序除审批时限外未做其他规定，各省的地方立法条例中对立法批准程序有细致的规定，包括报请批准前通报或征询意见、提交材料、初步审查、列入会议、报批法规的撤回、正式审查、对报批法规的审查次数和表决、批准时限、经批准法规的公布实施，具体规定各地有一定的差异。参见张美荣《我国立法批准制度探究》，硕士学位论文，西南交通大学，2014年，第25页；唐美玲《我国地方立法批准制度探究》，硕士学位论文，湘潭大学，2017年，第34页。

③ 利群：《试论地方立法中的报批程序》，《人大研究》2006年第9期。

④ 实践中，个别地方的批准审查就已经突破了"合法性"的审查范围。如《黑龙江省人民代表大会及其常务委员会立法条例》（2002年2月4日通过，2016年1月31日修订，2016年3月1日实施）第76条：常务委员会在对报请批准的地方性法规进行审查时，发现个别条款存在合法性问题，可以采取附审查修改意见的形式批准。修改意见不属于合法性问题的，转报批机关研究处理。在以往个别省份的立法报批实践中，出现了对立法的必要性、合理性和操作性的审查，乃至对立法技术问题进行讨论和逐字逐句地修改的情形，这种做法不仅给常委会增加了很多不必要的工作量，而且拖长了批准时间，影响法规及时出台，同时也难以达到审查的目的。参见利群《试论地方立法中的报批程序》，《人大研究》2006年第9期。

⑤ 乔晓阳主编：《〈中华人民共和国立法法〉导读与释义》，中国民主法制出版社2015年版，第246页。

的目的以及要求四个月之内做出批准决定的期限来看，批准程序应当尽量简捷。具体可由人大常委会的各专门委员会具体实施并提交相关报告；对符合合法性要求的，直接由常委会会议做出批准的决定，以节约时间和简化批准程序。在授权立法中，被授权主体实施授权立法权还应受到授权决定的制约，因此，具体到授权立法的批准程序，被授权机关将制定出的规范报送授权机关后，由授权机关的相关部门对规范的合法性和是否符合授权决定要求进行审查，审查通过后可根据审查报告做出批准决定。

第三，明确规定报批后的结果处理方式。从《立法法》中规定批准方式的有关条款看，只有第72条规定了与上位法不相抵触这一种情况的处理方式，而对报批审查后其他可能产生的处理结果并未规定。事实上，法规报批不仅仅有批准这一种结果，还可能会有不予批准、修改后批准等多种类型。从各省人大及人大常委会立法条例中规定的法规报批的结果处理方式看，主要有如下几种处理方式：①符合合法性审查要求，直接批准；②不符合合法性要求的，不予批准；① ③由批准机关修改，并征得报请机关的同意；④退回报请机关修改后再报请批准；② ⑤附修改意见的方式批准。③ 各省的做法对从《立法法》的层面规定统一明确的报批后

---

① 《重庆市地方立法条例》（2001年1月16日通过，2017年1月19日修订）第57条：市人大常委会对报请批准的自治条例和单行条例，应当审查其是否违背法律或者行政法规的基本原则，是否违背宪法、民族区域自治法的规定以及其他有关法律、行政法规专门就民族自治地方所作出的规定。对不违背上述原则和规定的，应当予以批准；对违背上述原则和规定的，不予批准，发回报请机关处理。

② 《青海省人民代表大会及其常务委员会立法程序规定》（2001年1月17日通过，2016年11月25日修订，2017年1月1日施行）第47条第2款：常务委员会会议审查认为报请批准的地方性法规同宪法、法律、行政法规和本省的地方性法规相抵触需要修改的，可以由有关专门委员会修改，修改稿应当征得报请机关的同意；也可以退回报请机关修改后再报请批准。第48条第2款：常务委员会会议审查认为报请批准的自治条例和单行条例，对法律、行政法规、本省的地方性法规作出的变通规定违背法律、行政法规的基本原则，或者违背法律、行政法规专门就民族自治地方所作的规定需要修改的，可以由有关专门委员会修改，修改稿应当征得报请机关的同意；也可以退回报请机关修改后再报请批准。

③ 《江西省立法条例》（2001年2月23日通过，2016年6月8日修正）第57条：省人民代表大会常务委员会对报请批准的地方性法规，应当对其合法性进行审查，同宪法、法律、行政法规或者本省的地方性法规不抵触的，应当在四个月内予以批准；同宪法、法律、行政法规或者本省的地方性法规相抵触的，可不予批准，也可以采取附修改意见的方式批准。

的处理结果具有较高的参考价值。由最高立法机关统一明确规定报批后的处理结果，笔者建议，可设置如下几种类型：①符合合法性审查要求的，自报批之日起四个月内予以批准；②与其上位法存在抵触的，要求进行修改后报批；③不符合合法性审查要求的，不予批准。① 对授权立法报批结果的处理，除上述三种处理方式之外，按照《立法法》第 97 条第 7 项的规定，必要时授权机关还可以撤销立法授权。

第四，建立报批前的沟通交流工作机制。报批前的沟通交流工作机制主要是指法规制定机关在立法过程中及报批前和审批机关加强交流和沟通，这种沟通交流并非批准程序，而是为了使报批的规范能够顺利地通过批准程序。《立法法》中对此并未要求，而多个省级地方立法条例中却有不同程度的规定。一种模式是法规制定机关在制定有关法规过程中或报批前，就法规草案的内容征求批准部门的意见或邀请批准机关对正在制定的法规进行指导；② 另一种模式是在对法规正式报批前由批准机关的有关部门先行就规范文本进行审议并提出审议结果报告和批准文本草

---

① 笔者认为，征得报请机关的同意后由批准机关修改的处理方式不妥。因为，报批的法规是由报批机关制定的，报批机关是该部法规的制定主体，批准机关是该部法规的监督主体，对法规不符合合法性的修改只能由报批机关自行完成。由作为监督者的批准机关修改就存在审批机关越权或损害了报批机关立法主体的独立性。尽管可以认为由批准机关修改已经征得报批机关的同意，但这也就意味着由制定机关授权批准机关修改，而授权只能发生在平等主体之间或上级授权下级，不能由下级机关授权上级，否则就是下级机关的失职行为而对于上机关就是越权行为。另外，附修改意见式批准也不妥当。因为，即使是附带了修改意见，但结果还是由批准机关给予了批准，这样就存在报批机关是否进行了修改，修改后的条文是否符合合法性审查的要求，对于修改后的条文审批机关还需不需要再进行批准等问题。这些问题对于批准机关而言在批准后是无法监控的，批准监督的效果也会打折扣。因此，笔者认为，不宜采取附修改意见式批准的方式。

② 如《广东省地方立法条例》（2001 年 2 月 19 日通过，2016 年 1 月 30 日修正）第 70 条：设区的市的人民代表大会及其常务委员会制定地方性法规、自治县的人民代表大会制定自治条例和单行条例时，可以根据需要征求省人民代表大会有关的专门委员会和常务委员会工作机构的意见。省人民代表大会有关的专门委员会和常务委员会工作机构可以根据设区的市的人民代表大会及其常务委员会、自治县的人民代表大会的工作需要进行协调指导。又如《青海省人民代表大会及其常务委员会立法程序规定》第 44 条：西宁市、海东市、自治州的地方性法规草案和自治州、自治县的自治条例、单行条例草案，在提请本级人民代表大会常务委员会初次审议的三十日前，应当连同说明及立法依据等资料，送有关专门委员会征求意见。有关专门委员会应当在收到地方性法规草案和自治条例、单行条例草案后的十五日内，重点对其合法性、合理性、可执行性等提出修改意见，并予以反馈。

案，之后再由批准机关对正式报批的规范进行审查批准。① 建立报批前的沟通交流工作机制主要为了让审批机关能提前为报批机关所立之法的文本内容的合法性进行把控，防止在正式报批时因为合法性审查问题未获批准而延误批准时间。需要注意的是，实践中部分采取提前沟通交流方式的省级人大和常委会可能会存在"直接参与较大市整个立法过程，完全混淆了立法权与立法监督权"② 问题，因此，在沟通交流工作机制中要注意审批机关监督者的身份，防止将审批机关由监督者的指导流变为立法者的参与。

二 完善备案审查制度

备案审查制度在法律监督中属事后监督机制，它能够就法律在生效后及实施中发现和存在的问题及时予以监督和纠正，对于保护公民合法权益、保证宪法法律有效实施和维护国家法制统一等都具有非常重要的意义。就我国现行的法律法规备案审查制度而言，相比以往已经取得了长足的进步，③ 但仍存在需要改进之处。以笔者之见，完善我国相关制度，加强备案审查制度和能力建设，以下几个方面值得考虑。

第一，明确法规备案和审查的工作关系。现行法律中对备案和审查采取了割裂式的设置方式，即备案和审查是各自独立的法律监督途径。按照权威解释，备案的目的是"便于备案机关进行审查"；在具体实施

---

① 如《浙江省地方立法条例》（2001年2月16日通过，2016年1月28日修正）第65条：报请批准的地方性法规提请省人民代表大会常务委员会会议审查批准前，由常务委员会法制工作委员会征求有关的专门委员会、省人民政府有关部门及其他有关单位、人员的意见后提请法制委员会审议。法制委员会应当根据《中华人民共和国立法法》的要求和各方面的意见进行审议，提出审议结果报告和批准文本草案。第66条：报请批准的地方性法规，由省人民代表大会常务委员会主任会议决定提请常务委员会会议审查批准。

② 邓世豹：《论授予较大市完整立法权》，《暨南学报》（哲学社会科学版）2014年第10期。

③ 比如，全国人大常委会法律工作委员会成立了法规备案审查室专司法规备案审查工作，2015年《立法法》修正时增加了主动审查制度及审查反馈工作要求等。据统计，仅2016年1—10月，全国人大常委会主动审查研究了国务院公布的6件行政法规、"两高"公布的20件司法解释；审查后，对存在与修改后的法律不一致问题的30余件地方性法规提出了及时作出修改的要求。与此同时，全国人大常委会法工委还研究起草了《全国人大常委会法制工作委员会法规、司法解释备案审查工作规程》。参见朱宁宁《明年将建成法规备案审查信息平台》，《法制日报》2016年12月20日第11版。

中，由相关部门进行"登记、存档，并分送有关部门进行审查"，同时最高立法机关也专门成立了负责法规备案审查的机构。① 因而，在全国人大常委会的备案审查监督机制中，备案是存档备查，而审查的启动具有严格的程序要求，备案和审查是并行的工作制度。而在国务院的备案审查制度中，备案审查则是一项完整的工作机制，《法规规章备案条例》第5条和第10条对此进行了明确规定。② 从具体实践看，备而不审，"其监督效果就非常有限"③。针对我国现行备案监督制度所存在的这一弱点，学者就建议应当将"备案制度与审查制度结合起来"④，只有二者集合为一个统一完整的整体，二者的监督功能才能充分有效地发挥作用。笔者建议，《立法法》中应理顺备案和审查的工作关系，将备案监督和审查监督统一为备案审查监督，以使这一机制能够充分发挥其应有的作用和效果。

第二，健全备案审查的责任约束机制。《立法法》等相关立法对报送备案均规定了30日的时限要求，同时还规定，经备案审查后，如果同宪法或法律存在抵触情形的，报送备案的机关应当研究是否修改并及时向备案机关反馈意见或按照备案审查机关的意见进行修改或废止所制定的规范。据此可以认为，"备案是报备机关的一项法定义务，必须依法履行"⑤。为进一步发挥备案审查制度应有的作用，国家曾专门就这一问题下发了相关的文件，并提出了具体的要求，⑥ 但现实中这些要求的执行度

---

① 乔晓阳主编：《〈中华人民共和国立法法〉导读与释义》，中国民主法制出版社2015年版，第302页。
② 《法规规章备案条例》第5条规定：国务院法制机构依照本条例的规定负责国务院的法规、规章备案工作，履行备案审查监督职责。第10条规定：国务院法制机构对报送国务院备案的法规、规章，就下列事项进行审查：（一）是否超越权限；（二）下位法是否违反上位法的规定；（三）地方性法规与部门规章之间或者不同规章之间对同一事项的规定不一致，是否应当改变或者撤销一方的或者双方的规定；（四）规章的规定是否适当；（五）是否违背法定程序。国务院为了做好备案审查工作，专门成立了法规规章备案审查司，具体承办法规规章的备案审查工作。
③ 曹海晶：《中外立法制度比较》，商务印书馆2016年版，第504页。
④ 汪全胜：《制度设计与立法公正》，山东人民出版社2005年版，第341页。
⑤ 彭东昱：《加强备案审查 维护法制统一》，《中国人大》2014年第19期。
⑥ 2015年中央办公厅就法律规范的备案审查工作专门下发了《关于建立法规、规章和规范性文件备案审查衔接联动机制的意见》，其中就法律法规的备案审查工作提出了三点具体的要求，即有件必备、有备必审、有错必纠。

还有待进一步加强,"漏报、迟报行为依然存在"①。虽然已经存在法律和政策方面的具体要求,然而对于这些不履行法定义务的行为,《立法法》并未建立起有效的约束机制,《法规规章备案条例》也仅仅规定限期报送或给予通报并责令限期改正。实践业已表明,义务性规则的最终实现应当需要有相应的约束机制作为保障,单靠义务承担者的自觉履行,该项义务性规则的实现程度必然会受到影响。理论上,义务性规则最明显的特征就是其所具有的强制性,行为主体对法律所设定的义务性规定只能服从而不能放弃,② 否则法律将会作出否定性反应。③ 可以肯定地说,备案审查对于应报送主体方而言是一项法定义务,如果未按照要求及时且完全履行该项义务,应当承担相应的法律后果。但遗憾的是,现行相关法律规定中对此却并未建立起有效的约束机制,结果造成"法规备案审查制度的虚置"④ 的现状,产生了诸如上述的问题。因此,笔者建议,应当健全相应约束机制和强度,对不履行或不依法履行报备义务的有关机关进行问责,增强备案审查制度的约束力度,保障备案审查制度的实际效果。在具体问责形式上,除了《法规规章备案条例》中规定的几种方式,还可以规定询问和质询、特定问题调查、撤职案的审议和决定、通报以及给予责任人行政处分等问责形式。⑤

第三,理顺不同主体间备案审查的关系。《立法法》中规定接受备案审查的主体方面存在"多元"备案审查现象,⑥ 如对地方性法规和地方性政府规章的报备要求。既然法律规定了多元备案审查,那么不同的备案

---

① 朱宁宁:《备案审查难题待破解》,《海南人大》2017 年第 7 期。
② 马长山主编:《法理学导论》,北京大学出版社 2014 年版,第 33 页。
③ 周永坤:《法理学——全球视野》(第三版),法律出版社 2010 年版,第 170 页。
④ 张筱倜:《〈立法法〉修改后我国法规备案审查制度的再检视》,《理论月刊》2016 年第 1 期。
⑤ 《监督法》中分别规定了询问和质询(第六章)、特定问题调查(第七章)、撤职案的审议和决定(第八章)的监督形式,这些方式对于约束报备机关积极履行法律规范的备案义务具有积极作用。另外,部分地方规定对未按要求报送规范性文件进行备案的可以给予行政处分。例如,《广西壮族自治区各级人民代表大会常务委员会规范性文件备案审查条例》第 22 条、《江西省各级人民代表大会常务委员会规范性文件备案审查条例》第 19 条和《山东省各级人民代表大会常务委员会规范性文件备案审查规定》第 20 条的规定,等等。
⑥ 《法规规章备案条例》中对此也有类似规定。如《法规规章备案条例》第 3 条第 4 项规定:较大的市的人民政府规章由较大的市的人民政府报国务院备案,同时报省、自治区人民政府备案。

主体之间是否应具有各自的备案审查范围？如果没有明晰的界限划分，就可能会在不同的主体之间就同一部法规的备案审查产生抵触，比如，报备时间、审查结果的抵触等，而这些问题的出现可能"导致备案审查制度的异化"①，也会影响备案审查制度的严肃性和实践效果。

基于《宪法》《组织法》和《监督法》②等对法律监督工作的要求，笔者建议按照规范制定主体的性质分别由立法机关和行政机关进行备案审查，③同时结合全国人大常委会的被动审查以实现《宪法》等法律法规所规定的双重监督要求，具体方案为：①行政法规、最高人民法院和最高人民检察院所作出的司法解释、具有立法权的地方权力机关制定的法规报最高国家权力机关的常设机构备案；②国务院所属的各部委等制定的规章和地方具有相关权限的人民政府制定的规章报最高国家行政机关备案；③授权立法规范报授权决定做出机关备案；④全国人大常委会接受认为存在与宪法或者法律相抵触的可能而提出的审查要求或建议。

第四，强化备案审查的主动性和实效性。2015年的《立法法》相比较于2000年的《立法法》新增加了第99条第3款关于主动审查的规定，这是全国人大常委会增强备案审查监督主动性的一大亮点，对完善我国备案审查监督制度具有重要的意义。④但就《立法法》第99条关于审查程序启动的规定来看，备案审查的主动性和实效性仍显薄弱，具体表现在：①第99条第1款中规定的国务院、中央军事委员会、最高人民法院、最高人民检察院等国家机关可以提出审查的要求，然而从2000年《立法

---

① 罗建明：《规范性文件备案审查法律制度缺陷分析》，《人大研究》2015年第6期。
② 参见《宪法》第67条第6项、第89条，《组织法》第44条第6项、第59条，《监督法》第5条。
③ 笔者赞同王压非博士的观点，即立法机关系统内部制定的规定，由全国人大常委会对其进行备案审查才合理科学。参见王压非《我国配套立法问题研究》，法律出版社2014年版，第170页。同理，行政机关系统内部制定的规范性法律文件，也应当由国务院对其进行备案审查。
④ 事实上，主动审查一直是全国人大常委会对规范性法律文件进行审查监督的方式之一，如从2006年起，全国人大常委会法规备案审查工作机构对最高人民法院和最高人民检察院报送备案的司法解释进行逐件审查研究；从2010年起，对国务院报送备案的行政法规进行逐件审查研究；同时还围绕常委会工作重点和立法工作情况，有重点地对大量地方性法规开展主动审查。参见乔晓阳主编《〈中华人民共和国立法法〉导读与释义》，中国民主法制出版社2015年版，第311页。2015年修正《立法法》时，将全国人大常委会以往对规范性文件主动审查的"只做不说"加以明确规定，使备案审查监督的形式更加规范化，进一步增强了备案审查监督机制的主动性。

法》正式在法律上确立这一被动审查制度起至今，还未发生过一起该条款所规定的国家机关依据本条款的规定向最高国家立法机关提出对某部法律法规进行审查的要求。① 这不仅不能说明我国所制定的法律法规十分完善，反而暴露了该项制度所构建的这一审查启动方式存在弊端，即寄希望于上述主体的"强烈的责任心"② 以达到提起审查的效果，这在很大程度上是会落空的；②第 2 款中规定的其他主体提出审查建议后，在"必要时"进行审查。该条款中，相关主体只能提出审查建议，而"这一建议对全国人大常委会没有任何拘束力"③，并不必然触动审查程序；程序的启动还必须依赖于审查机关的研究，只有在认为"必要时"才启动审查程序。然而，立法机关对何种情况下才是"必要时"却并无明确界定，"若对'必要时'不加以任何界定和说明，'必要时'差不多也就可以与'不必要时'通用了"，换言之，"'必要性'将审查建议挡在审查大门之外"④，审查程序的启动也就变得遥遥无期或"形同虚设"⑤；③第 3 款在对主动审查进行规定时采用了"可以"这一选择性的表述作为提起行为的前置，这一条款虽然从立法上明确了主动审查制度，但"可以"这一前置词却遮掩住了本次修法中关于监督方面的这一亮点。因为"可以"所具有的选择空间，让该款规定的主体能拥有该项权力却对其在制度上未作强制性的要求，⑥ 是否主动提起备案审查完全由条款所规定的主体来决定，结果反而使主动审查的启动具有不确定性。

备案审查监督的最终目的应在于通过该项程序实实在在地纠正问题。2015 年《立法法》修正后虽然增强了主动性，但相对其实效性还存在差距，笔者建议从以下方面进一步强化备案审查的主动性和实效性：①将《立法法》第 99 条第 1 款规定的有关国家机关"可以向全国人民代表大

---

① 梅一波：《备案审查制度的若干缺陷及其完善》，载陈金钊、谢晖、刘风景主编《法律方法》（第 20 卷），山东人民出版社 2016 年版，第 229—239 页。
② 刘莘、钱于立：《法规范文件备案考》，《国家行政学院学报》2017 年第 6 期。
③ 陈道英：《全国人大常委会法规备案审查制度研究》，《政治与法律》2012 年第 7 期。
④ 温辉：《政府规范性文件备案审查制度研究》，《法学杂志》2015 年第 1 期。
⑤ 王书成：《宪法审查"忧虑"及方法寻求——合宪性推定之运用》，《浙江学刊》2011 年第 1 期。
⑥ 张筱倜：《〈立法法〉修改后我国法规备案审查制度的再检视》，《理论月刊》2016 年第 1 期。

会常务委员会书面提出进行审查的要求"中的"可以"完善为"应该"，这一改变不仅可以进一步明确有关国家机关维护法制统一和保护公民合法权益的义务，而且还可以实现增强备案审查程序启动的主动性；②在对第 99 条第 2 款中规定的企业事业组织、公民等有关主体提出的审查建议全部都进行审查客观上不太现实的情况下，① 应该对本条款中规定的"必要时"进行界定，并按照第 101 条的要求及时履行反馈义务；③完善备案审查机关积极主动启动审查程序的立法规定。建议将第 99 条第 3 款中"可以对报送备案的规范性文件进行主动审查"修改为"应该对报送备案的规范性文件进行主动审查"，将"可以"修改为"应当"不仅能加强主动审查工作，而且对于发挥立法的引领和规范作用非常重要。② 当然，要求备案审查机关主动审查报送备案的全部规范性文件目前存在人力有限的问题，③ 因此还应当相应增加备审机关的人员配备以满足"应当"审查对人力物力的需求；从未来发展的趋势和"应当"的客观要求看，设立专门的机构应当是实施备案审查监督机制的较好选择；④对授权立法必须主动审查。被授权机关所获得的授权立法权源于授权机关的授权，而实施授权立法权必须在授权的范围内进行，为防止被授权机关超越授权范围实施授权立法权，保障授权目的的实现和授权立法权正确实施，理应由备案机关对授权立法实施主动审查。

三 建构合宪性审查机制

合宪性审查制度是国家治理现代化的一个关键性制度，具有纠正法律法规内部瑕疵、维护法律体系自我统一、纾解社会矛盾源头、形成良

---

① 权威人士指出，每年由公民、组织提出审查建议的数量都比较多，如果对每一件审查建议都启动正式的审查程序，没有必要也不太现实。参见乔晓阳主编《〈中华人民共和国立法法〉导读与释义》，中国民主法制出版社 2015 年版，第 310 页。

② 陈丽平：《建立完善立法主动审查机制》，《法制日报》2015 年 2 月 18 日第 3 版。

③ 之所以规定专门委员会和常委会工作机构"可以"对报送备案的规范性文件进行主动审查，而非"应当"进行主动审查，主要是考虑到实际工作中，每年报送全国人大常委会备案的法规特别是地方性法规数量比较多，而本次修改的《立法法》赋予设区的市地方立法权后数量还会大量增加，而从事备案审查工作的人员力量又很有限，要求对报送备案的每一件法规都进行主动审查是不现实的。参见乔晓阳主编《〈中华人民共和国立法法〉导读与释义》，中国民主法制出版社 2015 年版，第 311 页。

法善治机制等重要功能。① 《中共中央关于全面推进依法治国若干重大问题的决定》明确指出，"一切违反宪法的行为都必须予以追究和纠正"，"完善全国人大及其常委会宪法监督制度"，"依法撤销和纠正违宪违法的规范性文件"。习近平总书记在党的十九大报告中指出，"加强宪法实施和监督，推进合宪性审查工作，维护宪法权威"。这些重要论断为我国法律的审查监督指明了工作方向，也为我国实施规范性法律文件的合宪性审查提供了坚实的政治保障。建构规范性法律文件的合宪性审查机制，笔者有以下初步审慎的构想：

第一，合宪性审查的主体。笔者认为，合宪性审查的主体只能是全国人大及其常委会。既然是合宪性审查，那么对规范性法律文件的审查就必须在宪法框架范围内依据宪法进行，否则合宪性审查就丧失了实施的基础。根据《宪法》第62条第2项和第67条第1项的规定，我国最高立法机关具有宪法监督权，同时考虑到宪法条文的抽象性，在进行合宪性审查时，必然涉及对宪法的解释，按照我国《宪法》的规定，宪法解释权归全国人大常委会，因此，合宪性审查的主体应当且只能是全国人大及其常委会。② 这里需要注意的一个问题是，最高人民法院是否能够成为合宪性审查的主体。笔者认为，最高人民法院不能成为合宪性审查的主体。首先，如果最高人民法院可以成为合宪性审查的主体，则此时合宪性审查就演变为由最高人民法院主导的违宪审查，而目前在我国的司法体制中，不存在由最高人民法院主导的司法违宪审查制度；其次，在合宪性审查中，如果允许最高人民法院进行合宪性审查，就必然存在最高人民法

---

① 林来梵：《合宪性审查的宪法政策论思考》，《法律科学》（西北政法大学学报）2018年第2期。

② 2018年3月13日，第十三届全国人大一次会议第四次全体会议决定设立10个专门委员会，其中就包括"宪法和法律委员会"，而此前该专门委员会从1982年宪法实施至今一直为"法律委员会"。这一变化，笔者认为是党和国家推进合宪性审查工作的重要体现。全国人大常委会法工委副主任沈春耀就表示，全国人大专门委员会的名称中首次出现"宪法"两个字，是全国人大在加强宪法方面工作的一个重要举措，这个修改有利于加强宪法的实施和监督，也是人大加强宪法和法治工作的举措。参见王亦君、王鑫昕、李超《定了！全国人大设宪法和法律委员会》，中青在线，http://news.cyol.com/content/2018-03/11/content_17012269.htm，2018年3月11日。参加本次"两会"的法学界代表也普遍认为，宪法和法律委员会的设立必将推动我国合宪性审查工作。参见卢义杰、刘世昕、杨杰《"法律委员会"拟更名为"宪法和法律委员会"意味着什么》，《中国青年报》2018年3月8日第3版。

院对宪法的解释，而按照宪法的规定，宪法解释权在我国只归属于最高立法机关，由最高人民法院进行解释显然属于违宪；再次，按照《宪法》规定，最高人民法院是国家的审判机关而并非法律监督机关，不具有合宪性审查的法定职权。同时，按照《立法法》第104条第1款对司法解释的严格限定，最高人民法院只能就审判工作中具体应用法律作出司法解释，如果由最高人民法院作为合宪性审查的主体，就超出了最高人民法院司法解释的范畴。而且，按照本条第2款的规定，最高人民法院所作出的司法解释本身还需要提交最高立法机关进行备案，故而在最高人民法院自身依法作出的司法解释都需要进行备案审查的规定下，其更无权对规范性法律文件进行合宪性审查；最后，如果最高人民法院可以充当合宪性审查的主体，这种审查绝大多数会发生在具体的司法审判中，而在具体的司法审判中若需要进行合宪性审查，按照《立法法》第99条第1款的规定，应当报送全国人大常委会进行审查，而不能由最高人民法院进行合宪性审查。

第二，合宪性审查的范围。合宪性审查的范围是指合宪性审查的对象，即哪些规范性文件需要接受合宪性审查。《决定》要求，把所有规范性文件纳入备案审查范围，依法撤销和纠正违宪违法的规范性文件。另外，《宪法》等相关法律对需要报备的法律法规均有相应的规定。基于上述法律规定，笔者认为，合宪性审查的范围应当包括：（1）法律、全国人大常委会作出的法律解释和全国人大常委会的决定；[①]（2）最高国家行

---

① 在笔者建构的合宪性审查机制中，对全国人大及其常委会制定的法律（包括具有法律效力的法律解释及决定）进行合宪性审查需要解决的疑惑有：一是全国人大制定的法律由谁进行合宪性审查？二是全国人大常委会制定的法律由谁进行合宪性审查？对于第一个问题，有关方面一般否定全国人大及其常委会可审查全国人大所制定的基本法律的合宪性，以免陷入所谓"自己审自己"的悖论。参见林来梵《合宪性审查的宪法政策论思考》，《法律科学》（西北政法大学学报）2018年第2期，第37—45页。笔者赞同孙煜华博士和童之伟教授的观点，即全国人大常委会是全国人大的常设机关，从理论上来说它不可以审查全国人大制定的法律的合宪性，当然在实际立法过程中，如果全国人大制定的法律出现了合宪性问题，全国人大常委会也可以提出咨询性意见；另外，从合宪性审查角度看，作为最高国家权力机关的全国人大在宪法层面只能自我纠正。当然，全国人大常委会也并非在这个问题上毫无作为，其可以向全国人大提出建议案，请求全国人大撤销或者修改自己制定的违宪的法律规定。参见孙煜华、童之伟《让中国合宪性审查制形成特色并行之有效》，《法律科学》（西北政法大学学报）2018年第2期，第46—58页。对于第二个问题，毫无疑问，全国人大常委会制定的法律的合宪性审查应当由全国人大实施，因为按照基本的法理，全国人大常委会不能审查由自己制定的法律或做出的决定。

政机关所作出的规范性法律文件及地方权力机关作出的规范性法律文件；（3）军事法规；（4）司法解释；（5）经济特区的法规；（6）部门规章和地方政府规章。

第三，合宪性审查的标准。合宪性审查应当以宪法为审查标准，这一点毋庸置疑。除此以外，还有两个问题需要关注：一是宪法有广义和狭义之分，广义上的宪法不仅包括宪法文本，还包括宪法性法律规范，而狭义的宪法仅指宪法文本。合宪性审查时所依据的宪法标准是否还包括宪法性的法律规范？二是在合宪性审查中，是否只能以文本为审查的标准？宪法性原则或理念或宪法精神等是否可以作为审查的标准？对于第一个问题，笔者认为，合宪性审查只能以狭义的宪法文本为审查标准，其他宪法性法律文件不能作为审查标准。广义的宪法实际上是指宪法法律部门，其中以宪法典为核心，并包括其他具有宪法性质的法律文件，但这些宪法性法律文件在性质、位阶等方面和宪法典不可相提并论。因此，在合宪性审查中，这些宪法性的法律不能作为合宪性审查的标准。对于第二个问题，笔者认为，任何周全详尽的宪法典均不可能将所有的宪法内容毫无遗漏地完全呈现出来，在宪法文本不能完全表达的情况下，宪法解释、宪法原则等则可以填补宪法文本的遗漏。① 因而，在合宪性审查中，作为审查标准的宪法，"既包括宪法典，即宪法文本，同时包括宪法原则、宪法精神与宪法解释"②。

第四，合宪性审查的方式。合宪性审查的方式即在对规范性文件进行合宪性审查时应当采取主动还是被动的审查方式。笔者认为，在对规范性文件进行合宪性审查时，应当采取主动和被动审查相结合的审查方式，其中主动审查为主，被动审查为辅。一是主动审查，即由全国人大及其常委会主动进行合宪性审查。之所以建议主动，主要是因为合宪性审查一方面是中国共产党十九大报告提出的"加强宪法实施和监督，推进合宪性审查工作，维护宪法权威"的具体体现，另一方面也是全国人

---

① 宪法精神与宪法原则只能在解决特殊的宪法问题或者在文本上不易找到依据时才可以作为宪法判断的尺度，并且在运用时还需受到严格的程序、标准或者惯例的控制。参见韩大元《关于推进合宪性审查工作的几点思考》，《法律科学》（西北政法大学学报）2018 年第 2 期。

② 韩大元：《关于推进合宪性审查工作的几点思考》，《法律科学》（西北政法大学学报）2018 年第 2 期。

大常委会积极履行宪法监督职权的根本要求；二是被动审查，即由全国人大常委会对有关主体提交的合宪性审查要求或建议进行审查并做出审查结果的方式。在被动审查中，《立法法》第 99 条第 1 款中所涉及的主体均应当对在工作中遇到的有关规范性文件的合宪性问题向全国人大常委会提出审查要求；除前述国家机关之外的其他社会主体①也可以向全国人大常委会提出规范性文件合宪性的审查建议。②

第五，合宪性审查结果的处理。在对有关的规范性文件进行合宪性审查之后，可以有以下几种处理结果：一是符合合宪性要求，即被审查的规范性法律文件与宪法不存在抵触问题，审查机关只需将该审查结果及时告知有关主体；二是与宪法存在抵触，由审查机关提出修改意见并责成规范制定主体及时修改，规范制定主体按要求进行修改，审查机关应及时将审查结果反馈给有关主体；三是与宪法存在抵触，审查机关提出修改意见并责成规范制定主体及时修改，规范制定主体不予修改或拒绝修改的，审查机关可以改变或撤销该规范，并将处理结果及时告知有关主体。

以上是笔者对我国合宪性审查机制的建构所做的粗浅思考，必须注意的是，我国合宪性审查机制的设计应当放置于我国法律监督体系的整体框架内进行思考，同时要统筹和协调我国现行的备案审查制度，以使我国的法律监督体系能够形成完整、统一、协调的整体，从而使其在实践中发挥更大的作用和效果。

---

① 包括其他国家机关、社会团体、企业事业组织、公民个人等其他社会主体。

② 在可以提起合宪性审查建议的主体方面，胡锦光教授建议我国有权提出合宪性审查建议的资格只应当赋予两类主体：一是审理案件的法院；二是案件当事人。参见胡锦光《论推进合宪性审查工作的体系化》，《法律科学》（西北政法大学学报）2018 年第 2 期；胡锦光《论启动合宪性审查程序主体资格的理念》，《国家行政学院学报》2017 年第 6 期。笔者的观点是，可以提起合宪性审查建议的主体不应仅限于审理案件的法院和案件当事人，因为这一做法明显剥夺了其他主体提出合宪性审查建议的权力（利）。《宪法》序言中明确规定，所有的主体均有监督宪法实施的权力（利），相应地就都有提起合宪性审查的权力（利）。过往一些事件证明，虽然一般社会主体（或非司法机关或非案件当事人）提起合宪性审查建议的效果甚微，但也正是这些社会主体提出的合宪性审查建议推动了我国法治进程，完善了国家法律制度和促进了国家法制的统一，有效维护了宪法的权威和保障了公民的基本权利和合法利益。典型如《城市生活无着落的流浪乞讨人员救助管理办法》《国有土地上房屋征收与补偿条例》的颁布便是一般社会主体推动审查的结果。

结　　语

17世纪英国资产阶级自由主义思想家的代表性人物洛克认为立法权力不能委托，[①] 然而现实并非如洛克所认为的如此理想。英国议会基于"有力的和充分的理由"就认为委托立法的办法是不可或缺的。[②] 布拉德利等也认为，"授权立法是现代政府的一项必然特征"[③]。就现实发展上来看，各国普遍认可授权立法的存在并在立法实践中加以广泛应用。然而，授权立法"双刃剑"的品性又决定了对其不可放任自流，必要的限制和约束是其得以恰当实施的重要保障。就授权立法自身而言，授权必定要求有范围的限制，否则就等于被授权主体"拿到了一张空白支票"[④]，而授权立法范围恰能够为这种限制和约束提供内生性的依据。

官方包括学界通常将授权立法范围界定为授权立法的权限范围。本书认为，除传统的认知以外还应当包括主体和期限范围。授权立法的主体范围具体包括可以授出立法权的主体和可以接受立法授权的主体；授权立法的权限范围是指授权主体能够进行立法授权的权限和事项范围，它限定了授权主体可授出立法权的边界以及被授权主体可实施授权立法权的界限；授权立法的期限范围则是实施授权立法的时间范围，即授权主体可以授出立法权的期间以及被授权主体可以实施授权立法权的时限。

授权立法主体范围是对授权主体和被授权主体的限定，要求在授权

[①] ［英］洛克：《政府论》（下篇），叶启芳、瞿菊农译，商务印书馆1964年版，第88页。
[②] ［英］埃弗尔·詹宁斯：《英国议会》，蓬勃译，商务印书馆1959年版，第489—490页。
[③] A W Bradley and K D Ewing, *Constitutional and Administrative Law* (Fourteenth Edition), Harlow: Pearson Education Limited, 2007, p.676.
[④] ［美］伯纳德·施瓦茨：《行政法》，徐炳译，群众出版社1986年版，第33页。

立法关系中授权主体和被授权主体均应由适当的主体承担。从其表现上看，具有法定性、特定性、临时性、强制性的特点。在西方国家的授权立法实践中，授权主体主要为立法机关，在认可再授权制度的情况下，部分被授权主体在再授权立法关系中也会成为授权主体；而被授权主体通常都呈现多样化的态势，涵盖了立法机关的内部机构、行政机关、司法机关、独立机构、社会团体或组织等。在我国《立法法》所规定的授权立法制度中，授权主体仅指全国人大及其常委会，被授权主体也只有国务院、经济特区。这一规定与学界所研究的授权立法主体范围存在较大差异。主要分歧在于，学术界认为我国的授权立法不只局限于《立法法》所规定的专门性授权立法，而且也涵盖了各类法律法规中广泛存在的法条授权即一般性授权立法，而以《立法法》为代表的官方对授权立法的态度则仅限于专门性授权立法。本书认为，在我国授权立法主体范围中，授权主体有立法机关，其中包含全国人大及其常委会和地方具有立法权限的人大及其常委会，也有行政机关，其中包括国务院及各个具有规章制定权限的政府部门；被授权主体中既有权力机关、行政机关也有司法机关和社会团体等。比较中西方关于授权主体范围的规定可以发现，在授权立法主体的选择上，共同存在多样化和无明确标准等的特点；同时，我国授权立法主体还表现出范围更加宽泛的独有特点，这主要是受中国立法体制、法条授权和"转授权"等因素的影响。本书认为，授权立法主体的选择应当有必要的原则和标准，否则会破坏立法的权威，不利于授权立法的恰当实施。在确定主体范围时应当坚持合宪性原则、法定原则和限制原则，具体依据主要基于社会发展的实际需要和有关机关担负的工作职能；在资格条件上，授权主体应当符合以下要求：①必须要具有立法权；②必须是国家机关；③必须具有一定的级别或组织地位。被授权主体应当符合的要求为：①可以是国家机关也可以是社会团体；②必须具有实施授权立法的能力；③应当是授权主体的下级或与授权主体之间存在隶属关系。

授权立法权限范围是授权立法范围的核心，它界定了授权主体可授出立法权的范围，同时也是被授权主体可实施授权立法权的边界。受立法权限划分的影响，各国对授权立法权限和事项范围的规定各不相同，总体做法可以用法律保留理论以及"重要性"理论加以阐释。法律保留理论为界分立法机关的专属立法权与其他机关的立法权限提供了理论支撑，但对只能由立法机关自行制定法律的事项范围的解释力还不够，"重要性"理论恰好可以弥补这一不足。"重要性"理论认为，如果属于"最重要"或"更重要"的事项，必须由立法机关自行制定法律；而对于"重要"或"次重要"的事项，立法机关可以自行制定法律也可以授权行政机关制定。实践中，各国一般在法律中通过明确规定立法机关的专属立法权以及对授权立法事项做出具体规定来体现"重要"的不同层次。

德国和美国为区分可授权事项和不可授权事项范围提供了参考样本。德国确立可授权事项范围的基本原则有一号明确性公式和二号明确性公式等，在具体审查标准上形成了可预见性公式、自行决定公式、方针公式等具体操作办法。美国在授权立法中所遵循的实体标准主要有有意义的标准、宽泛的标准、未分级的决定目标标准和具有不一致性的标准，但就标准本身而言，部分仍存在较大的不确定性，实践中最高法院逐步形成自己的一套审查方法。比较而言，我国授权立法权限或事项范围的确定就显得较为"凌乱"。之所以称为"凌乱"，是因为从《立法法》关于全国人大及其常委会的专属立法权和有关授权立法的规定看，几乎无标准可言；一方面，不同立法主体间立法权限的划分存在缺陷，另一方面，《立法法》中对立法保留和授权立法的规定存在明显不足。本书认为，在我国立法权限的划分中，涉及与国家主权有关的各项事务、公民基本的权利、国家各项基本制度等应当属于立法机关绝对保留事项，只能由最高立法机关自行制定法律，不可进行立法授权；有关法律的实施细则、紧急情况下的事项、试点或试验类的事项、技术性的事务以及机关内部的组织管理事项等则属于可授权的事项。

在授权立法期限范围上，各国的做法并不一致。有些国家在本国的授权立法制度中明确规定需要对授权立法设定期限范围，比如，法国、西班牙、意大利等；有些国家则没有对授权立法的期限范围提出要求。授权立法是否必须设定期限范围？从一般法理上来看，授权应当设定期限。具体到授权立法中，授权立法的期限范围对于明确授权立法的有效存续期间、督促授权主体积极行使立法权、防止延迟立法等具有重要的意义。在授权立法中没有对授权期限范围提出要求的国家，并不是说对授权期限没有考虑，而是通过其他的方式实现了授权期限范围的实践效果。比如，德国通过联邦宪法法院的司法审查实现对超越授权立法权行为的控制，同时在部分立法中还引入了"日落法则"客观上体现了授权的期限要求。英国的授权立法总体上对期限范围也并不明确，但对于紧急事态或紧急状态下的授权立法通常会规定期限范围；另外，议会的立法监督也保证了授权立法在范围内实施。

我国授权立法中对授权期限范围的明确规定在2015年《立法法》修正时得以体现。2015年《立法法》修正时，一改之前对授权期限范围无要求的做法，明确规定了不得超过五年的授权期限。从目前的实践情况来看，全国人大及其常委会所作出的授权决定均较好地遵守了这一规定。至于法条授权，在本次《立法法》修正时新增加了对有关主体实施授权立法权期限要求的条文，规定被授权机关应当在一年期限内制定有关规定，如未按期完成则需要说明情况。应该说，这一期限规定能够有效地减少我国法条授权中较为广泛存在的延迟立法或立法滞后现象。然而分析现行的授权立法期限范围制度，本书认为还存在诸如条文之间不协调、重复规定、条文自身规定不完善等问题。这些问题如果不能正确对待并加以解决，也会影响到授权立法的实施。

授权立法范围的存在对规范授权立法的正确实施具有重要的意义，但如何使授权立法能够在范围内实施同样是研究这一问题必须面对的客观现实。分析各国的有关制度可以发现，健全的法律监督机制能够有效控制超越授权立法范围的行为。为实现对超越授权立法范围的有效控制，各国采取了不同的监督途径和方式。在立法监督上，英国主要采取了程序监督和实体监督相结合的方式，其中程序方面主要偏重于审查授权立法是否符合程序要求，而实体监督则主要就授权立法的实体性内容进行审查，并形成了相应的技术性审查标准；在司法监督上，英国司法机关对授权立法的监督形成了"不得越权"的基本原则，并形成了具体的司法审查标准。德国的立法监督除了程序性审查，同时还按照《联邦基本法》中有关授权立法的规定由议会对其进行宪法层面的审查监督；在司法监督中，有关的司法机关在各自权限范围内以直接审查或间接审查的方式对授权立法的程序越权及实体越权进行审查，并有较为明确的审查标准。美国对授权立法的立法监督主要由国会实施，国会对授权立法的监督主要通过以非正式程序、正式程序和混合程序等程序性监督为主并辅之以其他监督方式实现对授权立法监督的效果；在司法监督方面，司法机关主要对授权立法的合宪性和合法性按照相应的标准进行审查。澳大利亚对授权立法的议会监督包括了程序审查机制、备案审查机制和人权审查机制三种方式；而司法监督则由司法机关按照不得越权原则在程序和实体方面按照相应标准审查授权立法是否越权。

不同于西方国家对超越授权立法范围实施的监督机制，我国主要通过立法监督加以实现，在具体方式上主要有批准、备案和审查等，在监督过程中逐步形成了合宪性标准、不得越权标准、不得违反授权法的规定或其他上位法的规定、不适当标准及程序性标准等审查标准。客观上，我国的立法监督机制对超越授权立法范围能起到良好的监控效果，但也应正视其自身存在问题。本书认为，在我国的立法监督机制中，批准监督方式的程序不清、效果有限；备案监督存在监督力度不强、多元备案、备案与审查的关系不清等问题；审查监督的适用范围较窄、程序启动主动性较弱等，应当进一步完善我国的授权立法监督机制。

就我国授权立法范围相关制度的完善，本书提出如下建议：

第一，统一授权立法的概念范畴。研究发现，授权立法概念范畴的割裂，使对授权立法的规范出现了偏差，进一步导致授权立法的实践出现了较多的问题。完善我国授权立法范围相关规定，首先需要统一授权立法的概念范畴，即将法条授权立法纳入授权立法的概念体系。就有关授权立法的立法可以采取两种模式：一种模式是在《立法法》中设立授权立法的专章；另一种模式是借鉴国外的有关做法，制定针对性的专门立法。

第二，限定授权立法的主体范围。对其主体应限定资格条件，具体条件针对授权主体和被授权主体分别规定。就授权主体而言，其资格条件为：①必须是具有立法权力的国家机关；②应当具有相当的组织级别或地位。被授权主体的资格条件为：①必须具有一定的立法技术和立法能力。由于该项资格条件比较抽象，实践中可以考虑通过该主体的组织地位或级别来进行衡量；②可以是国家机关或承担社会公共职能的社会组织或团体；③应当是授权主体的下级或与授权主体之间存在隶属关系。基于对授权立法主体资格限制的考虑，当前我国现行有关法律法规中关于授权立法主体范围的相关规定应当进行修改完善，比如，应当对部分立法中授权主体和被授权主体组织地位偏低的规定进行修改等。

第三，厘定授权立法的权限范围。就当前我国立法中授权事项范围的不完善规定，本书建议，国家主权事项，各级国家权力机关、政府、审判机关和检察机关的产生、组织和职权，国家基本的政治、经济、文化等制度，涉及公民基本权利的事项，税收基本制度，基本的司法制度均应属于不可授权立法的事项；应当对《立法法》第8条和第9条中的模糊性规定予以明确；同时基于"先行先试型"授权立法的实践表现，将《立法法》中所规定的在"行政管理等领域的特定事项"实施"先行先试型"授权立法完善为在"法律规定的某些特定事项"中实施"先行先试型"授权立法。对于法条授权立法的授权事项范围，可根据法条授权类型的不同，厘定其可授权立法的事项范围。

第四，规范授权立法的期限范围。本书认为，在专门性授权立法中，除了《立法法》中对授权期限范围的规定，还应该从以下方面就授权期限范围的设定做进一步规范：①建立不超过五年授权期限的实施机制；②协调现行《立法法》中关于授权期限范围的有关规定；③协调《立法法》修改前后授权期限有关规定的衔接。对法条授权中期限范围的完善，可以考虑：①实施"日落立法"制度；②健全法律清理制度；③完善《立法法》第62条中一年期限的规定。实践中，如果存在超越授权立法期限范围的行为，可以考虑对有关责任主体追究相关的政治责任，对因为延迟立法或怠于立法而造成合法利益受损的公民或法人等实施国家赔偿。

第五，健全授权立法的监督机制。健全完善的监督机制是控制超越授权范围的有效途径，本书建议从以下方面健全我国授权立法的监督机制：①通过理顺批准监督的适用范围、设置简捷的批准监督程序、明确规定报批后的结果处理方式和建立报批前的沟通交流工作机制来健全授权立法的批准监督机制；②在备案审查监督机制方面，要明确法规备案和审查的工作关系，健全备案审查的约束和责任机制，理顺不同主体间备案审查的关系，强化备案审查的主动性和实效性；③以合宪性审查的主体、合宪性审查的范围、合宪性审查的标准、合宪性审查的方式以及合宪性审查结果的处理等要素考虑，建构我国合宪性审查监督机制。

参考文献

一 中文参考文献

(一) 中文著作

曹海晶:《中外立法制度比较》,商务印书馆2016年版。

陈伯礼:《授权立法研究》,法律出版社2000年版。

陈俊:《授权立法研究——兼评中国授权立法之理论与实践》,载周旺生主编《立法研究》(第1卷),法律出版社2000年版。

陈新民:《中国行政法学原理》,中国政法大学出版社2002年版。

戴学正等编:《中外宪法选编》(下册),华夏出版社1994年版。

邓世豹:《授权立法的法理思考》,中国人民公安大学出版社2002年版。

封丽霞:《中央与地方立法关系法治化研究》,北京大学出版社2008年版。

龚祥瑞:《比较宪法与行政法》,法律出版社2012年版。

管仁林、程虎:《发达国家立法制度》,时事出版社2001年版。

郭道晖:《社会权力与公民社会》,译林出版社2009年版。

郭道晖主编:《当代中国立法》,中国民主法制出版社1998年版。

何勤华主编:《英国法律发达史》,法律出版社1999年版。

洪庆麟:《委任立法要件之比较研究》,台湾:三民书局1982年版。

胡建淼:《比较行政法:20国行政法评述》,法律出版社1998年版。

胡建淼主编:《行政法学》,复旦大学出版社2003年版。

胡锦光、韩大元:《中国宪法》(第二版),法律出版社2007年版。

黄文艺:《立法学》,高等教育出版社2008年版。

姜悌文:《行政法上之明确性原则》,载城仲模主编《行政法之一般法律原则（二）》，台湾：三民书局股份有限公司 1997 年版。

李步云、汪永清主编：《中国立法的基本理论和制度》，中国法制出版社 1998 年版。

李道揆：《美国政府和政治》（下册），商务印书馆 1999 年版。

李林：《立法机关比较研究》，人民日报出版社 1991 年版。

李林：《立法理论与制度》，中国法制出版社 2005 年版。

林来梵：《宪法学讲义》（第二版），法律出版社 2015 年版。

林征：《英国地方政府制度和地方立法》，载李步云主编《立法法研究》，湖南人民出版社 1998 年版。

刘建飞、刘启云、朱艳圣编：《英国议会》，华夏出版社 2002 年版。

刘兆兴、孙瑜、董礼胜：《德国行政法——与中国的比较》，世界知识出版社 2000 年版。

马长山：《法理学导论》，北京大学出版社 2014 年版。

梅一波：《备案审查制度的若干缺陷及其完善》，载陈金钊、谢晖、刘风景主编《法律方法》（第 20 卷），山东人民出版社 2016 年版。

孟祥锋：《法律控权论——权力运行的法律控制》，中国方正出版社 2009 年版。

乔晓阳主编：《〈中华人民共和国立法法〉导读与释义》，中国民主法制出版社 2015 年版。

乔晓阳主编：《立法法讲话》，中国民主法制出版社 2000 年版。

全国人大常委会法制工作委员会国家法室编：《中华人民共和国立法法释义》，法律出版社 2015 年版。

沈达明编：《比较民事诉讼法初论》（上册），中信出版社 1991 年版。

沈汉、刘新成：《英国议会政治史》，南京大学出版社 1991 年版。

苏元华：《立法法授权立法制度若干问题研究》，载周旺生主编《立法研究》（第 4 卷），法律出版社 2003 年版。

孙国华、朱景文主编：《法理学》（第三版），中国人民大学出版社 2010 年版。

孙谦、韩大元主编：《立法机构与立法制度：世界各国宪法的规定》，中国检察出版社 2013 年版。

童之伟：《国家结构形式论》，武汉大学出版社 1997 年版。

汪全胜：《制度设计与立法公正》，山东人民出版社2005年版。

王锴：《论法律保留原则对行政创新的约束》，载胡建淼主编《公法研究》（第五辑），浙江大学出版社2007年版。

王名扬：《法国行政法》，北京大学出版社2016年版。

王名扬：《美国行政法》（上），北京大学出版社2016年版。

王名扬：《美国行政法》（下），北京大学出版社2016年版。

王名扬：《英国行政法 比较行政法》，北京大学出版社2016年版。

王压非：《我国配套立法问题研究》，法律出版社2014年版。

吴大英、任允正、李林：《比较立法制度》，群众出版社1992年版。

吴庚：《行政法之理论与实用》（增订八版），中国人民大学出版社2005年版。

习近平：《在十八届中央政治局第四次集体学习时的讲话》（2013年2月23日），载中共中央文献研究室编《习近平关于全面依法治国论述摘编》，中央文献出版社2015年版。

习近平：《改革党的纪律检查体制，完善反腐败体制机制》（2014年1月14日），载习近平《论坚持全面深化改革》，中央文献出版社2018年版。

许崇德主编：《宪法》（第四版），中国人民大学出版社2009年版。

许宗力：《法与国家权力（一）》，台湾：元照出版有限公司1999年版。

薛波主编：《元照英美法词典》，法律出版社2003年版。

杨建顺：《日本行政法通论》，中国法制出版社1998年版。

杨临宏：《立法学：原理、制度与技术》，中国社会科学出版社2016年版。

余凌云：《行政法讲义》（第二版），清华大学出版社2014年版。

张千帆：《西方宪政体系》（上册·美国宪法）（第二版），中国政法大学出版社2004年版。

张千帆：《西方宪政体系》（下册·欧洲宪法）（第二版），中国政法大学出版社2005年版。

张文显主编：《法理学》，高等教育出版社、北京大学出版社2011年版。

张友伦主编：《美国通史（第2卷）：美国的独立和初步繁荣（1775—1860）》，人民出版社2002年版。

章剑生：《现代行政法总论》，法律出版社2014年版。

周旺生：《立法学教程》，北京大学出版社2006年版。

周永坤：《法理学——全球视野》（第三版），法律出版社2010年版。

朱力宇、张曙光主编：《立法学》（第三版），中国人民大学出版社2009年版。

朱庭光主编：《法西斯体制研究》，上海人民出版社1995年版。

（二）中文译著

［英］H. L. A. 哈特：《法律的概念》，许家馨、李冠宜译，法律出版社2006年版。

［印］M. P. 赛夫：《德国行政法——普通法的分析》，周伟译，山东人民出版社2006年版。

［英］埃弗尔·詹宁斯：《英国议会》，蓬勃译，商务印书馆1959年版。

［德］奥托·迈耶：《德国行政法》，刘飞译，商务印书馆2013年版。

［美］伯纳德·施瓦茨：《行政法》，徐炳译，群众出版社1986年版。

［美］查尔斯·A. 比尔德：《美国政府与政治》（上册），朱曾汶译，商务印书馆1987年版。

［英］戴维·M. 沃克：《牛津法律大辞典》，李双元等译，法律出版社2003年版。

［英］戴维·米勒、韦农·波格丹诺：《布莱克维尔政治学百科全书》，邓正来等译，中国政法大学出版社1992年版。

［英］戴雪：《英宪精义》，雷宾南译，中国法制出版社2001年版。

［法］古斯塔夫·佩泽尔：《法国行政法》（第十九版），廖坤明、周洁译，国家行政学院出版社2002年版。

［德］哈特穆特·毛雷尔：《行政法学总论》，高家伟译，法律出版社2000年版。

［美］理查德·J. 皮尔斯：《行政法》（第一卷）（第五版），苏苗罕译，中国人民大学出版社2016年版。

［法］卢梭：《社会契约论》，何兆武译，商务印书馆2003年版。

［英］洛克：《政府论》（下篇），叶启芳、瞿菊农译，商务印书馆1964年版。

［法］孟德斯鸠：《论法的精神》（上），张雁深译，商务印书馆1961年版。

[德] 米夏埃尔·博伊尔勒：《德国的行政立法》，载中国政法大学中德法学院主编《立法权限划分——中德比较》，中国政法大学出版社 2015 年版。

[法] 让·里韦罗、让·瓦利纳：《法国行政法》，鲁仁译，商务印书馆 2008 年版。

[德] 乌维·维瑟尔：《欧洲法律史：从古希腊到〈里斯本条约〉》，刘国良译，中央编译出版社 2016 年版。

[日] 盐野宏：《行政法》，杨建顺译，法律出版社 1999 年版。

[英] 约翰·埃默里克·爱德华·达尔伯格－阿克顿：《自由与权力》，侯健、范亚峰译，译林出版社 2011 年版。

（三）中文论文

《全国人大有关部门领导和专家谈经济特区授权立法》，《海南人大》2013 年第 12 期。

《日本国宪法》，潘汉典译，《法学译丛》（现为《环球法律评论》）1981 年第 2 期。

阿计：《"立法白条"：法制的隐疾》，《江淮法治》2007 年第 4 期。

阿计：《法律清理，通向法制完善之路》，《人民之友》2013 年第 7 期。

阿计：《税收立法权遭遇拷问》，《人民之友》2013 年第 5 期。

安晶秋：《关于我国税收授权立法制度的法律思考》，《税务研究》2007 年第 6 期。

毕雁英：《行政立法不作为责任研究》，《法学杂志》2010 年第 8 期。

蔡定剑：《立法权与立法权限》，《法学研究》1993 年第 5 期。

蔡宗珍：《法律保留思想及其发展的制度关联要素探微》，《台大法学论丛》2010 年第 3 期。

曾祥华：《法律优先与法律保留》，《政治与法律》2005 年第 4 期。

曾祥华：《论行政立法权来源的正当性》，《学习与探索》2005 年第 4 期。

陈伯礼：《法条授权研究》，《沈阳师范学院学报》（社会科学版）2000 年第 3 期。

陈伯礼：《论权力机关对授权立法的监督控制》，《法商研究》2000 年第 1 期。

陈伯礼：《授权机关问题研究》，《沈阳教育学院学报》1999 年第 4 期。

陈伯礼：《授权立法中的被授权机关问题研究》，《沈阳师范学院学报》（社会科学版）1999年第6期。

陈道英：《全国人大常委会法规备案审查制度研究》，《政治与法律》2012年第7期。

陈俊：《经济特区双重立法权论要》，《法学》2001年第9期。

陈丽平：《回顾中国人大立法制度》，《法治与社会》2010年第3期。

陈丽平：《建立完善立法主动审查机制》，《法制日报》2015年2月18日第3版。

陈书全：《论立法后评估常态化启动机制的构建》，《现代法学》2012年第2期。

陈威骏：《授权明确性原则的检讨——借镜美国立法授权的制度经验》，硕士学位论文，台北大学，2006年。

陈之迈：《英国宪法上的两大变迁——"委任立法"及"行政司法制"》，《清华学报》1934年第4期。

邓世豹：《论授予较大市完整立法权》，《暨南学报》（哲学社会科学版）2014年第10期。

丁国强：《要对"依法不该由自己行使的权力"说不》，《人民法院报》2014年3月1日第2版。

董瑜：《一七九八年〈惩治煽动叛乱法〉与美国"公共领域"的初步发展》，《历史研究》2011年第2期。

范进学：《授权与解释：中国（上海）自由贸易试验区变法模式之分析》，《东方法学》2014年第2期。

范忠信、范沁芳：《论对授权立法中授权行为的监控——各国现制比较及我国现制之反省》，《法律科学》2000年第1期。

冯洋：《美国"日落立法运动"的理念、过程与得失》，《地方立法研究》2017年第2期。

付明喜：《中国民族自治地方立法自治研究》，博士学位论文，云南大学，2012年。

付子堂、朱林方：《中国特色社会主义法治理论的基本构成》，《法制与社会发展》2015年第3期。

龚廷泰：《论中国特色社会主义法治理论发展的法治实践动力系统》，《法制与社会发展》2015 年第 5 期。

顾林生、刘静坤：《英国紧急权立法解析及借鉴》，《北京政法职业学院学报》2004 年第 1 期。

韩大元：《关于推进合宪性审查工作的几点思考》，《法律科学》（西北政法大学学报）2018 年第 2 期。

何晓明：《地方立法民主化进程的回顾与展望》，《人大研究》2005 年第 7 期。

侯芳：《初探"落日条款"的中国立法适用》，硕士学位论文，华东政法大学，2007 年。

胡锦光：《论启动合宪性审查程序主体资格的理念》，《国家行政学院学报》2017 年第 6 期。

胡锦光：《论推进合宪性审查工作的体系化》，《法律科学》（西北政法大学学报）2018 年第 2 期。

黄锐：《论权力机关授权新类型：授权修法——以中国（上海）自由贸易试验区的设立展开》，《河北法学》2016 年第 10 期。

黄文艺：《马克思主义法学方法论基本问题论析》，《社会科学战线》2012 年第 10 期。

黄贤宏：《关于我国授权立法制度的法律思考》，《当代法学》1999 年第 3 期。

黄喆：《论深圳经济特区立法的成果、不足及完善》，《江汉大学学报》（社会科学版）2012 年第 5 期。

贾宸浩：《澳大利亚授权立法的运行与监督机制研究》，博士学位论文，山东大学，2014 年。

姜明安：《澳大利亚委任立法制度的理论与实践》，《中国法学》1995 年第 1 期。

姜明安：《论法治国家、法治政府、法治社会建设的相互关系》，《法学杂志》2013 年第 6 期。

金梦：《澳大利亚授权立法的范围与监督机制》，《学术交流》2015 年第 10 期。

金伟峰：《关于完善我国授权立法的探讨》，《法律科学》1996 年第 5 期。

康敬奎：《〈立法法〉法律保留规则的缺失与完善》，《江海学刊》2012 年第 2 期。

李克杰：《〈立法法〉修改：点赞与检讨——兼论全国人大常委会立法的"部门化"倾向》，《东方法学》2015 年第 6 期。

李林：《关于经济特区授权立法的几个问题》，《海南人大》2004 年第 2 期。

李林：《进一步加强立法理论的研究》，《学习时报》2010 年 6 月 28 日第 5 版。

李龙、汪进元：《良法标准初探》，《浙江大学学报》（人文社会科学版）2001 年第 3 期。

李龙：《试论美国 1798 年〈惩治煽动叛乱法案〉》，《株洲师范高等专科学校学报》2004 年第 6 期。

李平：《论国家权力机关应切实加强经济立法工作——兼析授权立法之利弊得失》，《中国法学》1992 年第 6 期。

李同杰、朱同杰：《关于我国立法法的几点思考》，《国家检察官学院学报》2003 年第 2 期。

李小健：《法律清理常态化之议》，《中国人大》2009 年第 13 期。

利群：《试论地方立法中的报批程序》，《人大研究》2006 年第 9 期。

梁国栋：《授权立法收紧》，《中国人大》2014 年第 19 期。

林来梵：《合宪性审查的宪法政策论思考》，《法律科学》（西北政法大学学报）2018 年第 2 期。

刘继虎：《〈立法法〉修改背景下我国税收授权立法制度的改革》，《湖湘论坛》2016 年第 2 期。

刘连泰：《评我国〈立法法〉第八条、第九条关于"法律保留"制度》，《河南省政法管理干部学院学报》2003 年第 3 期。

刘莘、钱于立：《法规范文件备案考》，《国家行政学院学报》2017 年第 6 期。

刘怡达：《经济特区立法的规则检讨与实践检验》，《厦门特区党校学报》2016 年第 3 期。

柳砚涛、刘宏渭：《立法授权原则探析》，《法学论坛》2004 年第 4 期。

柳砚涛、刘宏渭：《授权立法的正当性质疑》，《文史哲》2006 年第 3 期。

卢义杰、刘世昕、杨杰：《"法律委员会"拟更名为"宪法和法律委员会"意味着什么》,《中国青年报》2018年3月8日第3版。

罗建明:《规范性文件备案审查法律制度缺陷分析》,《人大研究》2015年第6期。

木落:《日落法:授权立法的紧箍咒》,《民主与法制时报》2011年5月2日第A03版。

庞凌:《关于经济特区授权立法变通权规定的思考》,《学习与探索》2015年第1期。

彭东昱:《加强备案审查 维护法制统一》,《中国人大》2014年第19期。

钱建华:《简论授权明确性原则——兼议我国〈立法法〉中授权立法规定之完善》,《甘肃政法学院学报》2005年第1期。

宋方青:《中国经济特区授权立法中法规冲突现象之评析》,《法学》2000年第1期。

苏东斌:《中国经济特区的路径依赖——对胡锦涛总书记考察深圳的理论思考》,《学术研究》2003年第7期。

孙煜华、童之伟:《让中国合宪性审查制形成特色并行之有效》,《法律科学》(西北政法大学学报)2018年第2期。

唐美玲:《我国地方立法批准制度探究》,硕士学位论文,湘潭大学,2017年。

童之伟、苏艺:《我国配套立法体制的改革构想》,《法学》2015年第12期。

万其刚:《论当代中国的授权立法》,《当代中国史研究》1996年第5期。

汪全胜、戚俊娣:《〈体育法〉授权立法条款的设置论析》,《武汉体育学院学报》2010年第11期。

汪全胜:《德国的委任立法制度探讨》,《德国研究》2000年第4期。

王保民:《论授权立法的利弊得失》,《西安交通大学学报》(社会科学版)2009年第4期。

王春光:《我国授权立法现状之分析》,《中外法学》1999年第5期。

王利明:《法治具有目的性》,《苏州大学学报》(哲学社会科学版)2016年第6期。

王书成:《宪法审查"忧虑"及方法寻求——合宪性推定之运用》,《浙江学刊》2011年第1期。

王压非:《配套立法辨析》,《郑州大学学报》(哲学社会科学版)2012年第6期。

王禹:《港澳基本法中有关授权的概念辨析》,《政治与法律》2012年第9期。

[德]维尔纳·杨:《德国的国家范式和行政改革》,夏晓文译,《德国研究》2012年第4期。

温辉:《政府规范性文件备案审查制度研究》,《法学杂志》2015年第1期。

文学国:《深入推进依法行政 保证公正司法》,《中共浙江省委党校学报》2014年第6期。

吴黎静:《引入"日落条款"》,《人民政坛》2011年第1期。

吴鹏:《经济特区授权立法制度应被废除》,《云南大学学报》(法学版)2007年第1期。

谢晓尧:《经济特区授权立法探析》,《中山大学学报》(社会科学版)1998年第1期。

徐显明:《论中国特色社会主义法律体系的形成和完善》,《人民日报》2009年3月12日第11版。

徐向华、周欣:《我国法律体系形成中法律的配套立法》,《中国法学》2010年第4期。

徐向华:《国家治理现代化视角下的〈立法法〉修改》,《交大法学》2014年第3期。

徐亚文、刘洪彬:《中国(上海)自由贸易试验区与立法和行政法治——以全国人大常委会"调整法律实施"为切入点》,《江西社会科学》2014年第1期。

杨海坤:《试论我国的授权立法》,《新疆社会科学》1988年第2期。

杨洪宇:《从世界经济特区的演进看中国经济特区的发展》,《特区经济》2002年第10期。

叶晓川、万其刚:《立法法修改的若干重大问题》,《中国发展观察》2015年第4期。

殷泓、王昊魁:《2020年前全面落实税收法定原则》,《光明日报》2015年3月5日第2版。

应松年：《〈立法法〉关于法律保留原则的规定》，《行政法学研究》2000年第3期。

于立深：《行政立法不作为研究》，《法制与社会发展》2011年第2期。

于兆波：《论立法决策与立法起草的法治定位》，《北京理工大学学报》（社会科学版）2002年第4期。

俞荣根、陶斯成：《地方性法规授权立法研究——以重庆地方立法为例》，《重庆行政》2008年第4期。

袁明圣：《税收法定原则在中国：收回税收立法权没有时间表》，《江西财经大学学报》2014年第4期。

臧雷振、黄建军：《美国政治学研究方法发展现状及趋势——新世纪初的新争论、挑战与反思》，《政治学研究》2014年第4期。

张帆：《规范的缝隙与地方立法的必要性》，《政治与法律》2010年第3期。

张根大：《试论授权立法》，《政治与法律》1993年第5期。

张美荣：《我国立法批准制度探究》，硕士学位论文，西南交通大学，2014年。

张维静：《对授权立法中授权行为的监控——基于比较法视角的分析》，《湖北警官学院学报》2015年第9期。

张献勇、吕洪雁：《"日落规则"对税收授权立法的规制》，《税务研究》2014年第6期。

张筱倜：《〈立法法〉修改后我国法规备案审查制度的再检视》，《理论月刊》2016年第1期。

张媛、李沐：《15年来"管法的法"首次修改——地方立法权"扩容"依法治国步伐加快》，《法制日报》2015年12月18日第3版。

钟晓渝：《完善经济特区立法权与立法体制》，《特区理论与实践》2000年第12期。

周少青：《论授权立法的合法性》，《河北法学》2003年第6期。

周佑勇、伍劲松：《论行政法上之法律保留原则》，《中南大学学报》（社会科学版）2004年第6期。

朱力宇、吴纪奎：《论我国授权立法的监督》，《天津行政学院学报》2003年第3期。

朱宁宁：《明年将建成法规备案审查信息平台》，《法制日报》2016年12月20日第11版。

朱宁宁：《备案审查难题待破解》，《海南人大》2017年第7期。

朱应平：《澳大利亚委任立法制度研究》，《人大研究》2004年第5期。

祝灵君：《政治授权：理论与实践》，《政治学研究》2005年第2期。

庄会宁：《根治立法"打架"——全国人大制定立法法规范立法行为》，《瞭望新闻周刊》1999年第47期。

（四）中文网络文献

《纪念〈民族区域自治法〉实施30周年专题之〈加强民族区域自治的法制化建设〉》，国家民委政府网，http://www.seac.gov.cn/art/2014/9/19/art_7933_213411.html，2017年7月29日。

《全国人大常委会法工委负责人就〈贯彻落实税收法定原则的实施意见〉答新华社记者问》，新华网，http://news.xinhuanet.com/legal/2015-03/25/c_1114763794.htm，2017年9月14日。

《西班牙王国宪法》（1978年），中国宪政网，http://www.calaw.cn/article/default.asp?id=4068，2017年8月18日。

王亦君、王鑫昕、李超：《定了！全国人大设宪法和法律委员会》，中青在线，http://news.cyol.com/content/2018-03/11/content_17012269.htm，2018年3月11日。

二 英文参考文献

A. W. Bradley and K. D. Ewing, *Constitutional and Administrative Law (Fourteenth Edition)*, Harlow: Pearson Education Limited, 2007.

Bernard Schwartz, *Administrative Law: A Casebook (Third Edition)*, Toronto: Little, Brown and Company, 1988.

Bryan A. and Garner, *Black's Law Dictionary (Ninth Edition)*, St. Paul: West. A Thomson Business, 2009.

Cecil T. Carr, *Delegated Legislation: Three Lectures*, London: Cambridge University Press, 1921.

David Schoenbrod, "Politcs and The Principle That Elected Legislators Should Make The Laws", *Harvard Journal of Law and Public Policy*, Vol. 26,

No. 1, May 2003.

Ernest Gellhorn and Ronald M. Levin, *Administrative Law and Process* （影印版）, Beijing: 法律出版社 West Group (St. Paul, Minnesota), 2001。

Harold J. Krent, "Delegation and Its Discontents", *Columbia Law Review*, Vol. 94, February 1994.

Matthew Groves and H. P. Lee, *Australian Administrative Law: Fundamentals, Principles and Doctrines*, New York: Cambridge University Press, 2007.

Neil Parpworth, *Constitutional and Administrative Law (Seventh Edition)*, Oxford: Oxford University Press, 2012.

Peter H. Aranson, Ernest Gellhorn and Glen O. Robinson, "A Teory of Legislative Delegation", *Cornell Law Review*, Vol. 68, No. 1, November 1982.

Peter L. Strauss, Todd Rakoff, Roy A. Schotland and Cynthia R. Farina, *Administrative Law: Cases and Comments (Ninth Edition)*, New York: The Foundation Press, Inc., 1995.

Robert Schütze, "'Delegated' Legislation in the (new) European Union: A Constitutional Analysis", *The Modern Law Review*, Vol. 74, No. 5, September 2011.

William Wade and Christopher Forsyth, *Administrative Law (Eighth Edition)*, New York: Oxford University Press, 2000.

后　　记

本著作是在我博士学位论文的基础之上修改完善而成的。

忐忑中，敲下了"后记"两个字。

也曾幻想过当论文完成时，自己应该会如释重负，虽不敢说欢喜雀跃但也可能会比较愉悦。然而，"忐忑"的心境却未曾预料到。

选择"授权立法范围"作为博士毕业论文选题，我的意图是从主体、权限和期限角度为授权立法确立边界，以规范授权立法的实施。但随着阅读和写作的深入，自己有限的学术研究能力是否能实现选题的研究意图，对此我实在没有把握。

博一第二学期和导师沟通研究选题时，向老师汇报了我的初步想法，老师建议要脚踏实地，以问题为导向，研究当下中国现实。在老师的启发下，我选定了授权立法这一研究主题。开题时，吴玉章老师、龚赛红老师、张世君老师、赵一红老师和导师对选题又提出了诸多宝贵建议，最终，确定了以"授权立法范围"为毕业论文选题。经过近一年不断自我否定的煎熬，论文基本完成了，惶恐中呈现出来供大家批评指正。

论文的完成预示着在小院三年的学业即将结束。三年学习过程虽然艰辛，所幸，得到了家人和诸多师友的支持与鼓励。

感谢我的父母。父母对儿女的关爱从来只有付出而不求回报。知道我要继续学业，父母多次在电话中提醒我要注意身体，却绝口不提他们的艰辛；母亲生病住院时，我无法前往照顾，父母却毫无怨言反而提醒我照顾好自己和家庭。每每想起父母，心中只有无尽的愧疚……

感谢我的博导文学国教授。恩师宅心仁厚，不嫌学生浅陋，将我收入门下。在学习过程中，老师对我照顾有加，无论是学业还是生活中的困惑，都会在百忙之中第一时间给予指点；论文从调研、选题、资料收集到初步完成，老师在每周需要往返北京和上海的繁忙公务中，尽心尽力地关心指导和不厌其烦地解答问题。恩师的风范和言传身教，将是我今后受用不尽的宝贵财富。

感谢我的硕导曾加教授。就读曾老师的硕士时，我告诉曾老师想继续深造，老师亲自出面热心帮我张罗；读博期间，老师还经常关心我的学业，积极为我博士论文选题的前期调研提供帮助。作为学生，我为得此良师而深感幸运。

感谢宋连斌教授、郭玉军教授、邓朝晖老师等，在走向读博的道路上，各位老师的鼓励是我前行的动力。

感谢陕西省人大法工委郭小卫主任、陕西省政府法制办周沐军处长在论文选题调研阶段给予的帮助。与两位工作在立法一线专家的交流，使我对论文选题有了更深层次的认知。

感谢陈吉利博士、游艺博士，两位好友协助提供的有关资料对论文的写作帮助甚大。

感谢三年的各位同学和小院的老师们。室友兼同门夏中宝博士的勤奋和睿智鞭策我不断努力；与同门王帅博士、杨芳博士和侯煜薇博士的每一次交流，都会让枯燥的学业增添几许欢乐；2015级各位同学的启发、激励与帮助，使我受益匪浅。在三年的学习中，小院老师们营造的良好学习氛围使我们身居闹市却又能拥有学习净土。

感谢我的家庭。妻子自己工作繁忙，为了我能安心读书而承担了大量的家务；可爱乖巧的女儿，虽然才五岁多，但也知道了"论文"一词，也懂得论文之于我的重要性，只要看到我坐在电脑前便会知趣地独自去玩耍而不打搅我；岳父岳母为照顾我的家庭，付出之多令我深受感动。

感谢东华理工大学的领导和同事们，给予我在读书期间的种种便利，使我的学业能够不受工作的影响而进展顺利。

感谢各位论文评阅专家和答辩专家。各位老师独到的见解和对论文中肯的指正，使我对本选题有了更进一步的认识和思考，让我对继续完善论文有了明确的方向。

拜读他人博论后记时，一度也曾暗想要努力让自己的后记与众不同。然而，理想很是丰满，现实却如此骨感。真正动手写博论后记时才发现，自己笨拙的笔法根本无法达到他人的高度！无论如何，这篇朴实无华、毫不出彩的后记中却忠实地记载着我对诸位师友的感激之情。

要感谢的师友很多，虽未一一列名，但请相信，我对诸君的感激之情永在。

虽然努力想写出完美的博士学位论文，奈何受限于自身能力和水平，文章的不足和缺陷还敬请各位不吝指正，希望在大家的帮助下拙作能不断完善。

结束意味新的开始。当新起点的大幕徐徐拉开时，尽管一切未知，但我愿意继续努力！！！

吕东锋

2018年5月于良乡"小院"